공감이 먼저다

공감이 먼저다

초판 1쇄 발행_ 2015년 1월 5일
초판 3쇄 발행_ 2016년 10월 5일

지은이_ 장정빈
펴낸이_ 이성수
주간_ 박상두
편집_ 임이지, 황영선, 이홍우, 박현지
마케팅_ 이현숙, 이경은
제작_ 박홍준

펴낸곳_ 올림
주소_ 03186 서울시 종로구 새문안로 92 광화문오피시아 1810호
등록_ 2000년 3월 30일 제300-2000-192호(구:제20-183호)
전화_ 02-720-3131
팩스_ 02-720-3191
이메일_ pom4u@naver.com
홈페이지_ http://cafe.naver.com/ollimbooks

값_ 15,000원
ISBN 978-89-93027-67-9 03320

이 도서의 국립중앙도서관 출판예정도서목록(CIP)은 서지정보유통지원시스템 홈페이지
(http://seoji.nl.go.kr)와 국가자료공동목록시스템(http://www.nl.go.kr/kolisnet)에서 이용
하실 수 있습니다.(CIP제어번호 : CIP2014035811)

공감이
먼저다

장정빈 지음

고객이
환호하는
공감의 기술

올림

얼마나 아프셨어요?

월요일 아침, 동료 직원이 다리에 깁스를 하고 출근했다. 만나는 사람마다 한마디씩 했다.

"아니, 어쩌다 다치셨어요?"

대부분은 이렇게 물었다. 다친 이유가 궁금했던 것이다. 딱 한 사람만 이렇게 말했다.

"이런, 얼마나 아프셨어요?"

다친 사람의 입장에서 그 고통을 헤아려본 것이다.

한 어머니는 얼마 전 아이를 데리고 병원을 찾았던 때를 잊을 수 없다고 한다.

"의사 선생님이 우리 아이에게 '아' 하고 입을 벌리라고 했죠. 그리고 입 안을 들여다보더니 다정한 어투로 말하더군요. '어이쿠, 이런! 네 목이 얼마나 아팠을지 알겠다. 많이 아팠지? 쯧쯧. 우리는 이제 어떤 세균이 너를 아프게 하고 있는지 알아낼 거란다. 그리고 나쁜 병균을 모조리 물리칠 수 있는 천하무적 약을 너한테 줄 거야!' 그러고는 저를 보며 말했어요. '아이가 패혈성 인두염인 것 같네요.'"

이전에 찾아갔던 의사는 태도가 달랐다.

"'아 해봐' 하고서는 아이가 아파하니까 '좀 참아! 이 정도는 아픈 것도 아니야'라고 하더군요."

앞으로 어머니는 어느 의사를 찾게 될까? 답은 명확하다. 환자에게 공감하고 배려를 아끼지 않은 의사를 기억하고 찾아갈 것이다. 그리고 다른 사람들에게도 적극 추천할 것이다.

미국의 미래학자 제러미 리프킨은 그의 저서 ≪공감의 시대≫에서 인류의 역사는 공감 의식을 확대하는 방향으로 발전해왔다고 주장한다. 그는 인류의 역사가 신앙의 시대와 이성의 시대를 거쳐 공감의 시대로 나아가고 있다고 말한다. 생존경쟁의 전투가 사라진 자리에 공감의 영역이 확장되고 있다는 것이다.

리프킨의 통찰처럼 오늘날에는 오랫동안 경제 행위의 근간이 되어왔던 이기심의 추구가 더 이상 효과적이지 않음을 보여주는 사례가 증가하고 있다. IT와 인터넷 혁명, SNS의 영향으로 기업들도 협력적 네트워크와 소통의 중요성을 절감하고 있다. 디지털 기술을 접목한 자동화 시스템으로 생산성은 높아졌고, 웬만한 일은 컴퓨터와 로봇이 처리하는 세상이다. 대부분의 기술과 능력도 평준화된 상태다.

이런 시대에 대체 불가능한 새로운 경쟁력은 무엇일까? 한마디로 기계가 대신할 수 없는 부분이다. 바로 사랑하고, 감탄하고, 공감하고, 위안을 얻는 영역으로 들어가야 한다. 컴퓨터는 비용과 시간은 절약해줄 수 있지만, 특별한 서비스를 제공하지는 못한다. 유연하지도 따뜻하지도 않으며, 사람의 마음을 읽고 반응할 수도 없다. 공감 능력이 없는 무뚝뚝한 기계일 뿐이다. 그래서 이제는 흔히 '사람만이 경쟁력'이라고 말한다. 물론 여기서 말하는 사람은 공감 능력이 있는 인재다.

≪새로운 미래가 온다≫의 저자 다니엘 핑크는 미래의 인재가 갖춰야 할 조건으로 공감 능력, 디자인, 조화, 놀이, 스토리, 의미를 꼽는다. 그는 이 중에서도 대체 불가능한 진짜 경쟁력으로 공감 능력을 강조한다. 일반 서비스업 종사자들뿐 아니라 의사나 변호사 같은 전문직 종사자들에게도 상대의 입장에서 생각하고 느낄 줄 아는 능력이 더욱 중요해질 것이라고 말한다.

나는 오랫동안 마케팅과 서비스 전문가로 활동하면서 공감 능력의 중요성을 누누이 강조해왔다. 그러면서도 한편으로는 늘 갈증을 느꼈다. 우리는 공감이 중요하다고 말하면서 왜 공감하지 못하는가, 공감 능력을 향상시키려면 어떻게 해야 하는가, 공감을 인간관계나 비즈니스에 효과적으로 접목하는 방법은 무엇인가 등의 문제에 대한 답을 구하지 못했기 때문이다. 이것이 내가 이 책을 쓰게 된 동기다.

훌륭한 요리사가 되려면 3가지가 필요하다. 첫째, 만드는 음식에 정성을 다해야 한다. 고객을 위해 기쁜 마음으로 '진심'을 담아 음식을 만들어야 한다. 둘째, 자신의 진심을 최고의 요리로 표현해낼 수 있어야 한다. 진심은 있어도 맛있게 표현할 줄 모른다면 훌륭한 요리사라고 할 수 없다. 셋째, 기쁜 마음으로 맛있는 음식을 계속 대접하기 위해서는 궁극적으로 고객의 환호와 박수가 필요하다. 그래야 훌륭한 요리사로 비즈니스를 지속할 수 있다.

나는 이 책을 쓰면서 위 3가지를 늘 염두에 두었다. 진정으로 고객을 생각하고 이해하는 마음이 어떻게 우러나오는 것인지 심리학적으로 규명하고, 공감을 제대로 표현하고 교환할 수 있는 방법들을 제시하기 위해 노력했다. 더불어 어떻게 하면 우리의 비즈니스 현장에서 이러한 공감을 효과적으로 활용하여 고객의 환호를 이끌어낼 수 있는지를 구체적 사례에 담아내려고 애썼다.

한 가지 유념할 것이 있다. '공감을 이익을 위해 전략적으로 이용하지 말고, 고객의 행복을 위해 활용하라'는 것이다. 이것이 진정한 공감 비즈니스다. 모쪼록 이 책이 독자 여러분이 새로운 인생과 비즈니스를 열어가는 데 소중한 동반자가 되기를 소망한다.

끝으로 아낌없는 조언과 격려로 이 책을 쓸 수 있게 도와주신 최정일 교수님, 한근태 소장님, 송동근 박사님께 감사의 말씀을 드린다. 거친 글을 매끄럽게 다듬어준 문미란 연구원, 권근영 선생님께도 고맙다는 말을 꼭 전하고 싶다. 나의 아홉 번째 책을 정성스럽게 만들어준 올림 식구들께도 깊이 감사드린다.

2015. 1.

장정빈

이 책을 쓰고 있던 어느 여름날,

어머니가 하늘나라로 가셨다.

어머니는 서른여섯에 남편을 잃은 후

산에서 낙엽을 긁어모아 나뭇단을 만들어

그걸 머리에 이고 시장에 내다 팔아

어렵게 자식들을 키우셨다.

가난했지만 따뜻했던 어머니의 품속,

어머니와 둘이서 농사를 짓던 기억,

고향에서 홀로 지내시던 어머니에 대한 그리움이

지금도 선연하기만 하다.

내게 생명의 원천이자 공감의 원형이었던

어머니께 이 책을 바친다.

2

어머니는 왜 그렇게 우셨을까
공감하는 대화 스킬

3 공감이 먼저다

공감하는 마케팅 & 세일즈 스킬

4 엄마는 뽀로로 가방을 좋아할까?
공감하는 서비스 스킬

5 # 내가 뭘 도와주면 될까?
공감하는 리더십 스킬

1

먼저, 점심을
같이 드세요

공감하는 관계 스킬

자꾸만 보고 싶네

나는 예전 중간관리자 시절에 상사들로부터 유능한 서비스 전문가로 총애를 많이 받은 편이다. 물론 내가 진짜 '능력 있는' 전문가였는가는 별개의 이야기다. '하나를 보면 열을 안다'는 속담처럼 이른바 '후광 효과'의 덕택일 수도 있었을 것이다.

한번은 회사를 대표해서 토론자로 나선 적이 있었다. 당시 내가 몸담았던 J은행이 모 기관에서 수여하는 '고객만족경영 최우수상' 수상 기업으로 선정되면서 과장인 내가 대표 토론자로 참여하게 되었다. 다른 회사에서는 부장이나 임원이 토론자로 참여했는데, 팀장이 나를 지목해서 토론자로 내세웠던 것이다.

"직원들의 의식이 얼마나 바뀌었습니까? 그리고 은행의 CS경영 시스템이 정착되었다고 보십니까?"

사회자의 질문에 내가 대답했다.

"직원들의 의식은 하루아침에 바뀌는 것이 아니라고 생각합니다. 신앙심도 교회에 매주 나가 기도도 하고, 목사님 설교도 듣고, 찬송가도 부르면서 점점 두터워지듯, 서비스 마인드도 그렇다고 생각합니다. 종이가 한 장 한 장 쌓여 두꺼워지는 것처럼 말이죠. 지금은 의식적으로 고객 중심적인 생각을 반복하는 단계입니다. 언젠가는 무의식적으로도 고객 중심의 사고를 하게 되기를 기대하고 있습니다.

두 번째 질문에 대한 대답은 '이제 시작이다'라는 말로 대신하겠습니다. 저는 시골에서 자랐는데, 앞마당의 우물물을 끌어올릴 때 사용하는 펌프라는 게 있었습니다. 지렛대 같은 손잡이를 위아래로 계속 움직여 땅속의 물을 퍼 올리는 기구입니다. 그런데 그냥 펌프질만 하면 물이 올라오지 않습니다. 먼저 물을 한 바가지쯤 부어 넣어줘야 합니다. 그래야 관 속에 물이 차서 우물물과 연결되고 그때 펌프질을 하면 우물물이 따라 올라옵니다. 그 한 바가지의 물을 '마중물'이라고 합니다. 손님을 마중한다고 할 때의 바로 그 마중을 뜻하는 순우리말입니다. 지금 우리는 마중물을 부어 넣고 펌프질을 하는 단계라고 말씀드리겠습니다."

시상식을 겸한 큰 대회였던 만큼 수백여 명의 사람들이 지켜보았고, 마침 J은행의 임원 한 분도 그 자리에 참석해서 나의 이야기를 듣고 있었다. 이 사건(?)으로 나는 사내에서 똑똑한 CS전문가로 크게 인정받게 되었고, 개인적으로 적지 않은 변화를 맞게 되었다. 지금 생각해봐도 그때 내가 사용했던 마중물의 비유는 적절했던 것 같다. 아마도 촌놈 출신이라서 그런 비유를 쓸 수 있었을 것이다.

내가 마중물에 관한 옛 사연을 꺼내는 까닭은, 한 바가지의 물이 땅속의 물을 끌어올리는 것처럼 인간관계나 비즈니스에서도 마중물을 먼저 부어야 한다는 점을 강조하고 싶어서다. 그런데 그렇게 하지 않는 이들이 많다. 얼마 전에 전화를 걸어온 모 기업의 교육 담당자만 해도 그렇다.

그는 "장정빈 교수님이십니까?" 하고는 바로 "2시간 특강인데, 강의료를 얼마 드려야 합니까?"라고 단도직입적으로 묻는 것이었다. 순간 말문이 막히고 말았다. 강의 요청을 많이 받지만 사전 설명 하나 없이 다짜고짜 묻는 태도에 당혹스러웠다.

계산과 신속성에만 집착하면 사람과 사람 사이에 마음의 다리가 연결되지 않는다. 그렇게 시작하면 조건이 더 까다로워지거나 거래가 성사되지 않을 공산이 커진다. 처음에는 배경 설명이나 서로의 공통점 확인을 통해 말문을 트고 심리적 거리를 좁히는 작업이 필요하다. 사람들이 날씨나 취미, 고향 이야기 등으로 대화를 시작하는 것도 그런 이유 때문이다. 이를 통해 '긴장의 담장'을 넘어 자신과 상대방의 마음을 연결하려는 것이다.

강의에서도 마찬가지다. 나는 강의를 시작하기에 앞서 딱딱하고 서먹서먹한 분위기를 바꾸기 위해 노력한다. 강의실에 먼저 도착해서 수강생들에게 가볍게 인사를 건네고 대화를 나누면서 마음의 문을 연다. 그러면 강의가 좀 더 수월해지고 그들과 나는 어느새 연결되어 낯익은 사이가 된다. 이러한 마중물을 심리학에서는 '라포(rapport)'라고 한다.

신뢰와 호감이 먼저다

라포는 본래 정신분석학에서 사용하던 용어로 '두 사람 이상의 관계에서 발생하는 조화로운 일치감, 즉 공감적으로 상호 반응적인 상태'를 뜻한다. 최면학으로 유명한 오스트리아의 정신과의사 프란츠 안톤 메스머가 18세기 물리학에서 따온 말로 알려져 있다. 그는 자신의 실험에서 사람들은 상호 접촉을 통해 우주로부터 나오는 에너지를 다른 사람에게 전달한다는 결론에 도달했다. 그는 이 에너지를 '동물적 자력(磁力)'으로 이해했고, '친밀한 관계'로 명명하며 실제로 환자 치료에 사용하기도 했다. 이후 라포는 '서로가 공감하여 마음이 연결된 상태'를 뜻하는 용어로 널리 쓰이게 되었다.

그렇다면 라포는 구체적으로 우리 삶에 어떤 영향을 미칠까? 미국 노스웨스턴대 로스쿨 교수인 재니스 내들러는 라포에 대해 "조화와 친밀감을 통해 서로에게 가지는 긍정적 감정 상태로, 두 명의 협상 파트너가 라포를 구축하면 자신과 상대가 잘 맞는다고 생각하며 상대와의 교류에 깊은 관심을 갖게 된다"고 말했다. 라포를 형성한 협상가들은 그렇지 않은 경우에 비해 위협이나 최후통첩 등의 강경한 태도를 보일 가능성이 낮다. 도리어 긍정적인 분위기를 통해 형성된 강력한 라포가 협상가들을 서로 협력하고 문제를 해결하도록 도와 협상에서 얻을 수 있는 총가치를 확대해준다. 협상 조건보다 라포를 통한 신뢰와 호감이 먼저라는 말이다. 이처럼 라포를 형성하면 상대에 대한 신뢰와 호감이 생긴다. 또한 상대의 발언이나 행동에 동요하거나 화를 내는 경향이 줄어든다.

상품을 선택할 때도 이성적 판단은 그리 주도적인 역할을 하지 못한다. 이성이 아닌 감정에 의해 선택이 좌우되기 때문이다. 엄밀하게 말해서 객관적인 정보들은 감정적인 선택을 정당화해주는 보조 자료에 불과할 뿐이다. 예를 들어보자. 현재 알고 지내는 사람들 중에서 가장 좋아하는 사람과 가장 싫어하는 사람을 떠올려보라. 그 두 사람이 자동차를 팔러 왔다면 누구에게서 차를 사겠는가? 답은 정해져 있다. 다른 고객들도 마찬가지다. 세일즈맨이 제시하는 가격이나 옵션은 조금씩 다르게 마련이지만, 비슷한 조건이라면 누구라도 '호감 가는 세일즈맨'의 상품을 구매하게 된다.

호감은 고객을 세일즈맨의 상품과 묶어주는 역할을 한다. 서비스에서도 마찬가지다. 식당과 호텔에서 호감 가는 종업원을 찾게 하고, 백화점에서도 특정 매장을 다시 가게 만든다. 호감이 고객을 끌어오고 너그럽게 만든다. 따라서 제일 먼저 고객의 호감을 얻는 전문가가 되어야 한다. 하지만 호감을 만드는 라포는 한순간에 형성되는 것이 아니다.

호감 가는 사람이 되는 5가지 방법

어떻게 하면 효과적으로 라포를 형성할 수 있을까?

첫째는 '자주 얼굴을 마주하는 것'이다. '한 번 보고 두 번 보고 자꾸만 보고 싶네'라는 노랫말도 있듯이, 모든 인간관계에서 중요한 것은 '접촉'이다. 만나고 사랑하고 가정을 이루는 남녀처럼, 잦은 접촉이 호감을 형성

히고 관계를 향상시킨다. 이처럼 접촉할수록 관계성이 강화되는 현상을
일컬어 '단순접촉 효과'라고 한다.

≪어떻게 원하는 것을 얻는가≫의 저자이며 협상 전문가인 스튜어트
다이아몬드 펜실베이니아대 와튼스쿨 교수도 국내 모 언론사와의 인터뷰
에서 '북한과 협상을 잘하기 위한 방법'에 대해 이렇게 말한 적이 있다.

"첫 단계는 양국 대표가 점심을 같이 먹는 겁니다. 정치 이슈는 피하고
월드컵축구에 대한 이야기만 하세요. 이렇게 스무 번쯤 만나며 서로 알
게 된 뒤 본격적인 대화를 시작해도 늦지 않습니다."

안건을 따지기 전에 관계를 먼저 고민하고 감정을 만족시키라는 말이
다. 협상은 사람과 사람이 하는 것이기 때문이다. 친밀감을 쌓는 일이 성
공적인 협상의 시작이다.

둘째는 '상대방을 따라 하는 것'이다. 사람들은 자신도 모르게 상대방의
몸짓이나 얼굴 표정, 목소리 톤을 따라 한다. 나아가 눈을 맞추고 함께 미
소 짓고 상대방을 향해 몸을 기울이는 행동을 통해 마음을 열고 흥미를
느끼고 있다는 것을 표현한다. 이와 함께 유대감을 키워간다(59쪽 참조).
그러므로 이메일이나 전화보다는 직접 만나 얼굴을 맞대는 편이 낫다.

셋째는 '수다 떨기'다. 행동과학자인 돈 무어 카네기멜론대 교수의 연구
팀이 협상을 앞둔 당사자들에게 일종의 자기노출 시간을 갖게 했다. 비
록 온라인상이긴 하지만 협상과 관련 없는 주제를 놓고 수다를 떨고 나
면 서로에 대해 조금이라도 알게 될 것이라는 생각에서였다. 연구팀은 미
국의 유명 경영대학원 두 곳에 등록한 학생들을 선택해 짝을 지어준 다
음 이메일로 거래 협상을 하게 했다. 그중 절반에게는 단순히 협상만 하

라고 했고, 나머지 절반에게는 상대의 사진과 출신 대학, 관심사 등의 신상 명세를 알려준 다음 협상 전에 이메일을 통해 서로를 알아보는 시간을 가지라고 했다. 그 결과, 아무런 정보 없이 협상에 들어간 학생들은 29%가 합의를 도출하지 못했다. 그에 비해 사전 정보를 통해 '개인적' 관계를 맺어놓은 학생들의 경우 협상 과제를 해결하지 못한 비율이 6%에 불과했다. 얼굴을 드러내지 않는 온라인에서라도 개인정보를 교류하면서 인간적 교감을 나누게 되면 협상 성공률이 크게 높아진다는 사실을 알 수 있다.

넷째, '마음을 담은 선물'이나 '사려 깊은 행동'이다. 나는 선물을 자주 하지 않는 편이지만, 나만의 선물법을 가지고 있다. 나와 가장 잘 맞는 아이템을 선정해서 때마다 계속 보내는 것이다. 추석이나 설 같은 명절에는 항상 상주곶감을 선물로 보낸다. 전에 함께 근무했던 선배님이 전화로 하시는 말씀, "장 상무! 곶감 잘 받았어. 매번 차례 지낼 곶감을 안 사고 기다리게 돼." 여러 사람에게 선물을 받을 터이지만 해마다 받으면 오래 기억되기 마련이다.

선물은 라포를 형성하는 효과적인 방법이다. 선물을 좋아하지 않는 사람은 거의 없다. 이런 농담이 있을 정도다. 남자들이 제일 좋아하는 물은? '뇌물'이란다. 물론 들키지 않아야 한다. 그렇다면 여자들이 좋아하는 물은? '선물'이다. 남자나 여자나 선물 잘하는 사람이 인기가 높다.

1차 세계대전 중에 있었던 일이다. 한 독일군 병사가 적군을 생포해 와서 적진의 중요 정보를 파악하는 임무를 맡고 있었다. 어느 날 적진의 참호를 습격해 홀로 참호를 지키고 있던 적군 초병을 생포했다. 이 초병은

참호에서 혼자 빵을 밀고 있던 중 무방비 상태에서 습격을 받은 것이다. 그런데 갑자기 생포된 이 초병이 자신의 손에 있던 먹다 남은 빵을 독일군에게 불쑥 떼어 주었다. 예상치 못한 행동에 놀란 독일군은 자신도 모르게 빵을 받아먹게 되었고, 빵을 받아먹고 나니 갑자기 고마운 생각이 들었다. 그래서 적군 초병을 그냥 돌려보냈다.

이 이야기는 우리에게 2가지 의미를 던져준다. 하나는, 빵이라는 작은 선물 덕택에 목숨이라는 큰 선물을 받게 되었다는 점이다. 다른 하나는, 단순한 행동이었지만 그것이 독일군 병사의 마음을 움직여 자신의 적을 한 인간으로 보게 되었다는 점이다. 순간적인 행동이 독일군 병사에게는 깊은 울림으로 다가갔을 것이다. 이것이 인간이 가진 공감의 본성이다.

다섯째, '내 마음을 먼저 열어 보이는 것'이다. 공감의 관계를 만들려면 자신을 먼저 드러내서 상대방과의 연결점을 찾아내야 한다. 자신이 살아온 환경이나 관심사에 대해 스스럼없이 이야기를 꺼내면 상대방이 그 속에서 공통점을 찾아내 긍정적인 반응을 보여줄 수 있다.

나는 강의할 때 재미있는 에피소드와 함께 실수담도 종종 들려준다. 살아오면서 겪은 기쁜 일, 슬픈 일, 사람들과 나누었던 대화, 책이나 신문에서 본 내용 중에서 인상 깊었던 부분은 물론, 30년간 직장생활을 하면서 범했던 실수들을 사실 그대로 전달한다. 책을 쓸 때도 그렇다. 한번은 그랬다가 "마케팅과 서비스의 최고 전문가께서 이런 실수를 고백하시면 곤란합니다"라는 출판사 사장님의 저지(?)로 책에 싣지 못한 적도 있다. 중요한 것은 청중이나 독자들의 반응이다. 그런 나를 형편없는 사람으로 보기보다 오히려 친근한 존재로 받아들여주는 것 같다. '전문가도 나와 똑같은 실수를 하는구나' 하며 편안해하는 것 같다. 에피소드에는 공감을 이끌어내는 힘이 있다.

얼마 전에도 은행 입사동기와 만나 술을 한잔하다가 본의 아니게 실수를 하고 말았다. "요즘 왜 그렇게 바쁘냐?"고 묻기에 강의 스케줄이 많아 얼마나 피곤하고 바쁜지에 대해 한참 떠들었다. 집으로 돌아오면서 아차 싶었다. 명퇴하고 3년째 일거리를 찾지 못해 힘들어하는 친구 앞에서 그런 이야기를 하다니….

마음을 열어 보이는 것도 가려서 할 일이다. 되도록 자랑보다 고민을, 실적보다 실수를 이야기하는 편이 나을 수 있다.

세일즈맨에게 필요한 2가지 자질

비즈니스는 나와 고객 사이에 마음길을 닦는 작업이라고 할 수 있다. 길에는 순탄한 평지도 있지만 비탈도 있고 이런저런 장애물도 놓여 있게 마련이다. 비즈니스맨은 이러한 장애물을 하나씩 치우고 고객의 마음에 길을 내는 사람이다. 때로는 강하게 자극할 수 있는 제안도 해야 하고, 서로의 이익과 만족을 극대화할 수 있는 창조적 아이디어도 만들어내야 한다. 비즈니스는 장애물 넘기 게임과 같다.

세일즈의 경우 가장 넘기 어려운 장애물은 '불신'의 문이다. 이 문에 꼭 맞는 믿음의 열쇠를 잘 만드는 사람이 언제나 승자가 된다. 그런데 유념할 점이 있다. 정보가 모두에게 공개되는 요즘에는 이전과 달리 제품 자체보다 인간적 신뢰가 세일즈의 성패를 가르는 핵심 요소가 되었다는 사실이다.

중고차시장을 보자. 과거에 이 시장은 사람들에게 가장 미덥지 못한 곳 중 하나였다. 내놓은 차가 사고 차량인지, 침수 차량인지, 주행거리가 얼마인지 차주와 회사 말고는 알 길이 없었다. 그래서 구매자들은 '회사가 내게 뭘 숨기고 있는 건 아닐까' 하고 의심하기 마련이었다. 한쪽은 정보를 완전히 꿰고 있는 반면, 다른 한쪽은 그 정보가 무엇인지를 모르는 '정보의 비대칭' 문제가 낳은 현상이었다. 하지만 이제는 옛날이야기다. 세상이 달라졌다. 인터넷을 검색하면 중고차를 잘 사는 법과 잘 파는 법, 베스트셀링카, 시세 정보 등을 한눈에 알아볼 수 있다. 감가상각이 많은 차와 적은 차, 내구성이 좋은 차와 잔 고장이 많은 차를 골라내는 방법도 나와 있다. 따라서 신뢰가 새로운 세일즈 프로세스의 근간으로 자리하게 되었다.

신뢰는 사람과 사람을 연결시켜주는 최고의 통로다. 그러면 어떻게 신뢰를 쌓을 수 있을까? 한마디로 정리하면 상대방의 입장에서 생각하고 상황을 바라보는 것, 즉 역지사지(易地思之)라고 할 수 있다. 상대방의 눈으로 이해하고 공감하는 능력이 신뢰를 낳고 세일즈를 성공으로 이끈다.

필립 델브스 브러턴의 ≪장사의 시대≫라는 책을 보면 성공하는 세일즈맨에게 필요한 2가지 자질이 나온다. 1964년 미국 미시간대의 데이비드 메이어와 허버트 그린버그 교수가 보험설계사들을 대상으로 7년간의 현장연구를 통해 밝혀낸 것이다. 하나는 공감 능력이었고, 또 하나는 자아 욕망이었다.

두 연구자는 유능한 세일즈맨과 무능한 세일즈맨을 구형 미사일과 신형 미사일에 비유했다. 유능한 세일즈맨은 정교한 열추적 장치처럼 공감 능력을 발휘해 고객에게 호기심을 보이고, 질문 형식으로 대화를 리드하며, 고객의 감정을 읽어내어 창의적인 방법으로 고객이 원하는 것을 충족시켜준다. 신형 미사일이다. 반면에 무능한 세일즈맨은 고객의 마음은 아랑곳하지 않고 준비된 원고를 읽어나가듯 이야기한다. 구형 미사일이다.

자아 욕망은 판매를 성사시켜 자부심을 높이려는 욕구라고 할 수 있다. 두 연구자는 이렇게 적는다.

"세일즈의 성격상 성공할 때보다 실패할 때가 많다. 실패하면 자아상이 위축되기 때문에 자아가 약하면 오래 일하기 어렵다. 오히려 실패하면 더 잘해보자는 동기가 샘솟고, 성공하면 그들이 찾던 자아 발전이 일어난다."

공감과 자아 사이의 균형점을 찾는 것이 대단히 중요하다. 공감 능력이 뛰어나면서도 공감에만 치우쳐 판매를 성사시키지 못할 만큼은 아니어야 한다. 공감 능력이 지나치게 뛰어나면 인간성 좋다는 소리는 들을지 몰라도 실적은 바닥권을 맴돌 것이기 때문이다. 즉, 자아 욕망이 강하면서 상대가 무엇을 원하는지 알아낼 수 있어야 한다.

네 마음이 안 보여

    나는 1977년 교사생활을 시작해서 2009년 은행에서 나올 때까지 36년 동안 직장생활을 했다. 지금도 한국경영정책연구원 원장을 맡고 있으니 계속해서 직장생활을 하고 있는 셈이다.

    오랜 직장생활을 하면서 겪었던 많은 일들과 자기계발에 관한 내용은 ≪하루를 일해도 사장처럼≫이라는 책 속에 고스란히 담겨 있다. 그런데 책을 출간하고 나서 미처 다루지 못한 사례가 하나 생각났다. 두고두고 '그때 그러지 말았어야 했는데' 하면서 자책하는 부분이기도 하다.

    당시 국민은행은 주택은행과 합병을 한 직후였고, 나는 방배동에 있는 내방역 지점장으로 일하고 있었다. 은행지점장은 그때나 지금이나 실적에 자기 운명을 걸어야 한다. 실적이 나쁘면 다음 해에 지점장 자리를 내놓고 후선으로 물러나거나 다른 지점의 팀장 자리로 옮겨야 했다. 우리

지점의 강 팀장이 바로 그런 경우였다. 그나마 연봉만큼은 크게 깎이지 않았던 터라 후선으로 물러난 다른 지점장에 비해 다행스러워하는 분위기였다.

그날 아침, 나는 큰 거래처의 예금이 빠져나가 대책을 세우느라 극도의 스트레스를 받고 있었다. 그런데 그때 지역본부 인사 담당자에게서 전화가 왔다. "강 팀장을 지역본부로 후선 배치시키면 어떻겠느냐?"는 제안이었다. 지점의 인건비가 크게 절감되는 효과가 있는 데다가 마침 큰 고객의 이탈로 스트레스를 받던 터라 아무 망설임도 없이 바로 승낙했다. 그 후 일주일도 안 되어 나도 본부 부서장으로 자리를 옮겨 그 지점을 떠나게 되었는데, 나중에 전해 들으니 강 팀장은 후선 배치된 후 바로 은행을 그만두었다고 한다. 한 가정의 가장으로 30년을 다닌 직장을 떠난 강 팀장의 심정이 어땠을까? 하지만 나는 그것을 염두에 두지 못했다. '내가 이런 결정을 하면 강 팀장은 어떻게 될 것인가? 얼마나 괴로울까?'를 미처 헤아려보지 못한 것이다. 지금 생각해도 참으로 후회스럽고 미안할 따름이다.

공감 능력을 좌우하는 요인들

옥시토신이라는 호르몬이 있다. 사회생활에 영향을 미치는 호르몬으로, 심한 스트레스를 받으면 분비되지 않는다고 한다. 그렇게 되면 이기심과 자기중심성이 높아지면서 공감 능력이 뚝 떨어진다. 상황이 사람을 그렇게 만든다고 볼 수 있다.

어떤 사람의 사고와 행동은 '그 사람이 어떤 사람인가'보다 '그 사람이 지금 어떤 상황에 처해 있는가'에 따라 결정되는 경우가 더 많다. 예를 들면 이렇다.

주말에 결혼식장에 가려고 하는데 자동차 열쇠가 보이지 않는다. 이럴 때 아내가 "이러다 결혼식에 늦겠다"고 한마디 투덜거리기라도 하면 남편은 평소답지 않게 "그러면 당신 먼저 택시 타고 가"라며 거친 말투로 대꾸할 가능성이 높다. 자신이 지금 겪고 있는 곤혹스러움에 사로잡혀 아내가 느끼는 현실적 불안감을 미처 이해하지 못하는 것이다. 옥시토신으로 중개되는 공감회로에 일시적인 장애가 생겼기 때문이다.

이처럼 우리는 수없이 반복되는 일상 속에서 자신의 말과 행동이 다른 사람의 감정과 톱니바퀴처럼 연결되어 있다는 사실을 순간순간 망각하게 되고, 공감회로를 작동시키지 못하게 된다. 평소에 예의 바르고 공감 능력이 있는 사람도 특정한 상황을 만나면 일시적으로 공감 장애를 겪을 수 있다. 따라서 공감 능력이 잘 발휘되도록 하려면 환경이나 상황에 휘둘리지 말고 여유롭고 편안한 정신 상태를 유지할 필요가 있다.

공감 능력이 상황에 따라 다르게 발휘된다는 점은 분명한 사실이지만, 사람의 성격 요인과 근본적인 관련이 있음은 두말할 필요가 없다. 심리학자들은 20여 년에 걸친 연구와 요인 분석 등을 통해 기본적인 성격 요인이 5가지로 압축된다는 결과를 내놓았다. '빅 파이브(Big Five)'라고 불리는 이 성격 모델은 앞 글자만 따서 'OCEAN'이라고도 하는데, 개방성(Openness), 성실성(Conscientiousness), 외향성(Extroversion), 친화성

(Agreeableness), 신경성(Neuroticism)이라는 5가지의 특성으로 결정된다는 것이다. 즉, 독창성과 예술성을 반영하는 개방성, 주의 깊음과 빈틈없음을 반영하는 성실성, 수다스러움과 활동성을 반영하는 외향성, 다른 사람의 마음을 읽는 친화성, 걱정과 불안정을 반영하는 신경성이다.

이 5가지 성격 요인 중 친화성은 타인과의 관계에서 온순하고 호의적이며 유쾌하고 배려심이 있는지에 관한 개인 차이를 알아보는 항목이다. 어떤 사람은 다른 사람에 비해 더 상냥하고, 덜 화를 내고, 덜 공격적이다. 용어에서도 짐작되는 것처럼 친화성은 '동조성'이라고도 불리며 공감적 배려, 타인을 기꺼이 돕는 마음을 포함한 친사회적 감정과 관련성이 깊다. 친화성과 공감성이 서로 연관된다는 것은 이러한 특성을 가진 사람이 갈등을 조정하거나 함께 풀어야 할 과제 앞에서 다른 사람의 협력을 이끌어내는 데 더 뛰어나다는 것을 의미한다. 반면에 친화성이 낮은 사람들은 공감에 서툴고 이기적이며 남을 도우려는 마음도 부족하다. 그들은 남의 일에는 일절 관여하지 않으며, 물질적 보상이 없는 일은 하지 않는다. 경쟁과 승리에 집착하며, 심한 경우 남에게 모욕을 주는 일도 서슴지 않는다. 영화 〈월스트리트〉에서 마이클 더글러스가 연기한 고든 게코가 전형적인 인물이다.

그런데 오늘날과 같은 치열한 경쟁사회에서는 이런 사람들이 더 높은 지위와 수입을 차지한다는 연구 결과가 있다. 실제로 애플의 스티브 잡스처럼 성공한 CEO들 중에 공감 능력이 낮은 사람이 많으며, 정치와 종교 분야의 지도자들 중에도 타인의 고통을 느끼지 못하는 이들이 적지 않다고 한다. 이들을 '성공한 사이코패스'라고 부르기도 하는데, 대표적인 인물이 윈스턴 처칠이다. 그는 극단적인 기쁨과 우울 사이를 오가는 소울증을 앓았으며, 밤늦게까지 자지 않고 엄청나게 많은 일들을 처리했다고 한다. 그래서 ≪천재의 두 얼굴, 사이코패스≫를 쓴 케빈 더튼은 천재와 광기는 종이 한 장 차이라고 말한다.

사람들의 공감 능력이 줄어드는 까닭은?

요즘 매스컴에 자주 등장하는 단어 중 하나가 '사이코패스'다. 인터넷에는 사이코패스 여부를 가려내는 체크리스트도 올라와 있다. 한 항목당 2점씩 20개의 항목으로 된 체크리스트는 40점 만점에 30점 이상이면 사이코패스로 분류한다. 어느 연쇄살인범은 34점이었다고 한다.

〈별에서 온 그대〉라는 TV드라마가 있었다. 특히 신성록의 소름 돋는 연기에 시청자들의 이목이 집중되었다. 신성록은 그룹 후계자역을 맡아 겉으로는 능력 있고 친절한 비즈니스맨이지만 자신의 목적을 위해서라면 수단과 방법을 가리지 않는 인물이다. 그는 자신에게 거슬리게 행동하는 사람을 무참하게 살해한다. 그 독특한 캐릭터가 바로 '소시오패스(sociopath)'다.

소시오패스는 사회를 뜻하는 '소시오(socio)'와 병리 상태를 의미하는 '패시(pathy)'의 합성어로, 반사회적 인격장애의 일종이다. 다른 사람의 권리를 무시하고 침해하는 행동을 반복적으로 하거나 사회규범을 따르지 않는다. 매사에 무책임하며 다른 사람에게 피해를 입히고도 양심의 가책을 느끼지 못하고, 범죄를 행하고도 죄책감을 느끼지 못한다는 점에서 사이코패스와 유사하다. 일부 학자들은 소시오패스와 사이코패스를 구분해서 사용하기도 한다. 소시오패스는 성장 환경에 의해 후천적으로 만들어지고, 사이코패스는 선천적으로 타고난다는 것이다. 또 소시오패스는 의료계에서 주로 사용하고, 사이코패스는 경찰 수사에서 자주 쓴다는 차이도 있다. 하지만 현대 정신의학에서는 두 단어를 구분하지 않고 반사회적 인격장애로 일괄 진단하고 있다.

몇 년 전 수원에서 자신의 집 앞을 지나던 20대 여성을 납치하여 살해한 후 시신을 훼손한 중국인 노동자 사건으로 세상이 떠들썩한 적이 있었다. 이 사건은 처음엔 성폭행을 목적으로 한 범행으로 알려졌지만 수사가 계속되면서 다른 분석이 나오기도 했다. 시체의 살점을 분리하여 여러 봉지에 나눠 담아놓은 점으로 미루어 인육 판매가 목적이 아니었나 하는 의혹을 불러일으키기도 했다.

최근 들어 흉악 범죄가 많아지는 이유가 뭘까? 여러 요인이 복합적으로 작용한 결과이겠지만, 근본적으로 보면 공감 능력이 줄어들고 있기 때문이라고 할 수 있다. 상대와 아무런 정서적 유대감도 없이 깊은 상처를 남기는 강간도 공감 능력의 부족과 관련이 깊다. 유일한 이유는 아니더라도 강간이 발생하는 주요 요인임에 틀림없다.

그러면 왜 공감 능력이 줄어들고 있는 것일까? 다양한 분석이 가능하지만 '가정'이 하나의 요인으로 작용하고 있다는 점은 분명해 보인다. 부모와의 관계가 공감 능력 형성에 지대한 영향을 미치기 때문이다.

1950년대 영국의 정신과의사인 존 볼비는 어린 시절에 어머니와 어떤 사이였는지가 한 사람의 정서 발달 과정에 결정적 영향을 끼친다는 사실을 밝혀냈다. 특히 생후 1년 동안 깊은 애정을 받지 못하면 그 아이의 장래 건강과 행복이 위험에 처한다고 한다. 흉악범들 가운데 부모의 방치 속에 성장한 이가 많다는 사실이 이를 뒷받침한다.

물론 불우한 환경에서 자랐다고 해서 모두가 다 흉악범이 되는 것은 아니다. 중요한 것은 누군가의 '관심'이다. 아이가 부모에게 회초리로 종아리를 맞더라도 부모가 자신을 사랑한다는 믿음만 있으면 부모가 요구하는 행동을 대체로 긍정적으로 받아들인다. 하지만 그런 믿음이 없이 매를 맞는 아이는 나중에 공격적인 성향을 보이게 될 가능성이 크다. 이렇게 가정으로부터 잘못 형성된 자아로는 선량한 양심이나 예의 바른 도덕성을 기를 수 없다.

반사회적 성격은 처음에는 잘 드러나지 않다가 시간이 지날수록 범행의 징조를 보이므로 주의 깊은 관찰이 필요하다. 그들은 공감 능력이 극도로 떨어져 다른 사람의 아픔이나 고통을 느끼지 못한다. 드라마 속 신성록처럼 지극히 이성적이고 논리적으로 보이지만 그 내면에는 다른 사람의 마음을 헤아리는 진정성이 결여되어 있다.

인간은 선한 존재일까?

일련의 끔찍한 범죄 사건들을 보면 과연 인간은 선한 존재인가 악한 존재인가를 다시금 생각해보게 된다. 맹자의 성선설과 순자의 성악설 가운데 어느 쪽이 옳을까? 굳이 대답해야 한다면 정답은 '그때그때 달라요'

가 될 것 같다.

인간은 자신의 욕망을 채우기 위해 때로는 다른 사람의 생명을 무참히 뺏기도 한다. 동시에 다른 사람의 아픔과 불행을 함께 나누며, 때로는 타인을 위해 목숨까지 바치는 경우도 있다. 즉, 인간은 악마가 될 수도 있고 천사가 될 수도 있다. 성선설이 맞기도 하고 성악설이 맞기도 하다. 자기중심성이라는 이기심과, 협력이라는 공감이 공존하고 있는 것이다.

미국의 심리학자 스탠리 밀그램은 '권위에 대한 복종심'이라는 주제로 실험을 했다. 먼저 밀그램은 전문 배우 두 사람을 연구소로 초빙하여 한 사람은 교사의 역할을 연기하도록 하고 또 한 사람은 학생의 역할을 하도록 주문했다. 실험에서 두 배우는 마치 체벌을 통한 학습 성과의 개선 여부를 실험하고 있는 교수와 학생처럼 행동했다.

그는 예일대 학생들과 인근 주민들을 실험 도우미로 참여시켰다. 실험 도우미들은 교수와 학생을 진짜로 여기고 교수가 학생의 학습 성과를 개선하기 위해 지시한 체벌을 실행에 옮겼다. 체벌은 전기충격이었고, 단추를 누를 때마다 한 단계씩 충격의 강도를 높일 수 있었다. 최고 400볼트까지 전기충격을 가할 수 있었는데, 실제로 사람을 죽음에 이르게 할 수도 있는 강도였다.

밀그램의 관심은 실험 도우미들이 직접적이고 구체적인 권위의 영향하에 놓일 경우 지시를 실행에 옮기는지 여부였다. 실험 결과는 놀라웠다. 건강하고 정상적인 사람들조차 교수의 권위에 굴복했고, 자신의 행동이 좋은 결과를 가져온다고 여기며 타인을 잔인하게 고문했다.

이 실험 결과를 자세히 들여다보면 다른 사실도 알 수 있는데, 전기충격을 가하는 정도가 고통을 낳하는 학생과의 관계에 따라 달라졌다는 것이다. 관계가 가까울수록 전기충격을 가하는 행위를 주저하거나 중지했다. 고통을 당하는 사람이 추상적인 대상이 아니라 친한 존재라는 것을 알게 되면 자신이 무슨 짓을 하고 있는지를 인식하고 자신의 행위를 제한하는 것이었다.

밀그램은 이 실험 결과를 토대로 특정한 상황에서는 모두에게 고통을 야기하는 행동이 요구되더라도 권위에 복종하려는 경향이 현저하게 나타난다는 결론을 내렸다. 이 경우 공감은 자취를 감추고 도덕적 통제력마저 상실된다.

이 사례에서 우리는 평소에 예의 바르고 사회적 지각 능력이 있는 사람조차도 감정 없이 냉혹하게 행동하도록 유도하면 공감 수준이 급격히 떨어질 수 있다는 사실을 알 수 있다. 권위를 가진 자의 압력이나 스트레스 상황 혹은 곤혹스러움을 느끼는 상황에서 대부분의 사람은 일시적으로 공감 능력의 상실 상태에 빠지는 것이다.

인지적 공감과 정서적 공감

공감은 크게 2가지 축으로 이루어지는데, 하나는 다른 사람의 마음을 읽어내는 인지적 능력인 '인지적 공감'이고, 다른 하나는 다른 사람의 감정을 공유하고 반응하는 능력인 '정서적 공감'이다.

공감은 한마디로 '마음 읽기 능력'이라고 할 수 있다. 이 능력을 이론적으로 설명해주는 것이 '마음 이론(Theory of Mind)'(217쪽 참조)이다. 그 핵심은, 마음 읽기가 다른 사람도 나와 같은 마음을 가진 존재라는 사실을 깨닫는 데 중요한 역할을 하며, 인간의 행동을 설명하고 예측하는 데 도움을 준다는 것이다.

아이들은 보통 4~5세부터 마음 읽기 능력이 발달한다고 한다. 이 시기에 마음 읽기 능력을 습득하기 시작해서 상대방의 행동을 해석하고 자신의 감정을 조절하는 능력을 갖추게 된다. 하지만 선천적으로 마음 읽기 능력이 떨어지는 사람도 있다. 자폐증 환자다. 자폐가 있는 사람은 다른 사람의 처지가 되어 보거나, 세상을 다른 사람의 눈으로 보거나, 다른 사람의 느낌에 적절하게 반응하는 것이 불가능하다. 또한 다른 사람이 그의 생각이나 감정, 신념 등으로 영향력을 행사하려고 할 때 그에게 반응하는 것이 어렵다. 사회적 정보들을 처리하는 데 미숙하고, 의미 있는 눈길이나 풍자, 말장난, 농담 등을 받아들이지 못한다. 상대의 얼굴을 바라보거나 반응을 기다리지 않고, 버스노선이나 시간표 등 오로지 자기 관심사에만 몰두하며, 자기 이야기만 하고는 곧장 그 자리를 뜨곤 한다. 인지적 공감을 가능하게 하는 관점 수용 능력이 없는 것이다. 그래서 자폐증이 있는 사람은 다른 사람의 감정 표현을 읽지 못하는 공감 능력 장애를 보인다.

1933년 노벨물리학상을 수상한 영국의 이론물리학자 폴 디랙은 일종의 자폐증인 아스페르거증후군으로 진단받았다. 그의 아내 마거릿은 그와의 관계 초기 시절에 그에게 많은 편지를 써 보냈는데, 그의 답장에 감정이 전혀 실려 있지 않아 여러 번 불만을 표시했다고 한다. 결혼 후에도 그의 행동은 변하지 않았다. 어느 날 그녀가 화가 나서 "내가 당신을 떠나면 어떻게 할 거예요?"라고 소리치자 그는 잠시 생각하다가 어떤 악의도 없는 말투로 "안녕이라고 말해야지, 여보"라고 태연하게 대답했다고 한다.

케임브리지대 교수이자 자폐증연구센터 소장인 사이먼 배런코언은 자폐증 환자들이 타인의 마음을 읽지 못하는 '마음맹(mindblindness)'을 앓고 있다고 표현했다. 또 그는 여성의 뇌와 남성의 뇌가 각각 '공감하기(empathizing)'와 '체계화하기(systemizing)'라는 두 차원으로 발달했다는 연구 결과를 내놓기도 했다. 즉, 여성의 뇌는 공감하기에 적합하게 진화했으며, 남성의 뇌는 체계화하기에 어울리게 발달했다는 것이다. 하지만 이러한 구분이 절대적인 것은 아니다. 사람은 이 2가지 능력을 모두 갖고 있는데, 중요한 것은 어느 능력을 더 많이 갖고 있느냐는 점이다. 만약 공감 능력이 아주 낮고 체계화 능력이 아주 뛰어나다면 이는 극단적인 남성의 뇌로 인한 자폐증으로 볼 수 있다.

성격장애자를 대하는 법

그는 나와 같은 은행에 근무할 때 대단히 예의 바르고 남의 말에 귀를 기울이는 사람으로 보였다. 더러 고집불통이라며 욕하는 사람도 있었지만 비교적 원만한 인간관계를 유지하는 사람으로 알고 있었다. 그런데 아니었다. 공교롭게도 옮겨간 외국계 은행에서 그와 함께 근무를 하게 되었는데, 그의 본색이 드러나면서 내가 곤경에 처하는 일이 벌어졌다. 그가 내게 '특정 업무'를 부탁해놓고는 비밀이 누설되어 프로젝트를 더 이상 진행할 수 없게 되었다며 범인으로 나를 지목한 것이다. 그는 내게만 그런 것이 아니었다. 회사에서 자기보다 업무 능력이 있다고 인정받거나 자기 비위에 거슬리는 사람들을 교묘한 방법으로 결정적 순간에 함정으로 밀어 넣었다.

내 후배가 들려준 이야기다. 지나친 출세 강박증이나 편집증이 있는 사람들 중에 이런 유형의 사람이 많다. 그들이 쳐놓은 그물에 걸리면 헤어나기 어렵다. 괴롭힘을 당하는 당사자는 미칠 것 같은데, 주변 사람들은 전혀 눈치를 채지 못한다. 하루 중 8시간 이상을 보내야 하는 회사에 이 같은 병적 성격장애자가 있다면 어떻게 하는 것이 좋을까?

정신과의사들은 다음과 같은 해결 방법을 권한다. 첫째, 먼저 분노하거나 그의 감정에 휘둘리지 말아야 한다. 내가 괴로운 이유는 '세상에 어떻게 저런 사람이 있을 수 있나' 하는 분노 때문이다. 하지만 살다 보면 세상에는 별의별 사람이 다 있다. 성격장애자들도 어쩔 수 없다. 따라서 이들에게 대처하는 가장 좋은 방법은 그 존재를 인정하되 감정적으로 행동하지 않는 것이다.

둘째, 상대방의 결점을 고쳐주려고 나서면 안 된다. 사람들은 누가 잘못된 길로 가면 바로잡아주려고 하는 경향이 있다. 좋은 모습이다. 하지만 성격장애자들에게는 좋지 않다. 그들에게는 조언이나 충고가 아무런 소용이 없을뿐더러 그것을 선의로 받아들여주지도 않는다. 도리어 원수가 될 수 있다.

셋째, 일정한 거리를 유지하는 것이다. 가능하면 얽히는 일이 없게 하는 것이 좋다. 그런데도 피해를 당하는 일이 생길 수 있는데, 이럴 때는 부드럽지만 단호하게 자기 입장을 밝혀야 한다. 관계를 끊을 각오로 말이다.

요즘 점점 지능화되어가는 블랙컨슈머들로 인해 기업들이 골머리를 앓고 있는데, 전문가들은 "블랙컨슈머는 남을 괴롭혀서라도 자신의 이익을 얻어내려 한다는 점에서 일종의 사이코패스"라고 말한다. 이들을 그냥 놔두어서는 안 된다. 내부적으로 악성 클레임에 대한 대응 매뉴얼을 만들어 고객 접점 직원들을 보호하고, 외부적으로도 법적 대응과 소비자 교육을 확대해나가야 한다.

신도림에서 영숙이를
만났다고?

성경에 보면 이스라엘 백성이 이집트에서 나와 광야에서 자그마치 40년 넘게 고생을 한다는 이야기가 나온다. 그런데 그 이유가 지도자들이 전부 남자들이었기 때문이라는 우스갯소리가 있다. 여자들이었다면 길을 물어서 갔을 테고, 그랬다면 일주일이면 되었을 거리를, 절대 묻지 않는 바람에 40년을 고생했다는 것이다.

지금은 스마트폰이나 내비게이션이 워낙 길을 잘 안내해주니 길을 물어볼 일이 별로 없다. 그렇지만 불과 6, 7년 전만 해도 낯선 곳을 찾아갈 때면 차에서 내려 길을 물어보는 일이 많았다. 이때도 보통 여성들은 남에게 길을 묻고, 남자들은 길을 묻지 않고 스스로 찾아가려 했다. 남자들은 누구에게 길을 묻는 것을 무능력의 표시라고 여기는 데다 낯선 사람에게 말을 붙이는 것도 서툴기 때문이다.

남녀는 이처럼 다르다. 쇼핑할 때도 남녀의 사회성은 확연한 차이를 보인다. 나만 봐도 그렇다. 옷을 사러 가서는 점원과 아내가 의논해서 골라주는 옷을 받아들고 나온다. 구매 결정에서 거의 마네킹 수준이다.

똑같이 쇼핑을 하는데 남성은 이를 '과제'로 받아들이고 여성은 '휴식'으로 생각한다. 여성은 쇼핑을 즐거움으로 여기는데, 남성은 스트레스로 받아들인다. 여성은 마음에 맞는 친구들과 쇼핑을 함께 다니기도 한다. 서로 대화도 나누고 조언도 해주며 놀이처럼 즐긴다. 친구가 별로 마음에 들어 하지 않는 물건은 혼자서 고집 피우며 사지 않는다. 또 구매한 물건을 친구들이 좋다거나 예쁘다고 말해줘야 마음이 놓이고 쇼핑한 보람을 느낀다. 이때 여성의 사회성, 즉 관계지능 유전자가 유감없이 발휘된다. 낯선 사람에게도 "뭐가 더 어울려요?", "색깔 괜찮아 보여요"라고 물어보는 것이 아주 자연스럽다. 처음으로 만나는 상대방도 "이게 더 어울리는 것 같네요" 하며 곧잘 받아준다. 남성들 세계에서는 상상도 못할 일이다. 와이셔츠를 사러 백화점에 갔다가 무슨 색상을 사야 할지 고민된다며 지나가는 남성을 붙들어놓고 "이거 저한테 어울려요?"라고 묻는다면 이상한 눈초리로 쳐다볼 것이다.

이런 경우도 다반사다. 여자친구가 차를 몰고 가다가 사고를 내고 말았다. 당황한 여자는 남자친구에게 전화를 걸어서 해결 좀 해달라고 애걸복걸한다. 그러면 남자친구는 보험사에 연락해주고 차를 견인시켜주면서 문제를 해결한다. 그러고 나서 "이제 되었지? 나 바빠서 들어간다"며 회사로 돌아간다. "얼마나 놀랐어? 많이 힘들었지?"라는 말로 위로하는 남자친구는 거의 없다. 이럴 때 "그렇게 그냥 들어가는 법이 어딨냐?"고 화를 내는 여자를 남자는 도저히 이해할 수 없다. 남자는 모든 문제를 완벽하게 처리해주고 돌아왔기 때문이다. 남자는 문제의 해결에 초점을 맞추지만 여자는 정서 교감에 초점을 맞추는데, 이런 서로의 특성을 이해하지 못하는 것이다.

지금까지 심리학자들은 남녀의 사회성 능력을 테스트하는 데 골몰해왔다. 그리고 이 분야에서의 성별 차이는 아주 어릴 때부터 나타난다는 사실을 증명해냈다. 몇 년 전 우리나라에서도 EBS TV에서 '인간 탐구, 남녀의 차이' 편에 이와 비슷한 내용의 실험이 방영된 적이 있다.

3, 4살의 남녀 아이를 두고 엄마가 놀이 도중 다친 척 연기를 해보았다. 여자아이는 어쩔 줄 몰라 하다 같이 울어버리는 데 비해 남자아이는 관심도 없다는 듯 장남감에만 눈이 쏠려 있다. 이러한 남녀의 특징은 뇌의 차이에서 나온다. 여자들은 '공감 능력'이, 남자들은 '공간지각 능력'이 발달해 있다. 바로 여기서 남녀 간 공감 능력의 차이가 생긴다. 태어난 지 얼마 되지 않은 여자아이는 그보다 조금 더 일찍 태어난 남자아이보다도 상대방의 얼굴을 더 오래 쳐다본다. 또한 의사 표시를 할 수 있을 정도로 자랐을 때도 여자아이는 남자아이보다 공감 표현을 더 많이 한다. 두 살 먹은 아이의 경우 남자아이보다 여자아이가 고통스러워하는 사람을 훨씬 더 많이 돕는다.

EBS의 실험 결과도 이와 일치했다. 6살 난 여자아이는 같은 또래 남자아이보다 마음이나 표정 읽기를 더 잘 수행하는 경향을 보였다. 또 사춘기 소녀는 사춘기 소년보다 공감 능력과 친사회적 사고 능력에서 더 높은 점수를 기록했다. 성년 남자들도 대화를 나누기는 하지만 여자들이 자연스럽게 대화를 이끌어가면서 감정과 관련된 말들을 풍부하게 사용하는 경향과 달랐다. 2분 동안 부끄러움이나 분노와 같은 감정과 관련된 어휘들을 사용해보라고 하면 대부분 여자가 남자를 큰 차이로 앞섰다.

여자는 남자에 비해 타인의 불행과 고통, 어려움에 더 관심을 쏟고 도와주려 노력한다. 심리학자들은 이를 '보살핌의 본능(tending instinct)'이라고 말한다. 여자는 남자보다 공감 시스템이 아주 발달되어 있다. 여자들이 드라마 중독에 잘 빠지는 이유가 바로 여기에 있다.

여자들은 TV드라마 속 배우들을 보고 울고 웃으며 감정이 요동친다. 연인이 헤어지는 장면을 보며 마치 자신이 헤어진 듯 힘들어하고 못된 짓을 하는 시누이에게는 욕을 퍼붓는다. 이런 아내를 남편은 이해하지 못한다. 내 고향의 시골 장례식장에서 서럽게 우는 사람들도 대부분 어머니를 비롯한 동네 아줌마들이었다.

남자는 공감맹, 여자는 체계맹

"남성용 로션은 어디 있어요?", "샤넬에서 나온 향수는 어디 있어요?"

독일의 한 마케팅업체가 백화점에서 일하는 점원들을 대상으로 인터뷰를 실시하여 흥미로운 사실을 발견했다. 여성과 남성 고객이 점원에게 물어보는 질문 내용이 전혀 다르다는 것이다. 여성 고객들은 대개 제품의 특징이나 애프터서비스, 색상과 디자인, 가격과 세일 기간 등 제품에 대한 상세 정보를 꼼꼼히 질문하는 반면, 남성 고객들은 자신이 찾는 제품이 '어디에 있는지'를 물어보는 경우가 대부분이었다.

이처럼 남성과 여성이 다른 성향을 보이는 이유는 크게 3가지다. 하나는 생물학적 차이다. 남녀의 뇌가 원래부터 다르게 생겨먹었기 때문이다. 남성은 체격과 손발이 더 크고 여성은 허리가 더 잘록한 것처럼, 뇌의 구조와 기능에도 남녀 차이가 두드러진다. 구매 욕구를 느끼고, 가격 대비 성능을 따지고, 다른 제품과 비교하고, 현재의 경제 사정을 고려하고, 최종적으로 행동을 결정하는 곳이 바로 뇌다. 그런데 여성의 뇌는 남성보다 대뇌피질에 신경세포들이 더 많은 반면, 남성의 뇌는 백질(white matter)이 더 두껍다. 백질은 신경세포들 간의 정보를 주고받을 수 있는 신경트랙으로 이루어져 있는데, 백질이 더 두껍다는 것은 정보 전달이 좀 더 쉽다는 뜻이다. 덕분에 남성은 사냥에서처럼 표적을 쫓아가 앞으로 돌진하는 데 용이하다. 당연히 남성의 공격적 성향이 강할 수밖에 없다. 교도소 수감자 중 95%가 남성이라는 사실도 이를 뒷받침한다. 하지만 좌반구와 우반구를 연결하는 '뇌량'이라는 부분은 여성이 남성보다 더 두껍다. 따라서 여성은 좌반구와 우반구 사이의 정보 교환이 더 원활하고 양쪽 뇌를 상대적으로 더 잘 사용한다. 그래서 세상의 남편들은 부부싸움에서 아내를 당해내지 못한다. 그들은 아내와 싸울 때 가장 괴로운 것 중 하나가 별로 상관도 없는 옛날 일을 묶어서 덤벼들 때라고 한다. 여성이 여러 일들을 하나로 연결하여 처리하는 능력이 뛰어나기 때문이다.

또한 여성들은 보살피는 행동이나 사회적 관계를 형성하는 변연계 등이 남성보다 2배 정도 더 크다. 또한 언어나 청각중추와 관련된 뇌세포도 여자가 남자보다 10% 정도 더 많다. 그래서 남성은 공감하는 능력이나 사회적 인간관계를 맺는 능력이 여성에 비해 다소 뒤처진다. '공감맹'인 것이다.

남성과 여성이 다른 첫 번째 이유가 생물학적 차이라면 두 번째 이유는 사회의 문화적 배경 때문이다. 문화란 오랜 세월 그 사회의 기후와 지형, 산업, 종교 등을 반영해 발전해온 한 사회의 이념적 구성물이다. 문화는 무엇이 옳고 그른지에 대한 규범을 제공한다. 남성과 여성의 문제에서도 문화는 각 성에 적절한 성 역할과 규범을 부여한다. 그에 따라 인간의 무의식이 큰 영향을 받게 된다.

우리 사회에서 여성들은 태어나자마자 바로 분홍색 옷을 입고 인형을 선물로 받아 가지고 놀던 기억, 상냥함과 타인에 대한 배려와 애교를 발달시켜 사람들의 칭찬을 받던 기억을 공유한다. 그 기억이 무의식 안에 자리하고 있다. 이렇게 여성성의 역할을 부여받으며 여성은 사회 규범에 맞게 사회화된다. 이러한 사회화의 결과가 여성이 남성보다 더 공감을 잘한다는 통념을 만들어냈고, 그러한 사회적 기대에 맞추어 행동하려는 경향이 공감에 기초한 여성들의 '관계'를 잉태했다.

남성과 여성이 다른 세 번째 이유는 진화론적 관점에서도 찾아볼 수 있다. 진화론적으로 남성들은 그 역할과 지위 면에서 사냥과 전쟁 등 물리적인 일들을 예측하고 주관하는 데 능해야 했던 반면, 여성들은 육아와 살림, 가족 간의 유대를 도모하는 데 익숙해야만 했다.

이러한 생물학적, 문화적, 진화론적 특성이 남녀의 공감 능력에 차이를 만들어낸 것이다. 그런데 남녀의 공감 능력을 설명하다 보면 이런 의문이 들게 마련이다. '남성이라면 공감해보려고 애써봤자 소용없고, 여성이라면 공감 능력을 타고났으니 더 노력할 필요가 없지 않은가?' 하는 것이다.

케임브리지대 자폐증연구센터 소장인 사이먼 배런코언은 공감 능력에서 성별 차이론을 주장하는 대표 주자 중 한 사람이다. 그에 따르면 평균적으로 여성은 공감 능력이 탁월하고 남성은 체계화 능력이 뛰어나다. 이른바 '공감-체계화 이론'이다. 그런데 그가 말하는 것은 모든 여성이 모든 남성보다 공감 능력이 뛰어나다는 것이 아니라 평균적으로 그렇다는 뜻이다. 다시 말하면 개개인의 공감 능력은 높은 수준에서 낮은 수준까지 아주 다양하게 분포되어 있다. 일반적으로 사람들은 이 2가지 특성을 모두 갖고 있기 때문에 이 중에서 어떤 능력을 더 많이 갖고 있느냐 하는 차이만 있을 뿐이다. 어떤 남성들은 공감 테스트에서 높은 점수를 얻는 반면, 어떤 여성들은 낮은 점수를 받기도 한다. 공감 능력이 뛰어난 남성도 있고 공감 능력이 열등한 여성도 있는 것이다. 게다가 공감 테스트에서는 거의 모든 척도가 인지적 공감보다 정서적 공감을 더 많이 평가하도록 설계되어 있다. 상대방의 감정에 반응하는 능력에 초점이 맞추어져 '뉴스에서 사람들이 고통받는 것을 보면 언짢아지는가?'와 같은 질문 위주로 구성되어 있다. 따라서 다른 사람의 처지에서 볼 수 있는 또 다른 관점 수용 능력인 인지적 공감을 파악하는 데는 한계가 있다.

우리가 성별 간 차이를 알아야 하는 이유는 서로의 보편적 특성을 보다 잘 이해하는 데 있다. 그리고 정말로 중요한 것은 공감 능력을 얼마나 많이 갖고 태어났는가가 아니라 그것을 개발할 의사가 얼마나 있느냐 하는 점이다.

'위로'받고 싶은 여자, '해결'하려는 남자

여 : 오빠, 오다가 신도림역에서 영숙이 만났다.

남 : 그래서? 차 마셨니?

여 : 아니.

남 : 그럼, 밥 먹었어?

여 : 아니.

남 : 그럼, 만나기로 한 거야?

여 : 아니.

남 : 그럼 왜 그 얘기를 나한테 하는 거지?

여 : 왜긴 왜야, 영숙이를 만났다는 거지.

한때 SNS에서 '신도림 영숙이'라는 짧은 동영상이 인기를 끌었다. 강사가 친구 영숙이와 마주친 것 자체를 중시하는 여자와, 왜 그 이야기를 하는지 분석하려는 남자의 대화 패턴을 재미있게 설명하고 있다. '여자들에게 대화는 논리적인 정보를 주고받는 것보다 공감과 경청'이라는 것이 핵심이다. 그러면서 여자와 대화할 때는 말끝마다 "진짜? 정말이야? 웬일이야? 헐~" 등 4가지 추임새로 맞장구를 쳐주라고 권한다. 이런 식으로 받아주면 된다.

"오빠, 오다가 신도림에서 영숙이 만났다."

"진짜?"

"딱 마주쳤다니까."

"정말이야?"

"그렇다고."

"웬일이야?"

"신기해."

"헐!"

이렇게 대화를 이어가면 여자친구가 손을 잡아줄지도 모른다. 아니면 "신도림에서 영숙이 만났다. 신기하지?"라는 말에 "응, 진짜 신기해" 하며 뒷말만 따라 해도 좋다. 그런데도 남자들은 "왜? 차 마셨어? 그 얘기를 나한테 왜 하는데?"라며 따지듯이 묻는다. 여자는 마음에 상처를 받고 슬슬 화가 나게 된다.

한 여자가 집에 오자마자 전화통을 붙들고 남자친구에게 하소연을 하기 시작한다.

"진짜 속상해 죽겠어. 요번에 우리 회사에 남자 팀장이 새로 왔다고 얘기한 적 있지? 요즘 그 팀장 때문에 못살겠어. 얼마나 쫀쫀한지 내가 하는 일마다 시비 걸고 못 잡아먹어서 난리야. 글쎄, 내가 무슨 의견을 내면 깔아뭉개기 일쑤고, 반말 찍찍하면서 나이 어리다고 무시하는 것 같기도 하고… 나 이 인간 때문에 더 이상 회사 못 다니겠어."

한참 동안 가만히 듣고 있던 남자친구가 퉁명스럽게 대꾸한다.

"직장이란 게 다 그런 거지 뭐. 하루 이틀 회사 다니는 것도 아닌데 왜 그래? 너도 회사 오래 다니려면 조직의 특성을 알아야 해. 언제까지 불평만 하면서 다닐 거야?"

남자친구에게 다 털어놓고 위로를 받고 싶었던 여자는 이런 남자의 반응이 황당할 따름이다. 위로는 못해줄망정 자신을 탓하는 남자에게 실망하고 외면해버린다. 이때는 "그래? 그래서? 어떻게 되었는데? 계속 얘기해봐"라는 4가지 추임새 정도면 충분할 것이다. 여자가 그만두고 싶다는 것은 그 정도로 속상하다는 사실을 알아달라는 뜻이지, 진짜로 회사에 사직서를 제출하겠다는 굳은 의지의 표현은 아니기 때문이다. 만약 이런 푸념을 다른 여자친구에게 했다면 이런 식으로 반응하지 않았을 것이다. "어머, 너 진짜 속상하겠다. 그래서 어떻게 했는데?"라며 친구의 심정으로 기꺼이 한편이 되어 팀장 욕을 할 것이다.

이러한 차이는 남녀 간 커뮤니케이션에서 갈등을 일으키는 주요 원인이 된다. 여자는 상대방의 표정에 담긴 감정과 의도를 잘 읽어내므로 남자도 당연히 알아채리라 생각한다. 하지만 남자는 상대의 표정이나 목소리의 변화를 파악하는 일에 여자만큼 뛰어나지 않다. 이를 모르는 여자는 남자가 자기에게 무심하거나 알면서도 무시하는 것이라고 생각하여 화를 내게 된다. 그러면 남자는 '어, 이 여자가 갑자기 왜 이러지?' 하면서 공연히 자기에게 화를 쏟아낸다고 불평한다.

이러한 남녀 갈등을 예방하려면 여자는 자신의 의도나 감정 변화를 되도록 구체적인 언어로 남자에게 전달해줘야 한다. 필요한 것이 있으면 솔직히 말하는 편이 좋다. 또한 남자는 상대방 표정 읽기에서 여자보다 훨씬 둔감하다는 사실을 인식하고 여자가 갑자기 화를 내면 '아, 내가 여자의 감정 변화를 미처 몰랐나 보네' 하고 감정을 읽어내려는 안테나를 더 높이 세워야 한다.

영국의 인간관계 컨설턴트인 줄리앤 사피로는 실제로 '남성만의 언어'

가 존재하며 이를 이해해야 이성 간의 갈등을 줄일 수 있다고 말한다. 그가 가장 먼저 지적한 내용은 남성이 동시에 여러 가지 일을 할 수 있으리라고 기대하지 말라는 것이다. 남성이 무언가 집중해서 일을 하고 있을 때 여성은 중요한 이야기를 하면 안 된다. 남성은 한 번에 한 가지 일에만 집중할 뿐 다른 일을 동시에 하지 못한다. 그래서 자칫 다른 일에 정신이 팔려 배우자의 말을 건성으로 듣는, 이른바 '배우자 경청'에 빠지기 쉽기 때문이다.

사피로가 지적한 내용 중에는 이런 것도 있다. 여성은 보통 하루 동안 있었던 일들에 대해 미주알고주알 남성에게 늘어놓는다. 그냥 들어달라는 의미다. 그런데 남자는 '해결사 신드롬'에 빠져 분위기 파악을 못하고 문제의 해결 방법을 알려주려 든다. 대화의 초점이 어긋날 수밖에 없다. 이럴 때 남자는 결론을 성급하게 묻지 말고 '과정'에 충실해야 한다. 말을 계속하도록 질문하고 들어주면서 공감해주는 것이 과정이다.

이러한 남녀 간 소통 방법의 차이에 대한 이해는 비즈니스에서 고객서비스의 품질을 좌우하는 결정적 요소 중 하나가 된다. 은행 콜센터에 항의 전화가 걸려왔다고 하자. 고객이 "식사를 마치고 결제를 하려는데 신용카드가 읽히지 않는다고 해서 얼마나 창피했는지 아세요? 더구나 귀하신 분들을 모시고 간 자리였는데, 너무 창피했다고요"라고 불만을 토로한다. 이럴 때 "죄송합니다. 마그네틱이 손상된 것 같으니 가까운 지점에서 교체하시면 됩니다"라는 식으로 문제 해결식 답변만 해서는 곤란하다. 그러면 섭섭함이 커지고 불평의 강도만 높아진다. "어머, 정말 속상하셨겠네요. 그럴 때 카드가 안 읽히면 정말 당황스럽지요. 그래서 어떻게 하셨는데요?"라며 속상했던 고객의 감정에 함께 빠져들어야 한다. 그게 바로 해결책이 된다.

　서비스업에서 필요로 하는 사람은 고객의 감정을 재빨리 파악하고 적절히 호응해주는 '공감형 인재'다. 육체노동이 중심이던 과거와 달리 지금과 같은 감성 시대에는 소통과 공감 능력이 뛰어난 사람이 더 큰 성공을 거둘 수 있다.

슬플 때 잘 우는 사람이 더 건강하다

　남자와 여자는 근본적으로 다르다. 그중 하나에 '눈물'이 들어간다. 남자는 보통 강한 존재로 인식된다. 오죽하면 평생에 딱 세 번만 운다는 말이 있을까. 태어나면서 한 번, 부모님이 돌아가셨을 때 한 번, 나라가 망했을 때 한 번이라는 것이다. 그러나 여자는 눈물이 무기라고 하며, 그렁그렁한 눈물을 가득 담고 있는 모습이 아름다움의 상징이 되는 듯 말하기도 한다. 하여튼 여자는 잘 운다. 그러나 남자는 울면 안 된다고 교육받아왔다. 달리다가 넘어져도 남자아이들은 목청껏 울지도 못한다. 주변 사람들에게서 "사내자식이 울긴 왜 울어"라거나 "사내자식이 그만한 일로 울면 못 쓴다"고 꾸지람을 듣는다. 부모나 선생님도 남자는 울음을 참을 줄 알아야 한다고 가르친다. 이처럼 남자들은 어릴 때부터 감정을 억누르기를 강요당하며 성장한다. 미국 여자들은 한 달에 다섯 번 정도 우는데 한국 남자들은 두 번도 안 운다는 재미있는 조사 결과도 있다. 아무튼 한국 사회는 남자들이 우는 것에 대해 매우 부정적이다.

그런 식의 통제 속에서 성장하는 동안 남자들은 자연스럽게 감정적으로 무딘 사람이 되어간다. 그뿐 아니라 남자는 이러저러해야 한다는 가부장적 틀에 자신을 맞추는 것에 별다른 저항감을 느끼지 못한 채 어른으로 성장하게 된다. 그러나 감정 표현도 일종의 습관이라 감정을 자꾸 숨기고 억제하기 시작하면 점점 더 감정 표현에 서툴러진다.

우리 뇌에서 공감 능력을 담당하는 것이 '거울신경 세포'다. 그런데 이 세포를 작동시키는 것은 생각이 아닌 감정이다. 따라서 인간관계에서 공감 능력을 높이기 위해서라도 우리는 자신의 감정에 대해 제대로 알고 대처할 수 있어야 한다. 감정을 잘 다스리는 방법은 내 감정을 있는 그대로 느끼고 수용하는 것에서 시작된다.

우리는 몸에 이상한 징후가 생기면 곧바로 병원부터 찾는다. 그것을 부끄럽거나 수치스럽게 여기지 않는다. 그런데 마음의 문제에 대해서는 그렇지 못한 것이 현실이다. 내가 느끼는 감정에 대해 알지 못하고 그것이 보내는 신호에 적절히 대처하지 못할 때 우리는 마음의 병을 앓을 수밖에 없다. 또한 우리는 내 마음이 아프다는 걸 알아야만 남의 마음이 아픈 것도 이해할 수 있다. 내 마음이 아픈 것을 억압하는 사람은 남의 마음이 아픈 것도 억압한다. 그런 타입은 인간관계에서 공감 능력이 부족해질 수밖에 없다. 특히 대부분의 한국 남자들은 아무리 마음이 힘들어도 외부에 도움을 청하려 하지 않는다. 그리고 보면 한국 남자들의 자살률이 여자들보다 높은 것이 하나도 이상할 것이 없다.

기쁜 감정이 소중하듯 아프고 슬픈 감정 역시 존중받아야 한다. 가슴

아픈 이야기를 들었거나 사랑하는 사람을 잃었을 때 우리는 눈물을 흘린다. 마음껏 눈물을 흘리는 그 순간에 자신의 아픈 감정들이 치유된다. 그래서 눈물이 날 때는 참지 말고 그냥 우는 게 좋다. 헤어지고 싶지 않은 누군가와의 이별이 고통스러울 때, 억울하고 분한 감정을 주체할 수 없을 때는 그냥 펑펑 울어버려야 하는 것이다.

나는 최근에 사랑하는 어머니를 잃었다. 어머니가 그리워서 보고 싶을 때는 어린아이처럼 펑펑 눈물을 쏟으며 운다. 주로 출근길 차 안에서 우는데, 사무실에 들어설 때면 마음이 훨씬 편안해진다.

영국의 정신과의사인 헨리 모즐리는 "눈물은 신이 인간에게 선물한 치유의 물"이라고 했다. 과학적으로도 눈물은 박테리아를 죽이는 효과가 있다. 실컷 울고 나면 깨끗하고 시원한 느낌이 드는 것이 바로 그 때문이다. 또한 연구 결과에 따르면 잘 우는 사람이 그렇지 않은 사람에 비해 삶에 대해 더 긍정적이고 건강하다고 한다. 남자의 평균수명이 여자보다 짧은 이유는 남자가 여자보다 덜 울기 때문이라는 주장도 있다.

1993년 영국 다이애나 전 왕세자빈이 교통사고로 사망했을 때 영국 국민들은 비탄에 빠졌다. 모두 눈물을 흘리며 그녀의 죽음을 애도했다. 그런데 다이애나의 장례식 이후 정신병원의 우울증환자 방문이 절반으로 줄었다고 한다. 실컷 울고 스트레스를 다 날려버렸기 때문이다. 정신과의사들은 이를 '다이애나 효과'라고 한다.

슬플 때 잘 우는 사람은 병에도 덜 걸린다. 미국에서 건강한 사람과 위궤양이 있는 환자를 조사했더니, 건강한 사람들이 우는 것에 대해 더 긍정적으로 생각하고 자주 우는 것으로 나타났다.

우리는 지금보다 훨씬 더 눈물로부터 자유로워져야 한다. 자기감정을 표현 못하는 세상은 평화로운 세상이 아니다. 남을 위해 펑펑 울어주는 것도 진정한 자유이며 신비스러운 치료약이 된다. 울음으로 스트레스를 치유하는 것은 돈이 들지 않으면서도 매우 효과적인 자연 치유법이다. 또한 공감력을 키우는 훈련 방법이기도 하다. 울 때 제대로 울지 않으면 대신 몸이 망가진다.

말을 따라 하면 팁이 올라간다

예전에는 맘에 드는 여자에게 처음 말을 걸때 "시간 있으세요?"라는 뻔한 작업(?) 멘트를 썼다. 그런데 요즘 젊은이들은 말을 거는 솜씨가 달라졌다고 한다.

"저기, 풀 좀 있으세요?"

"왜요?"

"말 좀 붙이게요"

이런 멘트도 있다.

"저기, 빨랫줄 좀 있으세요?

"왜요?"

"말 좀 걸게요"

이왕 말이 나온 김에 이성의 관심을 끄는 첫마디를 추천한다. 방법은

'아는 길도 물어가라'이다.

한 연구에 따르면 마음에 드는 이성에게 길을 물은 다음 커피를 마시자고 했을 때 성공률이 5배나 높았다고 한다. 이미 알고 있지만 "미술관으로 가려면 어디로 가야 하나요?"라며 말을 붙이는 것이다. 그러고 나서 데이트를 신청한다. 사람은 별것 아닌 일에 "예스"를 하고 나면 그다음에 오는 중요한 물음에도 같은 대답을 할 가능성이 높다고 한다.

남녀관계건 비즈니스건 첫 만남에서 대화를 자연스럽게 트는 것은 쉬운 일이 아니다. 그럴 땐 간단한 질문으로 상대의 대답을 유도하는 것이 최선이다. 이를테면 "고향이 어디세요?", "전공은 뭘 하셨나요?" 등이다. 우연히 같은 자리에 앉게 된 옆 사람에게는 "어디에 가시나요?"라고 물어볼 수 있을 것이다. 그런데 이렇듯 가벼운 물음이 서로의 문화를 이해하고 감정을 연결하는 데 상당한 역할을 한다. 심지어 꽃과 같은 식물에도 해당된다.

어느 토요일 아침, 차 안에서 가든 디자이너라는 사람이 출연한 라디오방송을 듣게 되었다. 그는 항상 꽃에게 이렇게 물어본다고 한다.

"넌 어디서 왔니?"

달리아에게 물어보았다면 그 꽃은 "내 고향은 멕시코야"라고 대답했을 것이다.

그가 이렇게 묻고 대답하는 이유는 원산지를 알게 되면 그 꽃이 자라기 좋은 조건을 바로 알아낼 수 있기 때문이란다. 달리아의 원산지인 멕시코는 따뜻한 나라다. 따라서 추운 곳에서는 잘 견디지 못하므로 햇볕이 잘 드는 곳에서 키워야 한다.

사람도 '원산지'를 알면 그 사람의 특성과 감정을 이해하는 데 큰 도움이 된다. 내 동생은 베트남 여자와 결혼했다. 여름에 시골에 내려가 함께 밭일을 하다 보면 우리는 땀을 비 오듯 흘리는데 제수씨는 땀 한 방울 안 흘리고 묵묵히 잡초를 뽑는다. 더운 나라에서 성장했기 때문이다. 만약 내가 그녀의 출생지를 몰랐다면 이해하기 힘들었을 것이다.

우리 한국 사람도 외국에 나가면 한국인 고유의 특징과 기질을 그대로 드러낸다. 사람들은 그것을 '민족성'이라고 부른다. 우리 민족의 특징 가운데 대표적인 것을 하나 꼽으라면 '빨리빨리'가 될 것이다. 동남아 각국의 유명 관광지에서 장사를 하는 사람들도 "빨리빨리"를 알아들을 정도라고 한다. 이런 민족성 덕택에 한국의 인터넷, 휴대폰, 반도체 같은 디지털 기술이 급성장할 수 있었다고 하는 해석도 있다.

우리 민족의 대표적인 특성을 하나 더 든다면 '연고주의'일 것이다. 우리나라 사람들은 초면인 상대에게도 대뜸 고향이 어디고, 성씨가 뭐고, 어느 학교를 나왔는지를 묻곤 한다. 그래서 "어느 고등학교 나왔습니다" 하면 "그럼 내가 2년 선배네. 말 놓아도 괜찮지?" 하고 반가운 체를 하며 생면부지인 두 사람이 금방 선후배 관계로 뭉친다. 나도 예외가 아니다. 고향 이야기만 나오면 상대가 누구든 말이 많아진다. 내가 자란 시골마을, 동네 친구, 어머니 등이 함께 떠올려지면서 순식간에 기억의 필름을 수십 년 전으로 되돌리게 된다. 미국 같은 개인주의 문화에서는 상상하기 어려운 모습이다. 미국에서는 상대방과의 관계가 주로 취미나 경력에 기초하여 형성된다. 스포츠, 전공, 관심 분야 등을 화제로 삼는다. 물론 대화의 시작은 질문이다.

상대방의 코드에 맞는 적절한 질문이 대화의 물꼬를 트고 윤활유 역할을 한다. 연고가 되었건 취미가 되었건 흥미와 관심을 유발하는 질문 하나가 인간의 사고와 판단의 중심을 분석적이고 논리적인 좌뇌에서 직관적이고 감성적인 우뇌로 옮긴다. 그와 동시에 관계를 발전시키고 의사결정을 내리게 하는 스위치에 불이 들어온다.

대부분의 구매의사 결정도 바로 이 우뇌가 자극을 받을 때 내려진다. ≪구매의 심리학≫을 쓴 미국의 세일즈 전문가 케빈 호건은 공감대 형성이 세일즈맨의 영향력을 극대화해주는 가장 강력한 테크닉 중 하나라고 강조한다. 어떤 계기로든 정서가 통한다고 생각되면 금방 세일즈맨에게 호감을 느끼게 된다는 것이다. 이처럼 사람들이 자신과 비슷한 점이 있는 사람들에게 호감을 느끼는 것은 '유사성 효과(similarity effect)' 때문이다.

사람은 공통점에 끌린다

'부부는 일심동체(一心同體)'라는 말이 있다. 부부가 되면 마음과 몸이 하나로 합해진다는 뜻이다. 그렇다면 어느 게 먼저일까? 한마음(一心)이 되고 나서 한 몸(同體)이 되는 것일까, 아니면 한 몸(同體)이 된 다음에 한 마음(一心)이 되는 것일까? 과학자들은 한 몸이 된 후에 한마음이 된다고 말한다. 즉, 행동이 서로 같아지면(同體) 점차 좋아져서 한마음(一心)이 된다는 말이다. 여기서 동체란 행동뿐 아니라 표정, 태도, 언어, 복장, 심지어 걸음걸이까지를 모두 포괄한다.

이처럼 서로 다른 사람이 동체가 될 수 있는 것은 거울신경(mirror neuron) 덕택이다. 거울신경에서 비롯된 미러링(mirroring)으로 상대방의 언어나 비언어적인 면을 거울 속에 비친 것처럼 그대로 따라 하는 것이다. 이것이 감정이입과 유대감을 형성하는 강력한 무기가 된다.

사람은 나와 비슷한 면이 있는 사람에게 더 호의적이다. 고향이나 출신 학교가 같으면 훨씬 친근감을 느낀다. 유사성 효과로 같은 점이 있으면 더 끌리는 것이다. 클럽에서도 여자들은 같은 춤을 추는 남자에게 더 호감을 느낀다.

그래서 인간은 상대로부터 호감을 얻기 위해 카멜레온처럼 변신하면서 상대와 동체가 되려고 한다. 상대와 닮기 위해 얼굴은 물론 언어, 제스처, 패션 등 자신의 많은 것을 바꾼다. 한마음이 되기 위해서다.

그러면 한마음이 되려면 구체적으로 어떻게 해야 하는지를 살펴보자.

어느 날 한 가정집에 강도가 들었다. 강도는 잠자던 부부의 목에 칼을 들이대고 눈을 부라리며 위협적으로 소리를 질렀다.

"손들어! 우물쭈물하면 찔러버릴 거야!"

그런데 남편은 한 손만 번쩍 들었다. 강도는 그걸 보고 당장이라도 찌를 듯 으르렁거리는 소리로 다그쳤다.

"두 손 다 들란 말이야!"

남편이 찌푸린 표정으로 대답했다.

"실은 왼쪽 어깨에 신경통이 있어서 이쪽 손은 들 수가 없소이다."

그러자 강도는 웬일인지 표정이 조금 누그러져서는 이렇게 말했다.

"신경통이라고? 사실은 나도 신경통이 있는데…."

그때부터 분위기가 달라지기 시작하더니 강도는 신경통이라는 공통분모를 놓고 남편과 진지하게 대화를 나누기 시작했다. 신경통의 증세가 어떻다느니, 이렇게 치료했더니 좋더라느니… 이야기꽃이 점점 피어나면서 방 안에는 온기마저 감돌았다.

부인은 그 모습을 보면서 주방에 나가 커피를 끓여왔다. 이제 더 이상 강도는 가해자가 아니었고, 남편은 더 이상 불안과 공포에 사로잡힌 피해자가 아니었다. 잠시 후 강도는 남편에게 손을 내밀면서 악수를 청하고는 "빨리 잘 치료해서 건강을 회복하기 바랍니다"라는 말을 남기고 떠났다.

오 헨리의 소설 ≪강도와 신경통≫에 나오는 이야기다. 강도와 남편이 친구가 될 수 있었던 것은 '신경통'이라는 공통의 관심사가 있었기 때문이다. 세일즈에서도 이러한 공통 관심사를 찾아내면 고객의 마음을 여는 데 이미 절반의 성공을 거둔 것이다. 아토피 크림을 고르는 주부에게 "우리 아이가 아토피로 오래 고생했잖아요. 저도 마음고생이 심했습니다. 그런데 이 크림으로 바꾸고 나서 금방 좋아졌어요"라고 말하는 식으로 공통의 화제를 내세워 유사성을 공유하는 것이다.

나는 공통의 화젯거리를 명함에서 찾는 편이다. 우리는 어떤 모임이나 행사에 참여하면 제일 먼저 사람들과 명함을 주고받으며 "○○○라고 합니다"라고 인사를 나눈다. 그런데 그러고 나서는 더 이상 나눌 만한 이야깃거리가 없어 데면데면해지곤 한다. 이처럼 화젯거리가 없을 때 방금 교환했던 상대의 명함을 다시 한 번 들여다보면 비상구가 보이는 수가 있다. 명함에 그려진 흥미로운 그림이나 독특한 디자인, 직함처럼 이야깃거리가 될 만한 것이 하나 정도는 눈에 띄게 마련이다.

내 명함에는 현재의 직함과 연락처뿐 아니라 과거의 경력 한두 가지, 그리고 그간 쓴 책들의 제목이 들어 있다. 나 자신을 좀 더 구체적으로 소개하려는 의도이지만, 상대방이 마땅한 화제나 질문거리를 찾지 못했을 때를 위한 배려이기도 하다. 실제로 많은 사람들이 내 명함을 보고 내가 하는 일이나 저서에 대해 물어오곤 한다.

비즈니스에서건 인간관계에서건 공통분모를 잘 찾는 사람이 성공한다. 타인과의 공통분모를 잘 찾는 사람은 유연하고 융통성이 있으며 공감 능력이 뛰어나다고 여겨지며, 실제로도 그렇다. 그런데 우리는 과연 이를 위해 얼마만큼의 노력을 기울이고 있는가. 가족, 친구, 회사 동료, 거래처 사람 등 상대가 누구이건 '만나고 싶은 사람, 생각만 해도 기분 좋은 사람이 되는 방법'은 공통 화제와 상대의 관심사를 파악하기 위해 성의 있게 준비하는 것이다.

여기서 창조적인 대화를 위한 방법을 하나 더 소개한다. "오늘 날씨 좋지요?", "고향이 어디세요?", "주말 즐겁게 보내셨습니까?"와 같은 일상적인 질문도 대화의 윤활유로 작용할 수 있지만, 서로의 공감적 교감에 불을 지피는 소재로는 부족하다. "주말에 뭐하셨어요?"보다는 "주말에 가장 행복한 일은 무엇이었나요?"와 같은 질문을 던지는 것이 창조적 대화로 이어진다. 흥미를 유발하고 생각을 자극하는 질문이 상대방의 내면을 파고들어 심도 있는 대화를 가능하게 한다. 이런 창조적 대화가 다른 사람의 가치관을 알아내고 나의 생각을 공유하는 과정을 거치면서 보다 참신한 생각과 관점을 갖게 되는 기회를 제공한다.

공감을 표현하는 대화법 1_ '맞장구'

공감을 표현하는 핵심적인 대화법 첫 번째는 '맞장구'다. 맞장구는 한마디로 상대가 더 즐겁게 말할 수 있도록 돕는 기술로, 흔히 리액션(reaction)이라고도 한다.

나는 몇 차례 방송에 출연하여 강의를 한 적이 있다. 첫 강의 때는 지레 겁을 먹고 긴장했지만 두 번째부터는 절로 흥이 나고 편안해졌다. 고개를 끄덕여주고 박수를 쳐주고 "아하!" 하면서 탄성을 내는 '준비된 방청객' 덕택이었다. 준비된 방청객이란 탁월한 리액션 전문가라는 뜻이기도 하다. 그들은 내가 한 말에 대해 리액션을 해주고, 그 리액션이 강의에 불을 붙여주었다.

미국의 유명한 사회자인 오프라 윈프리는 자신의 쇼에 출연한 게스트들의 재미있는 말에 발을 동동 구르며 마구 웃어주고, 그들의 아프고 슬픈 이야기에는 함께 눈물을 흘려준다. 이런 리액션이 그녀의 쇼를 최고의 프로그램으로 만들었는데, 이것이 바로 공감의 리액션이다.

상대방이 신나게 말하도록 하기 위해서는 적절하게 맞장구를 쳐야 하는데, 다음의 3가지만 활용해도 훨씬 대화가 원활해진다.

첫째는 상대가 한 말 중에서 가장 중요한 말을 되뇌는 것이다. 이 법칙만 성실하게 따라 해도 '꿔다 놓은 보릿자루', '목석같은 사람'이라는 소리는 안 듣는다. 상대가 "나 영화 보기로 했어"라고 하면 한 단어만 따라 해도 된다. "영화?"

둘째는 대화의 진행을 촉진시키는 것이다. 대화가 단답형으로 끝나지 않도록 질문으로 유도한다. "나 영화 보기로 했어", "영화? 무슨 영화 보기로 했는데?" 하는 식의 질문을 통해 대화가 더 앞으로 나아가도록 도와주면 된다.

셋째는 상대가 한 말에 자기 의견을 살짝 곁들이는 것이다. "나 영화 보기로 했어", "영화? 나도 보고 싶은데…."

공감을 표현하는 대화법 2_ '백트래킹'

공감을 표현하는 두 번째 대화법은 '백트래킹(backtracking)'이다. 한 박자 늦게 상대의 말을 따라서 받아주는 것을 말한다. 상대방이 한 말을 그대로 따라 하는 방법으로, '메아리 기법'이라고도 한다.

"아, 오늘 야근을 했거든. 근데 아직도 못 끝낸 일이 산더미야."

"야근을 했는데도 못 끝낸 일이 산더미야?"

"응, 언제나 다 끝날지 모르겠어. 아마 내일도 야근해야 될 것 같아."

"언제 끝날지도 모르고, 내일 야근까지… 너무하네."

이런 식으로 계속 상대의 이야기를 되새기면서 듣게 되면 상대는 적극적인 공감을 받는 느낌을 갖게 된다.

얼마 전 금융연수원 강의 때 만났던 E은행 PB 팀장이 혜택이 많은 신상품이라며 내게 가입을 권했다. 나는 "요즘 정기예금 금리가 은행마다 다 거기서 거기지요"라며 시큰둥하게 대답했다. 은행원 출신인 내가 우대금리를 0.05% 더 준다고 흥미를 느낄 리가 없었다. 그런데 그는 역시 선수였다.

"잘 알고 계시네요. 하긴, 재테크 전문가이신데…"라며 나를 치켜세운 후 "은행 금리가 다 거기서 거기지요"라고 일단 내 말을 따라 하며 동조하는 것이었다. 그리고 "요즘 금융기관마다 자금을 운용할 곳이 없어서 예금이자를 낮추는 추세거든요"라고 내 의견에 시장 상황을 덧붙여 공감해주었다. 그러더니 "그런데 이번 정기예금 신상품은 이자를 적금으로 자동이체해주는 조건으로 ~ 혜택이 있습니다"라고 말을 이어나갔다. 결국 나는 그날 E은행의 고객이 되었다.

위에서 두 대화법의 공통점은 '말을 따라 하는 것'이다. 그러나 여기서 말하고자 하는 것은 다른 데 있다. 다른 사람의 말을 따라 하는 것이 공감력을 크게 한다는 사실을 강조하고 싶은 것이다. 카페에 가서 "아메리카노 한 잔요"라고 주문할 때 직원이 "네, 아메리카노 한 잔요~"라고 따라 하면 고객의 호감도가 훨씬 올라간다.

네덜란드의 심리학자인 릭 폰 바렌의 실험에서도 직원들이 주문을 받은 후 손님이 한 말을 되풀이하면 더 많은 팁을 받는다는 점이 입증되었다. 레스토랑 안에서 웨이트리스가 손님들의 주문 내용을 그대로 흉내 내어 말을 하거나 손님이 한 말과 같은 말을 반복했다. 그 후 손님들이 준 팁을 계산해보았더니, 웨이트리스가 손님의 주문을 반복해서 말할 때마다 팁의 액수가 올라갔다. 손님들은 웨이트리스가 자신들의 주문이나 말을 따라 할 때 평균적으로 140%의 팁을 주었다. 의식하지는 못했겠지만 자신들의 말을 그대로 따라 하는 것을 들으면서 더 좋은 서비스를 받았다고 느낀 것이다. 손님과 웨이트리스 간에 의식적인 소통이 아닌 무의식적인 공감이 이루어졌다는 이야기다.

이렇듯 따라 하기는 고객들에게 최고의 서비스가 된다.

공감을 표현하는 대화법 3_ '페이싱'

공감을 표현하는 세 번째 방법은 '페이싱(pacing)'이다. 페이싱이란 상대방과 목소리 톤을 맞추거나 얼굴 표정을 매치시켜 친밀감을 조성하는 것을 말한다.

심리학자들에 따르면 상대방에 대한 호감도가 높아질수록 사용하는 단어뿐만 아니라 말의 속도, 어투까지 모두 닮아간다고 한다. 신혼부부들이 티셔츠, 반바지, 샌들까지 맞춰 입고 여행지에서 해변을 거니는 모습은 그들만의 사랑 표현이다. 연인들도 서로의 표정, 말투, 취미를 맞추어간다. 문자메시지나 카카오톡에서 나누는 대화를 보면 '~용', '~염' 등의 어투를 흔히 사용한다. 여자가 "지금 어디세용?" 하면 남자는 "카페인데용!" 하고 답장을 보낸다. 걸을 때도 보조를 맞추어 걷는다. 가족끼리 휴대폰 뒷자리 번호를 같게 하는 것도 페이싱의 하나다. 친구들이 함께 사진 촬영을 할 때 비슷한 포즈를 취하는 것도 페이싱을 통한 친밀감 조성을 위한 것이다.

상대가 "오늘 날씨 되게 안 좋네" 하면 "무슨 날씨 타령이야? 바빠 죽겠는데"라고 찬물을 끼얹어서는 곤란하다. "그러게, 날씨가 왜 이 모양이냐? 바람도 불고 찌뿌둥하고…"라며 보조를 맞춰야 한다. 보조를 맞출수록 공감력이 높아져 더 친밀한 사이가 된다.

나 어디 달라진 데 없어요?

늦은 밤에 은행 콜센터에 걸려오는 전화는 통장이나 신용카드의 도난, 분실 같은 긴급 상황이거나 항의 전화가 대부분이다. 밤 11시가 넘으면 이러한 사고 신고가 부쩍 늘어나 대부분 아르바이트 대학생들로 구성된 야간 상담원들은 바짝 긴장한다. 행여 카드가 거래정지라도 걸려 있으면 상황이 더 복잡해진다.

어느 날 밤 11시쯤 귀청이 찢어질 듯한 고성과 입에 담지 못할 욕설을 퍼붓는 고객의 목소리에 콜센터가 일순간 긴장에 휩싸였다. 신용카드가 거래정지되었다며, 최고 높은 사람을 바꾸라는 고객의 성화에 결국 상담원이 팀장에게 전화를 연결했고, 팀장이 "최고책임자는 퇴근했다"고 답변했다. 급기야 고객이 "야간에도 최고책임자는 자리를 지켜야 하지 않느냐. 이렇게 고객을 수렁에 빠뜨려놓고 집에 가는 책임자가 어디 있느냐"

머 으름징을 놓기에 이르렀디.

그 고객은 신용카드 대금결제를 연체하고 있었다. 고객이 결제를 위해 통장에 예치한 돈이 먼저 다른 계좌의 자동이체 대금으로 인출되어버린 것이다.

그런데 사실관계가 분명해진 다음에도 사태는 수그러들지 않았다. 상담원은 "고객님은 이미 다른 계좌로 이체된다는 사실도 모르고 있었습니까?"라고 반문했고, 고객은 "내가 그것을 어떻게 아느냐?"며 따지고 들었다. 나중에 녹음된 상담 내용을 들어보니 처음에는 상담원도 참는 기색이 역력했지만 종반부에는 고객과 상담원이 죽기 살기로 싸웠다. 고객은 당장 상담원을 해고하고 그 사실을 자기에게 통보해주기 바란다며 은행에 민원을 제기했다.

나는 당시 K은행 콜센터장이었다. 그 고객이 찾았던 최고책임자였다. 다음 날 출근해서 모든 상황을 파악하고 나서 아직 대학생 신분인 상담원을 내 방으로 불렀다. 오늘 중으로 잘릴 각오를 하고 온 듯 풀죽은 모습이었다. 먼저 "이번 일에 대해서 어떻게 생각합니까?" 하고 물었다. 그는 "심려를 끼쳐 죄송합니다. 전적으로 제가 잘못했고, 다시는 이런 일이 없도록 하겠습니다"라며 머리를 숙였다. 이런 일로 여느 상담원과 면담했을 때와 같은 반응이었다. 나는 "당신이 상대방의 입장이었다면 우리에게 무엇을 원했을까요?"라고 물었다. "은행 직원이니까 죄송하다는 사과를 받고 싶었을 텐데, 맞붙어서 논리적으로 반박하니까 고객도 황당해했을 것입니다"라고 대답했다. "이번처럼 민원이 더 크게 번지지 않도록 하려면 어떻게 응대하는 것이 좋았을까요?"라고 다시 물었다. 그는 "나중에 책임자를 통해 전화드리겠다고 하고 끊었더라면 더 사태가 커지지 않았을 것입니다"라고 대답했다. 그런 상담원에게 더 이상 내가 해줄 말은 없었다. 내가 하고 싶은 이야기를 그가 이미 모두 말했기 때문이었다.

나는 이렇게 마무리하며 그를 위로했다. "이번 일이 큰 사건이 될까봐 밤새 얼마나 맘을 졸였겠어요. 피곤할 텐데 어서 퇴근하세요"라며 어깨를 토닥여줬다. 그러자 자리에서 일어서는 젊은 대학생의 눈에서 눈물이 뚝 떨어졌다.

그 이야기는 그날 해가 지기 전 2,000명이 넘는 상담원들의 입에서 입으로 전해졌다. 뜻밖의 반응을 보여준 것은 우리 직원들이었다. 센터장이 불같이 노해서 벼락을 칠 것이라고 생각하며 대화를 엿듣던 직원들이 "정말 감동스러운 광경이었습니다"라며 감탄과 칭찬의 말을 해주었던 것이다. 지금 생각해봐도 참 잘한 일인 것 같다.

이번에는 거꾸로 내가 감동을 받은 순간을 소개한다.

나는 일주일에 평균 4~5회 정도 강의를 한다. 연간으로 치면 200회 정도 하는 셈이다. 강사들의 철칙 중 하나는 시간을 엄수하는 것이다. 나는 항상 강의장에 30분 정도 일찍 도착한다는 생각으로 도로 상황을 사전에 꼼꼼히 체크한다. 그런데도 제시간에 도착하지 못한 적이 있었다. 고속도로에 다중 추돌 사고가 생겨 도로가 꽉 막히는 바람에 강의장에 30분이나 늦게 도착한 것이다.

도착해 보니 연수원 입구에서 교육 담당자가 초조한 얼굴로 사장님과 함께 기다리고 있었다. 사장님은 내 강의 시간 전에 강의를 끝내고 내게 인사를 하고 가겠다며 기다리던 참이었다. 그런데 사장님이 악수를 하면서 이렇게 말했다.

"장 교수님, 얼마나 속이 타셨습니까. 천천히 물 한잔 드시고 중간에 쉬는 시간 없이 강의하셔도 괜찮습니다. 연수생들한테는 5분 뒤에 시작하겠다고 말해두었습니다."

그 순간 얼마나 마음이 놓이던지, 사장님이 존경스럽기까지 했다.

공감은 다른 사람의 마음을 그의 입장이 되어 알아채고 표현해주는 일이다. 여기서 감동과 탄성이 쏟아진다.

껄끄러운 관계에는 식용유를

'연령대별 남자의 성공'이라는 유머가 있다. 그중 몇 개만 소개하면, 50대에는 자녀가 공부를 잘하면 성공이고, 60대에는 아직 돈 벌고 있으면 성공이고, 70대에는 건강하면 성공이고, 80대에는 본처가 밥상 차려주면 성공이란다.

나는 50대인데도 아침을 못 얻어먹고 나오는 날이 많다. 부엌에서 내 힘으로 아침식사를 해결하곤 한다. 요리를 하는 건 아니고, 식빵을 굽고 계란 프라이를 하는 정도다. 계란 프라이를 할 때는 처음에 식용유를 두른 후 어느 정도 프라이팬을 달구고 계란을 넣어야 잘 들러붙지 않는다. 식용유는 계란이 바닥에 들러붙지 않게 하는 기능도 하고 프라이에 필요한 온도 상승 기능도 한다.

갑자기 웬 계란 프라이 얘기냐고 의아해할지 모르겠다. 다른 게 아니라 인간관계에서의 공감이 계란 프라이를 할 때의 식용유와 같은 기능을 한다는 점을 이야기하고 싶어서다.

우리는 대개 집보다 직장에서 더 오랜 시간을 보낸다. 그런데 만약 직장에 껄끄러운 요소가 있다면 어떨까? 하루하루가 힘들고 피곤할 것이다. 리더라면 골치 아픈 직원이나 직원들 사이의 갈등으로 가슴이 답답할 수 있다. 조직에서 갈등이나 오해가 생기는 이유는 상대를 객관적으로 보지 않고 굳어진 내 감정을 개입시키기 때문이다. 이럴 땐 계란 프라이를 할 때처럼 식용유를 둘러서 감정을 풀어야 한다. 어떻게 해야 할까?

첫째, 먼저 공감해주는 것으로 시작한다. 이때 중립적이고 긍정적인 표현법이 중요하다. 예를 들어 "너 아침에 팀장과 한판 붙었다며? 열 많이 받았겠다"라는 식의 표현은 부정적이며 한쪽 편을 드는 것으로, 동료가 상황을 설명하면서 기분이 더 나빠질 수도 있다. "많이 속상했겠다"라는 정도로 공감해주면서 감정에 치우치지 않도록 해야 한다.

둘째, 갈등이나 오해가 생겼을 때도 설명하기에 앞서 공감을 표현하는 것이 좋다. 설명은 그다음에 해도 늦지 않다. 앞의 계란 프라이의 비유를 들어 이야기하면 계란이 달라붙지 않도록 먼저 프라이팬에 식용유를 두르라는 뜻이다. 급한 마음에 설명을 먼저 하게 되면 상대방에게는 구구한 변명으로 들릴 수도 있다. 이럴 때는 설명보다 공감을 앞세워 "그런 상황이라면 나도 섭섭할 수 있었겠다" 또는 "화났었지?"라고 운을 떼는 것이 최선이다. 상황이나 입장 설명은 그다음에 천천히 해야 한다.

마중물의 3단계

　돌이켜보면 나의 상사노릇도 꼭 모범적이기만 했던 것은 아니었던 것 같다. 그래도 한바탕 감정을 섞어서 꾸중을 하고 나서는 달래주는 일만큼은 소홀히 하지 않았다. 나중에 다시 불러서 꾸중한 의도나 경위를 설명하면서도 늘 이렇게 말머리를 꺼내들었다.

　"아까 화 많이 났었지? 정말 미안하다. 내가 잠시 미쳤던가 보다."

　이러한 공감 표현이 효과적인 대화의 마중물이 되었다. 마중물을 먼저 붓는 대화법의 요령은 크게 3단계로 이루어진다.

　먼저, 상대의 감정 읽기다. 앞에서 말한 것처럼 "화났었지? 아까는…" 하는 식으로 상황과 입장 설명보다 감정을 읽어주는 것이 먼저다. 내가 상대를 이해한다는 신호부터 먼저 보내야 하는 것이다.

　다음으로는 질문하기다. 김 대리가 최근 지각을 자주 하고 있다. 이때 팀장이 "왜 이렇게 지각이 잦은 거야? 이번 인사고과에 반영하겠어!"라며 협박부터 시작하면 곤란하다. "김 대리! 요즘 무슨 일 있는 거야? 안 그러던 사람이 지각을 자주하고"라고 질문한다. 그래야 아이가 폐렴으로 며칠째 병원에 입원해 있어서 아침마다 병원에 들렀다 오느라고 늦었다는 사실을 알게 되어 적절한 대응을 할 수 있다. 섣불리 판단하지 말고 질문을 해야 문제의 원인을 알아내고 해결의 실마리를 찾을 수 있다.

　마지막으로는 불씨 지피기다. 이 방법은 상대가 쉽게 말하려 하지 않을 때를 위한 것이다. 자녀에게도 마찬가지다. "아빠가 놀아주지 않아서 화가 났구나"라는 식으로 말을 걸어서 아이들이 자기 기분을 말하도록 도와주는 것이다. 그러면 말을 꺼내기가 훨씬 쉬워진다.

"강 대리! 지난주에도 사흘이나 야근을 했지? 많이 힘들어 보이네(감정 읽기). 어떤 점이 제일 힘들어?(질문하기) 내가 너무 독촉해서 일정이 촉박하다고 생각하나?(불씨 지피기)"

그러면 상대는 이에 대해 무언가 대답을 하게 될 것이다. 그 답이 대화를 끌고 나가는 불씨가 된다.

좋은 관계를 만드는 '관계의 3관왕'

사람들은 자신의 감정이나 진짜 속내를 모두 말하지 않고 때로는 다르게 표현하기도 한다. 우리가 그 사람의 표정이나 보디랭귀지, 특정 행동을 유심히 관찰해야 하는 이유다. 그래야 그 사람과의 돈독한 관계가 유지될 수 있다. 상사와 부하의 관계건, 고객과 직원의 관계건 상대에 대해 '관심'을 기울이고 유심히 '관찰'하면서 특별한 '표현' 등을 통해 좋은 관계를 위한 노력을 기울여야 하는데, 이것이 이름하여 '관계의 3관왕'이다. 그래야 진정한 관계로 발전할 수 있다.

관계의 시작은 '관심'

내가 방문했던 송 전무의 사무실은 인테리어가 특별했다. 사무실 한쪽 벽면에 자신이 담당하고 있는 부서별로 직원들 사진과 프로필을 붙여놓고 항상 들여다보며 기억하는 것이었다. 그래서 그는 엘리베이터나 사무실에서 직원들과 마주칠 때 그냥 지나치는 법이 없었다.

"박 과장! 요즘도 자전거 타고 출퇴근해요? 이 추운 날씨에? 그나저나 내가 자전거를 한 대 사려고 하는데, 언제 시간 나면 좀 도와주겠어요?"

"어이, 신 대리, 아버님 병원에 입원해 계시다고 했지? 요즘은 어떠셔?"

이런 노력으로 그는 직원들의 존경을 한몸에 받고 있었다. 직원들과 소통하기 위한 자신만의 비법으로 직원들의 신상을 파악하여 관심을 표현하고 있었기 때문이다.

국내 은행에 다닐 때의 일이다. 지하 1층 주차장 엘리베이터 입구에서 우연히 회사의 임원을 만나 "안녕하십니까?" 하고 인사를 드렸더니 금방 알아보시고는 "장 팀장, 오랜만이군. 요즘도 기업체 강의 자주 나가나?" 하고 말씀하시는 것이었다. 또 집은 어디냐, 일은 잘되느냐며 관심을 보여주셨다. 한 번도 그분과 함께 일한 적이 없었던 나는 뜻밖이었고 내심 흐뭇했다. 그리고는 점심에 ○○산업의 모 부사장과 식사를 하게 되었는데, 그분이 입에 침이 마르도록 내 칭찬을 하더라는 말을 들려주었다. 그분이 "당신네 은행의 보배"라며 날 추켜세웠다는 것이다. 상사에게 받아본 가장 황홀한 찬사였다.

그런데 다음 날 아침 거의 같은 시각 같은 곳에서 그분을 다시 마주하게 되었다. 더욱 반갑고 기쁜 마음에 인사를 드리고 함께 엘리베이터를 타고 올라가는데, 그냥 있기가 조금 거북하셨는지 한마디 하신다는 게 "장 팀장, 집은 어디요?"였다. 어제 말씀드렸는데 왜 그러시나 싶었지만 혹시 잊어버렸을 수도 있겠다 싶어 "목동 1단지 삽니다. 열병합발전소 바로 옆입니다" 하고 다시 말씀드렸다. 그리고 한 달쯤 지나 또다시 "집은 어다냐?"는 질문을 받았다. 미루어 짐작하건대 그분은 어느 직원을 만나도 "집은 어디냐?"고 입버릇처럼 물어보시는 것 같았다. 그 후부터는 그분의 진정성을 믿지 않게 되었다.

사람들은 하루에도 수많은 사람들과 서로 악수하고 명함을 교환하지만 시간이 지나면 그중 일부의 이름과 얼굴을 기억할 뿐이다. 서로 만나기는 했지만 관심의 정도가 낮아 기억하지 못하는 것이다.

관심은 인간관계의 출발점이다. 공감 능력이 뛰어난 사람들의 습관 중 하나는 다른 사람에 대해 끊임없이 관심을 갖는다는 것이다. 관심을 표현할 때는 개별적이어야 하고 세심해야 한다. 누구에게나 하는 일반적인 질문이나 상투적인 관심은 '진정'으로 받아들여지지 않는다.

관계를 발전시키는 '관찰'

퇴근하고 집에 들어갔을 때 아내가 반색을 하면서 이렇게 묻는다.

"여보, 나 어디 달라진 데 없어요?"

이날은 아내가 미장원에 다녀온 날이다. 이때 "머리가 바뀌었네!" 하고 관심을 보이는 남자는 괜찮은 남편이다.

"나 어디 달라진 데 없어요?" 하고 묻는 여자의 심리는 무엇일까? 머리 다듬은 걸 알아봐주기를 바라는 마음과 '예뻐졌다'는 소리를 듣고 싶은 마음일 것이다.

처음 만나는 사람끼리 말이 통하기란 쉽지 않다. 서로를 잘 모르기 때문에 공통 관심사가 없어서다. 말이 통하고 친밀감이 생기도록 하기 위해서는 서로에 대해 알려고 노력해야 하며, 그러기 위해서는 먼저 관찰이 필요하다.

눈이 매우 나빠 안경을 쓰던 박 차장은 어느 주말에 라식수술을 했다. 그런데 안경을 벗고 첫 출근한 박 차장에게 오전이 다 지나도록 왜 안경을 안 썼냐고 물어오는 사람이 하나도 없었다. 그는 "다른 사람들이 내게 이 정도로 관심이 없는 줄 몰랐다"며 몹시 섭섭해했다.

나와 함께 일하는 문 연구원은 한때 광고회사에 근무한 적이 있는데, 입사 2개월 만에 10년차 선배들을 제치고 40명 중 최고 실적을 기록했다. 그 비결은 고객의 사소한 말 한마디를 놓치지 않고 꼼꼼히 기록한 덕택이었다.

온라인으로 여성복을 판매하는 30대 후반의 여성 대표를 만났을 때의 일이란다. 대표는 광고할 생각이 없다며 처음부터 단호한 태도를 보였다. 좀 더 시간을 내달라는 부탁에도 김장하러 가야 한다며 급히 자리를 떴다. 이틀 후 대표에게 전화를 걸어 이렇게 이야기를 시작했다.

"어머~ 대표님, 김장하신다고 하셨는데, 잘 하셨어요? 날이 추워서 고생하셨겠어요. 안 그래도 저희 집도 어제 김장했는데, 아우~ 허리가 부러질 것 같아요!"

"어머! 우리 집 김장한 거 어떻게 알았어요?"

이렇게 자연스럽게 대화를 이어나갔고 마침내 광고 계약에 성공할 수 있었다. 사소하지만 상대와 공감을 형성할 수 있는 내용을 메모해두었다가 활용한 것이 비법 아닌 비법이었던 것이다.

커뮤니케이션의 전제 조건 중 하나는 상대방에 대한 관심이고, 관심이 있다는 걸 보여주기 위해서는 주의 깊은 관찰과 기록이 필수적이다.

특별한 관계를 만드는 '표현'

몇 달 전 C사의 이 사장님과 점심 약속을 겸한 미팅이 있어서 회사를 방문했다. 비교적 한적한 엘리베이터 안에서 전광판을 우두커니 보고 있는데, 낯익은 얼굴이 보였다. 바로 내 사진과 함께 "환영합니다. 장정빈 교수님!"이라는 문구가 화면에 나타난 것이었다. 사무실에 도착해서 이렇게 특별하게 환영해주어서 감사하다고 말씀드렸더니 "모두 장 상무님께 배운 것입니다"라는 대답이 돌아왔다.

그러고 보니 나도 은행에 근무할 때 외부에서 손님이 방문하기로 한 날에는 엘리베이터에서 내리면 바로 눈에 띄는 곳에 성함을 적어 방문을 환영한다는 게시판을 세웠다. 그것이 오늘 엘리베이터의 영상으로 버전이 바뀌어 나를 환영해준 셈이다.

천호식품 김영식 회장은 '태극기 살리기 캠페인'을 하는 분으로도 잘 알려져 있는데, 외국 손님이 찾아오면 그 나라 국기를 국기 게양대에 게양해서 특별한 인상을 준다고 한다. 한번은 미국의 조지 부시 대통령에게 산수유를 선물하여 감사 편지를 받기도 했다. '당신은 내게 특별한 분'이라는 메시지를 보내 깊은 인상을 준 결과다. 이처럼 인간관계나 고객서비스에서 개별적이고 세심한 표현은 상대방을 특별하게 만들어줌으로써 호의를 품게 만든다.

비행기가 뜨기 전 기장은 연료탱크에 연료가 얼마나 남았는지, 날개가 정상적으로 움직이는지를 점검한다. 마찬가지로 고객을 만나러 가거나 이메일을 보내기 전에도 관계를 위한 사전 점검이 필요하다.

우리는 메일을 보낼 때 보통 서두에 "주말 즐겁게 보내셨나요?"와 같이 받는 사람의 안부를 묻는 표현을 거의 의무적으로 넣는다. 하지만 그런 말은 누런 소처럼 평범하다. 보랏빛 소 같은 표현으로 바꾸어야 한다. 예를 들어 정읍에 살고 있는 사람에게 이메일을 보낸다고 하자. 그러면 정읍의 날씨가 어떤지 인터넷이나 스마트폰 앱으로 바로 확인해서 "안녕하십니까, 고객님. 정읍에 큰비가 내렸다고 하던데, 피해는 없으신지요?"라고 첫머리를 쓸 수 있을 것이다. 거래 회사를 찾아가는 경우에도 마찬가지다. 이름을 검색하기만 하면 그 회사의 최근 이슈나 회사가 자랑하고 싶은 내용의 보도자료를 찾아볼 수 있다. 단 몇 분 정도면 된다. 상대방에게 점수를 따고 친밀감을 조성할 수 있다.

좋은 관계를 맺으려면 '당신은 내가 특별하게 생각하는 존재입니다'라는 사실을 보여주어야 한다. 이메일을 받는 사람과의 관계를 향상시키거나 새로운 관계를 형성하고자 할 때 몇 분만 준비하면 상대방과의 관계에 불을 지필 수 있는 무언가를 얻을 수 있다.

우리는 우리가 만나는 상대방의 삶에 관해 모르는 경우가 너무 많다. 아파트 경비 아저씨도 날마다 보지만 어떻게 사는지 거의 모르고, 여러 해 동안 옆 자리에서 근무하는 동료의 내면세계도 수수께끼로 남아 있다. 관심은 그들이 누구인지, 또 그들이 세상을 어떻게 바라보는지를 알아내는 데 도움을 준다. 여기에 세심한 관찰과 '당신은 특별하다'는 표현을 더하면 공감에 이르는 문을 열 수 있다. 미국 뉴욕대 사회학과 교수인 리처드 세닛은 "공감은 타인들이 그들 자체로 누구인지 궁금해하는 감수성"이라고 말했다.

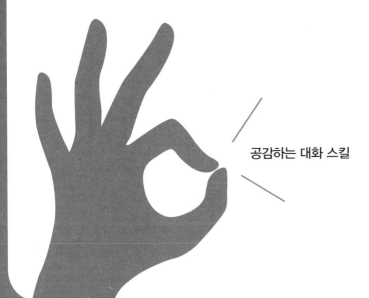

2

어머니는 왜
그렇게 우셨을까

공감하는 대화 스킬

대화는 말로만 하는 것이 아니다

사망보험금 지급 안내 업무를 하고 있을 때였다.

"안녕하십니까. I생명 김세진입니다. ㅇㅇㅇ 고객님 되십니까?"

전화가 연결되자 내 소속을 밝히고 재빨리 사망보험금 지급 내역만을 안내해야겠다는 생각에 본인 확인을 거친 뒤 바로 이야기했다.

"고객님, 보험금이 요청하신 계좌로 지급되어 안내전화 드렸습니다."

나의 말이 끝나자마자 연세가 지긋하신 고객님이 말문을 열었다.

"아가씨, 보험금 지급해줘서 너무 고마워요."

고객의 감사하다는 말에 순간 어떻게 답변을 해야 할지 생각이 나질 않았다.

"외아들이었는데, 이렇게 돼서 내 마음이 너무 아프네요. 이 보험금을 아들과 바꿀 수만 있다면 얼마나 좋을까요."

차마 말을 잇지 못하신 채 고객은 한참을 우셨다. 고객의 울음소리를 듣는 동안 나도 여섯 살짜리 아들을 둔 엄마로서 눈물이 쏟아졌다. 그렇게 한동안 고개과 함께 말없이 울었다. 얼마나 울었을까, 고객이 눈물을 훔치시고 다시 말문을 열었다.

"내 넋두리 들어주느라 고생했어요. 미안해요. 보험금도 지급해줘서 너무 고맙고요."

전화를 끊고 나서 난 한참을 더 울었다. 고객이 좀 더 힘을 내실 수 있도록 그때 어떤 위로의 말도 못해 드린 것이 지금도 아쉽고 후회가 된다.

콜센터 관련 잡지에 실린 어느 상담원의 수기다. 나는 콜센터에서 센터장으로 근무한 경험이 있고 그 경험을 바탕으로 ≪고객의 경험을 디자인하라≫라는 책도 집필한 적이 있는 이 분야의 전문가이기 때문에 상담원의 마음이 어땠을지 충분히 짐작이 간다. 그는 고객과 똑같은 아픔을 느낄 줄 아는 따뜻한 마음의 소유자다. 그리고 "힘을 내실 수 있도록 위로의 말을 못해 드린 것이 후회스럽다"고 했는데, 함께 말없이 운 것으로 큰 위로가 되었을 것이라고 본다. 위로는 꼭 말로만 하는 것이 아니다.

얼마 전 어머님의 장례를 치를 때 목사님이 인용한 성경 구절이다.

죽는 날이 출생하는 날보다 나으며 초상집에 가는 것이 잔칫집에 가는 것보다 나으니, 모든 사람의 끝이 이와 같이 됨이라. 산 자는 이것을 마음에 둘지어다. 슬픔이 웃음보다 나음은 얼굴에 근심하는 것이 마음에 유익하기 때문이니라. (전도서 7장 1~2절)

간혹 장례식장에 가면 유족들에게 어떤 인사말을 해야 할지 몰라서 어색한 순간을 맞이하곤 한다. 어디서 배운 적도 없다. 내 생각에 장례식장에서의 기본 예절은 아무 말도 하지 않고 물러나오는 것이다. 그 어떤 말도 상을 당한 사람에게는 위로가 될 수 없을 터이니, 오히려 아무 말도 하지 않는 것이 더 깊은 조의를 표하는 방법이 될 수 있다. 찾아주는 것만으로도 충분한 위로가 된다. 굳이 한마디 한다면 "얼마나 상심이 크십니까" 정도면 될 것이다.

'메러비언의 법칙'으로 잘 알려진 앨버트 메러비언 미국 캘리포니아대 심리학과 교수는 연구를 통해 '타인과의 대화에서 말이 미치는 영향력은 7%에 불과한 반면 목소리나 표정, 태도가 미치는 영향력은 93%나 된다'는 사실을 밝혀냈다. 장례식장에서도 나의 마음은 굳이 말을 하지 않더라도 목소리와 표정을 통해 상대방에게 전달된다.

인류의 위대한 도약의 비밀 _ 거울신경

아버지는 서른여덟의 나이로 갑자기 돌아가셨다. 내가 일곱 살 때였다. 그 2년 전에는 할아버지가 돌아가셨고, 아버지가 돌아가시고 얼마 되지 않아 할머니가 돌아가셨다.

내 고향마을은 온 동네가 장(張)씨 집성촌으로 동네에서 누가 돌아가시면 마을회관 앞 공터에서 장례식을 치렀다. 상여가 나갈 때 요령잡이가 요령을 흔들며 죽은 자를 애도하는 만가를 구슬프게 선창하면 "어허, 어허~ 어야, 어야~"로 답하는 상여소리가 아직도 귀에 생생하다. 굴건(상주가 상복을 입을 때 두건 위에 덧쓰는 건)에 짚신을 신은 가족들이 상여를 붙잡고 울부짖는 모습은 어린 내 눈에도 안타깝고 애처로워 보였다.

그런데 그런 날이면 어머니도 상주만큼이나 서럽게 우셨다. 그래서 나는 동네에 장례식이 있는 날이 아주 싫었다. 또 어머니가 눈물 쏟는 모습을 보아야 했기 때문이다. 그러면서 한편으로는 '다른 사람의 죽음에 어머니는 왜 저토록 슬퍼할까?' 하는 궁금증도 생겼다.

과학자들의 연구 결과를 보면 이에 대한 답을 얻을 수 있다. 바로 '거울신경'이다. 우리는 올림픽 중계방송을 보며 우리나라 선수들의 선전에 박수와 환호를 보낸다. 언뜻 당연해 보이지만 과학자들은 그 이유를 다르게 분석한다. 우리 뇌 속에 거울신경이라는 특별한 세포가 있어서 선수가 움직이면 자신도 모르게 몸을 움찔대면서 선수와 똑같은 느낌을 갖는다는 것이다.

인도 출신의 뇌과학자 빌라야누르 라마찬드란 박사는 거울신경의 발견을 두고 'DNA 이후 가장 중요한 발견'이라고 말한다. 인간은 250만 년 전부터 지금의 두뇌 용량을 갖게 되었는데, 지금의 모습, 즉 뛰어난 도구와 언어와 문화를 가지게 된 것은 고작 4만 년 전이며, 그러한 인류의 진화에서 일어난 위대한 도약의 비밀이 바로 이 거울신경 시스템에 숨겨져 있다는 것이다.

거울신경이 처음 발견된 것은 원숭이의 대뇌에서였다. 1993년 이탈리아의 신경심리학자인 자코모 리촐라티 교수와 그의 연구팀이 원숭이의 뇌에 전극을 삽입한 뒤 다양한 물건을 집을 때의 뇌 반응을 측정하고 있었다. 그러던 어느 날, 대학원생이 아이스크림을 들고 실험실에 들어왔을 때 이를 지켜보던 원숭이의 뇌가 활발한 반응을 보였다. 분석해보니 원숭이가 아이스크림을 들고 있을 때의 뇌 반응과 일치했다. 원숭이가 직접 동작을 하지 않고 다른 존재의 행동을 본 것만으로도 같은 반응을 한다는 사실이 확인된 것이다. 리촐라티와 연구팀은 처음에 그 사실을 믿지 않았지만 그 뒤에 MRI장치로 다른 원숭이나 인간에게 같은 실험을 했을 때도 동일한 결과가 나왔다. DNA 이후 최고의 발견이라는 거울신경의 존재가 드러나는 순간이었다.

거울신경의 발견은 '인간이 왜 그리고 어떻게 지구상에서 가장 지적인 존재가 될 수 있었는가?'라는 질문에 본질적인 답을 줄 수 있는 엄청난 사건이었다. 드라마를 볼 때 왜 감정이입이 되는지, 여성이 왜 남자보다 감성적으로 예민한지, 왜 자폐아가 생기는지 등을 알 수 있게 되었기 때문이다.

감정 공유의 비밀번호

거울신경은 우리가 어떻게 감정을 공유하는가에 대한 해답을 제시한다. 거울신경은 뇌의 어느 한 곳이 아닌 여러 곳에 분포하고 있다. 그러나 그 핵심적 기능은 동일하다. 관찰 혹은 다른 간접 경험만으로도 마치 내가 그 일을 직접 하고 있는 것처럼 반응하는 것이다. 내가 사랑하는 사람의 고통은 그 사람만큼이나 나의 마음을 아프게 한다. 이러한 사회적 뇌가 공감의 근원이고, 우리가 커뮤니케이션하면서 서로를 이해할 수 있는 기반이다.

여기서 유념할 것은 그렇다고 해서 자신의 경험과 타인의 경험을 뇌가 완전히 똑같이 받아들이는 것은 아니라는 점이다. 만약 고통스러워하는 환자를 바라보는 의사 역시 똑같이 고통스럽다면 환자를 치료하는 일이 불가능할 것이다. 즉, 인간의 뇌는 타인이 고통받는 것을 볼 때 감정적으로는 거의 같이 공감하지만 직접적인 고통을 느끼지는 않는다.

우리 인간에게 왜 이런 거울신경이 존재하게 되었을까? 인간은 사회적 존재다. 우리는 혼자 살 수 없고 여럿이 함께 사회를 이루어야 살아갈 수 있다. 동물들처럼 단순히 생존을 위해 군집생활을 하는 것이 아니라 다양한 형태의 관계들을 맺고 살아간다. 그리고 그 바탕에는 다른 사람의 감정을 자신의 것으로 느끼고 그 의도를 알아챌 수 있는 능력, 즉 '마음 이론'(217쪽 참조)이 있다. 이를 통해 우리는 상대방과의 관계를 조절하여 조화와 균형을 추구할 수 있는 것이다. 또한 우리는 언어 등의 의사소통 수단을 통해 다른 사람들과 생각과 느낌을 주고받음으로써 공감을 이루어 사회생활을 해나가고, 그 과정에서 자연스럽게 각종 문화를 형성한다.

그런데 이 모든 요소들을 직접 경험해서 알고 그것에 맞추어 진화해가야 한다면 엄청난 시간과 노력이 들 것이다. 일례로 북극곰의 경우 극한 추위에서 살아남기 위해 털로 몸을 감싸고 먹이를 구하는 방법을 익히는 데 몇 만 년의 진화 과정을 거쳤을 것이다. 하지만 에스키모 아이들은 곰을 잡아 털옷을 만드는 부모를 보고 단 10분 만에 이를 학습해서 따라한다. 아마도 부모가 털옷을 만들어 입는 그 순간, 아이의 뇌에 있는 신경세포들이 부모와 마찬가지로 따뜻함을 느꼈을 것이다. 아이들이 다양한 활동과 언어를 배우는 것도 바로 따라 하기를 통해서다. TV에서 아이돌 그룹이 멋진 춤을 추면 아이들도 그 춤을 따라 추고, 이영표가 드리블하는 모습을 보고는 그 동작을 금방 흉내 낸다. 이처럼 한 번도 해보지 않은 동작을 눈으로 보고 난 뒤 어느 정도 따라 하고, 다른 사람이 느끼는 것을 나의 느낌처럼 받아들일 수 있는 것은 뇌 안의 거울신경이 열심히 반응하기 때문이다. 거울신경이 없다면 아기는 어른의 입술 모양과 소리를 흉내 내서 말을 배울 수 없다. 이러한 차이로 인간은 연약한 육체를 지녔으면서도 오랜 시간 동안 이 지구에서 중심적 지위를 누려올 수 있었던 것이다.

거울신경은 감정을 공유할 수 있게 해줄 뿐 아니라 다른 사람의 의도를 짐작하게 해주기도 한다. 인간은 어떤 동작을 보면 다음에 어떤 동작이 이어질지 알 수 있다. 더 나아가 다른 사람의 사소한 동작과 표정, 소리를 듣고도 무엇을 하려고 하는지, 어떤 기분인지 파악할 수 있다. 직원들은 상사의 얼굴 표정만 보고도 그가 어떤 기분인지 곧바로 눈치챈다. 거울신경의 활동 덕택이다.

뺨이 움직이면 호감, 이마가 움직이면 분노

거울신경이 발견되기 전부터 사람들이 무의식적으로 모방하고 공감하는 현상을 학문적으로 연구한 사람들이 있었다. 스웨덴 웁살라대의 울프 딤베리 교수는 화면을 통해 실험 대상자들에게 사람의 얼굴을 보여주고 그 반응을 관찰했다. 실험에 참가한 사람들은 가능하면 어떤 표정도 짓지 않고 중립적인 태도를 취해야만 했다. 여러 가지 표정이 화면에 나타났고, 한 가지 표정에서 다른 표정으로 넘어갈 때마다 0.5초의 간격이 두어졌다. 실험 대상자들 몸에는 가느다란 관으로 안면 근육들이 어떻게 움직이는지를 기록하는 일종의 추적 장치를 연결했다. 이 실험에서 관찰하고자 했던 것은 2개의 근육이 보여주는 반응이었다. 즉, 뺨에 있는 근육과 이마의 근육으로, 뺨 근육은 호감이나 웃음에 반응하고 이마 근육은 걱정과 분노에 반응한다.

사진들이 차례대로 지나갔다. 가장 먼저 화면에 나타난 사진은 아무런 표정이 없었고, 실험 대상자들은 어렵지 않게 객관적이고 중립적인 태도를 취했다. 그런데 갑자기 웃음 띤 표정의 사진이 나타났다. 이 사진 역시 다른 사진과 마찬가지로 0.5초 동안 화면에 나타났다가 아무런 표정이 없는 사진으로 바뀌었는데, 실험 대상자들이 표정을 통제하지 못하고 웃음을 띠었다. 몇 분 후 실험이 다시 이어졌는데, 이번에는 화가 나서 잔뜩 찡그린 얼굴이 화면에 나타났다. 그러자 실험 대상자들의 이마 근육에 순간적으로 반응이 나타났다. 분노에 반응한 것이었다.

이 실험은 우리가 스스로를 통제할 틈도 없이 다른 사람들의 감정 표현에 즉각적으로 반응한다는 사실을 보여준다. 게다가 무엇에 대한 반응인지조차 알아차리기 전에 이미 반응해버리는 경우가 더 많다. 화면에 비치는 표정이 순식간에 지나가서 자신이 무엇을 보았는지조차 인지하기 전인데도 반응을 보인다. 이처럼 미처 인지할 수 없을 정도의 순간의 그림임에도 불구하고 뇌가 이를 놓치지 않게 하는 것이 있는데, 이를 '역하자극(subliminal stimulation)'이라고 한다. 역하자극이란 자극의 크기가 너무 작아서 의식하지는 못해도 사람의 마음과 행동에 영향을 미칠 수 있는 자극이다. 영상 광고에서 연속으로 10여 장의 사진들이 나타나는데, 이때 'Drink Cola'라는 문구를 넣었다면 사람들은 이를 인지하지 못함에도 불구하고 콜라 판매량은 늘어난다. 이것이 역하자극 광고다.

거울신경과 관련된 대표적인 예로는 신생아들의 울음소리를 들 수 있다. 대부분의 신생아들은 옆의 아이가 울고 있거나 그 울음소리를 들으면 따라 울기 시작한다. 그런데 자신의 울음소리를 녹음한 것을 듣고서는 거의 울지 않는다고 한다. 또 생후 14개월이 지나면 아기들은 다른 아기가 우는 소리를 듣고 울 뿐 아니라 다른 아기가 아파하는 것을 덜어주려고 애쓴다고 한다. 한마디로 인간은 본능적으로 다른 사람의 정서를 함께 느끼게 되어 있다는 것이다. 다른 사람이 울면 따라 울고, 다른 사람이 웃으면 따라 웃는 것이다.

좋은 감정을 전염시켜라

거울신경 효과를 노린 대표적인 사례가 시트콤의 웃음소리 효과다. 썰렁한 장면에서도 다른 사람들이 웃는 소리가 흘러나오면 나도 모르게 따라 웃게 되는 것이다. 그런가 하면 TV에서 폭력적인 장면을 접한 아이들은 공격적인 행동을 보일 가능성이 높아진다는 연구 결과도 있다. 거울신경이 그 장면을 무의식적으로 받아들이고 이를 통해 감정이 전염되기 때문이다.

감정의 전염은 두 사람의 감정 상태가 같아지는 현상이다. 마치 핸드폰을 컴퓨터에 동기화시키듯 한쪽이 어떤 감정을 표현하면 상대방도 무의식적으로 그 감정 표현을 따라 하게 되고, 결국 두 사람이 동일한 감정을 느끼는 현상이다. 이처럼 거울신경은 '감정이입'과 '공감'의 메커니즘을 이끌어내는 데 결정적 작용을 한다. 수년 전 모 방송사에서 방영했던 〈다모〉라는 드라마의 "아프냐? 나도 아프다"라는 대사처럼 말이다. 그런데 그 정도는 관계에 따라 다르게 나타난다. 나와 관련이 깊고 가까운 관계일수록 거울신경이 더 활발하게 반응하기 때문이다.

신경과학자인 캐나다 맥길대의 제프리 모길 교수팀이 함께 자란 생쥐와 처음 보는 생쥐에게 각각 전기 자극을 가한 뒤 이를 지켜보고 있는 다른 생쥐의 뇌 반응을 측정했다. 그 결과, 생쥐는 자기가 잘 모르는 생쥐의 고통에는 아무런 반응을 보이지 않았지만, 함께 자란 생쥐가 고통을 받으면 자신의 뇌에서 '자신이 직접 고통을 받을 때와 똑같은 반응'을 보였다.

그런가 하면 2010년 이탈리아 피사대의 엘리자베타 팔라지 교수팀은 친구, 지인, 가족 간에는 하품이 전염되지만 모르는 사람 간에는 전염되지 않는다는 사실을 발견했다. 하품을 따라서 하느냐 마느냐의 여부로 상대방과의 호감도를 가려낼 수 있다는 이야기다.

이 같은 감정의 전염 현상은 우리 사회 곳곳에서 발견 또는 활용된다. 광고를 보자. 예쁜 여배우가 근사한 아파트에서 편하게 누워 있는 장면이 나온다. 그러면 거울신경이 시청자를 잠시나마 아파트 거실로 데리고 간다. 이를 경험한 시청자들은 아파트를 사고 싶은 욕구를 갖게 된다.

회사와 같은 조직에서는 특히 감정의 전염 현상이 두드러지게 나타난다. 임원에게 불려갔던 부장이 굳은 표정으로 자리로 돌아오면 팀원들은 '안 좋은 일이 있었구나' 하고 짐작한다. 자연히 사무실 분위기가 무거워진다. 반대로 리더가 기분이 좋고 자신감이 넘칠 때는 모든 것을 긍정적으로 본다. 이런 리더 밑에서 일하는 팀원들은 목표 달성을 낙관하며 일을 창조적으로 해나간다. 그런 면에서 리더는 온몸으로 커뮤니케이션하는 존재라고 할 수 있다. 그의 말과 행동 하나하나가 메시지가 되어 조직의 반응을 이끌어내기 때문이다.

사우스웨스트항공의 전 CEO인 허브 캘러허는 만나는 사람마다 그들의 뇌에서 거울신경을 활성화시키는 놀라운 교감 능력을 지니고 있었다. 사람을 만날 때마다 끊임없이 웃었고, 고객들을 만나면 그들의 사업을 높이 평가하면서 악수를 했다. 직원들을 만나면 수고했다고 치하하며 포옹을 했다. 그것이 조직을 바꾸어놓았다. 한 여승무원은 캘러허를 보자 얼굴이 환해지면서 갑자기 그를 포옹하기도 했다. 그녀는 "모든 사람이 사장님을 가족처럼 생각한다"고 말했다.

직원들에게 건네는 리더의 작은 눈인사와 말 한마디가 직원들의 태도와 조직 분위기를 결정한다.

그녀가 잘되는 가게를
줄인 까닭은?

경찰서에 갔더니 두 녀석 모두 우리 반 아이였다. 시장에서 나쁜 짓을 하다 잡혀서 경찰서에서 담임인 나를 부른 것이다. 한 번만 훈방조치해달라고 사정사정해서 두 녀석을 교실로 끌고 왔다. 반 아이들이 모두 지켜보는 앞에서 칠판에 두 손을 대고 양쪽 바짓단을 걷어 올리게 한 다음 한 녀석씩 회초리로 힘껏 때렸더니 종아리에서 금방 선홍색 핏자국이 배어 나왔다. 그래도 계속 때렸더니 두 녀석은 비명을 지르며 교실 바닥에 뒹굴었다. 이번엔 반장을 불러내서 회초리를 주며 내 오른발과 한 녀석의 왼발을 가지런히 붙여놓고 후려치게 했다. 선생인 내게도 잘못 가르친 책임이 있으니 벌을 받아야 한다는 것이었다. 처음엔 머뭇거리던 반장도 내가 고함을 지르자 회초리를 힘껏 내리치게 되었고, 내 오른쪽 종아리도

벌겋게 부어올랐다. 다른 녀석과도 내 왼발을 가지런히 대서 똑같이 때리게 했다. 이 모습을 지켜보던 아이들이 따라 우는 바람에 교실이 울음바다가 되었다. 요즘 같으면 동영상이 보도되고 나는 폭력 교사로 낙인이 찍혔을 것이다. 나는 두 녀석을 집으로 보내지 않고 내 하숙집에 데려다 함께 연고를 바르며 하룻밤을 지냈다. 다행히 그 사건 이후 두 녀석은 마음을 고쳐먹고 나쁜 짓에서 손을 뗐다. 1970년대 후반 젊은 교사 시절의 이야기다.

얼마 전 반창회를 통해 그때 가르쳤던 옛 제자를 다시 만나게 되었는데, 단연 화제는 그때 그 사건이었다.

"또 이런 일이 생기면 언제든 함께 벌을 받겠다고 하셨는데, 선생님 다리를 또 멍들게 할 수는 없었어요."

정확하게 37년 만에 두 녀석의 속마음을 직접 들은 셈이다. 폭력 교사로 기억해주지 않은 것도 고맙고, 그 일이 개과천선(?)의 계기가 된 것도 기뻤다. 새삼 어린 시절에 선생님만큼 아이들에게 큰 영향력을 미치는 존재도 없다는 생각을 하게 되었다.

몇 년 전 어느 흉악 범죄자가 "초등학교 3학년 때 집이 가난해서 육성회비를 못 가지고 갔다가 담임선생님에게 뺨을 맞은 날부터 내 마음속에 악마가 자라기 시작했다"고 말했다는 기사를 보았다. 그는 편부모 슬하에서 사랑받지 못하고 자랐고, 주변에서도 도와주는 사람이 없었다고 한다. 홀로 세상에 내팽개쳐진 어린아이에게 선생님이 돌을 던진 것이다. 만약 그때 담임선생님이 뺨을 때릴 것이 아니라 아이의 처지를 이해해주고 따뜻하게 품어주었더라면 그 아이의 인생은 달라졌을지 모른다.

인생에서 누구를 만나느냐는 대단히 중요하다. 인생에 엄청난 영향을 초래할 수 있기 때문이다. 어느 시인의 시구처럼 '사람이 오다는 건 실은 어마어마한 일'로, 한 사람의 일생을 만나는 순간이며 이를 통해 알게 모르게 큰 영향력을 미치게 된다.

선한 영향력 = 동정심 + 공감력

평범한 사람들은 하루 평균 4명에게 영향력을 주고받으며 살아간다고 한다. 4명은 작은 숫자가 아니다. 계산해보면 평생 1만 명에게 영향력을 미치는 셈이다. 우리는 이처럼 서로에게 의도했든 의도하지 않았든 영향력을 미치게 되는데, 특히 부모와 선생님의 행동이나 말 한마디는 인생의 진로에 미치는 영향력이 지대하다. 하지만 영향력은 크기가 중요한 게 아니다. 선한 것이어야 한다.

가게에서 약을 훔친 아이에게 약과 함께 먹을 것을 더 들려서 보내는 작은 선의가 한 사람의 인생을 송두리째 바꾼 이야기가 있다. 태국의 이동통신 회사가 만든 '베푸는 것이 최고의 소통입니다'라는 TV광고가 바로 그런 내용으로 사람들의 심금을 울렸다. 내용은 이렇다.

아픈 엄마를 위해 시장 골목에서 약을 훔친 소년이 주인에게 호되게 야단을 맞고 있다. 그 모습을 옆에서 지켜보던 식당 주인 아저씨가 약값을 대신 지불하고 약과 함께 야채수프를 아이에게 건넨다. 30년이 지난 후에도 이 아저씨는 딸과 함께 여전히 어려운 사람들을 도우며 지내고 있다. 그런데 그가 갑자기 쓰러져 병상에 눕게 된다. 그리고 딸이 받아든 병원 영수증에는 수천만 원이라는 엄청난 금액이 적혀 있다. 병원비를 걱정하던 딸은 결국 식당을 급매물로 내놓는다. 그때 놀라운 일이 생긴다. 병상을 지키던 딸 앞에 '총의료비 0원'이라는 청구서가 놓이는 기적 같은 일이 벌어진 것이다. 이어진 메모에는 "당신 아버지의 병원비는 이미 30년 전 지불되었습니다. 세 통의 진통제 그리고 야채수프와 함께. 안부를 전합니다"라고 적혀 있었다. 알고 보니 30년 전 아저씨의 도움으로 아픈 엄마에게 약을 드릴 수 있었던 꼬마가 의사로 성장해서 지금은 아저씨의 주치의가 되어 그 선행을 되갚았던 것이다.

실제로 이 광고 영상은 미국 존스홉킨스대학병원의 공동 설립자인 하워드 켈리 박사의 실화를 바탕으로 제작된 것이라고 한다.

선한 영향력이란 무엇일까? 단지 타인에게 이익이 되는 선택을 하기만 하면 그것이 선한 영향력이 되는 것일까? 답은 '아니다'이다. 선량함의 근원에는 2가지 핵심 기제가 작용한다. 하나는 '동정심(sympathy)'이고 다른 하나는 '공감(empathy)'이다.

추운 겨울 지하도에서 누더기를 걸치고 신문지를 깔고 앉아 행인들에게 동정을 구하는 걸인이 있다고 해보자. 지하도를 지나는 사람들이 그를 불쌍히 여겨 1,000원짜리 지폐를 쥐어준다. 그러면서 스스로 선량한 사람이라는 자기만족을 느낀다. 그러나 그 돈은 걸인의 마음에는 별 영향을 미치지 못한다. 단순한 동정심이기 때문이다. 그에 반해 걸인에게 다가가 "많이 춥죠? 이 목도리라도 좀 감고 계세요" 하며 무릎을 굽혀 목도리를 벗어주고 일어선다면 거지의 마음속에 따뜻한 마음의 물결이 출렁일 것이다. 단순한 동정심에 그치지 않고 공감을 표했기 때문이다.

프란치스코 교황은 항상 "가난한 사람을 도울 때는 돈만 줘서는 안 된다. 반드시 그들의 눈을 보고 손을 잡아야 한다"고 말했다. 동정심을 넘어 공감을 표할 것을 강조한 것이다. 실제로 그는 한국에 와서 꽃동네를 방문했을 때도 그렇게 행동했다. 돈이 다정한 눈빛과 따뜻한 손길을 대신할 수 없는 것이다.

일본의 여류 작가 미우라 아야코가 조그만 가게를 열었을 때의 일이다. 트럭으로 물건을 공급해야 할 정도로 가게가 번창했다. 그에 반해 주변 가게들은 장사가 안 된다고 아우성이었다. 그때 그녀는 남편에게 "우리 가게가 잘되는 것이 옆 가게들을 망하게 하는 것인 줄 몰랐어요. 가게를 줄입시다. 이것이 하나님의 뜻일 것 같아요"라고 말했다. 그녀는 가게를 축소하고 손님들이 와도 이웃가게로 보내주곤 했다. 그러다 보니 시간이 남게 되어 평소 관심 있던 글쓰기를 본격적으로 시작했고, 그 덕에 ≪빙점≫이라는 유명한 소설을 쓰게 되었다.

다른 사람의 관점에서 그의 마음이 되어 내 진심을 표현해주는 것이 바로 공감이다. 영향력은 여기서 생겨나며 이를 가리켜 '선한 영향력'이라고 부르는 것이다. 공감 능력이 없는 사람은 동정심은 보여줄 수 있어도 선한 영향력은 발휘하지 못한다.

성공 = 지능지수(20) + 감정지수(80)

모든 사람들이 불쾌감에서 헤어나지 못할 정도로 찜통 같은 더위가 뉴욕을 뒤덮은 8월 어느 날 오후였다. 그때 나는 호텔로 돌아가는 중이었는데, 매디슨가에서 어느 버스에 올라타는 순간 운전기사의 목소리에 깜짝 놀랐다.

중년의 흑인 운전기사가 환한 미소를 지으며 "안녕하세요? 반갑습니다"라는 환영의 인사로 버스에 올라타는 모든 사람들을 기쁘게 맞이하는 것이었다. 그런데 버스가 교통체증이 심한 중심가를 뚫고 느릿느릿 가는 동안 더욱 놀라운 일이 벌어졌다.

운전기사가 우리들을 즐겁게 하기 위해 코믹한 말재주로 차창 밖의 풍경에 대한 안내를 해주는 게 아닌가.

"저 가게에서 대대적인 세일을 하고 있고, 이 박물관에서는 멋진 전시회가 열리고 있으며 한 블록 지나면 나타나는 극장에서는 재미있는 영화가 이제 막 개봉되었다"는 식이었다.

도시가 제공하는 풍부한 볼거리를 즐겁게 설명하는 그의 마음은 곧 승객들 사이로 퍼져나갔다. 버스에서 내릴 무렵에는 어느새 그들이 처음 버스에 탔을 때의 뚱한 기분에서 벗어나 운전기사와 악수를 나누며 "안녕히 가세요. 좋은 하루 되세요"의 인사말에 "수고하셨습니다"라는 인사를 서로가 주고받았다.

미국의 심리학자 대니얼 골먼의 책 ≪EQ 감성지능≫의 첫 부분에 나오는 이야기다. 이 책을 쓴 골먼은 이 일을 오래도록 잊지 못하고 결국 감성지능을 연구하게 되었다고 한다. 그는 이렇게 덧붙인다.

"이 흑인 운전기사는 사회에 꼭 필요한 감성지능이 높은 사람이라고 볼 수 있을 것이고, 그와 같은 행동이 우리 사회에 얼마나 필요하고 사회를 밝게 해주는 것인지 모두 다시 한 번 생각해보자는 것이다."

과거에는 누구나 지능지수(IQ, Intelligence Quotient)를 성공 요인으로 꼽았다. 프랑스의 심리학자 알프레드 비네가 1905년에 검사법을 완성한 후로 IQ는 인간의 성공 가능성을 판단하는 기준으로 여겨져왔다. 하지만 지능 테스트에서 높은 점수를 받는다고 성공이 보장되는 것이 아님을 알게 되었다. 그래서 새롭게 나온 것이 감성지수(EQ, Emotional Quotient)다. EQ는 자신과 타인의 정서를 이성적으로 관리하고 통제하는 능력, 즉 자신의 감정을 절제하고 타인의 감정을 읽고 조절하는 능력으로, 1990년대 초 예일대 심리학과 교수 피터 샐로베이와 뉴햄프셔대 심리학과 교수 존 메이어 교수가 처음으로 사용하기 시작했고, 대니얼 골먼이 체계화한 개념이다.

골먼은 《감성지능》에서 IQ뿐 아니라 EQ도 성공을 좌우하는 열쇠임을 세상에 공표했다. 그에 따르면 성공적인 리더와 그렇지 못한 리더의 차이는 기술적인 능력이나 지능보다 감성에 있으며 성공의 열쇠는 80%의 EQ와 20%의 IQ가 조화를 이룰 때 가장 효과적이다.

현재와 같은 경영 환경에서는 리더 혼자서 열심히 한다고 업무 성과를 낼 수 없다. 구성원들로 하여금 성과를 내도록 이끌어야 한다. 산업사회에서 지식사회로 넘어오면서 피라미드형 위계질서를 중시하던 과거의 수직형 기업 조직이 협력과 창의성이 경쟁력의 핵심이 되는 수평적 네트워크형으로 바뀌고 있다. 지식사회에서는 구성원 개개인의 자발적인 협력과 창의성이 성과와 직결된다. 논리적인 설득보다 직원들의 가슴과 마음을 움직이는 능력이 성과를 결정짓는 시대다. 따라서 리더는 '기술자형 전문가'를 뛰어넘어 '사람 중심형 전문가'가 되어야 하고, 사람이라는 존재를 깊이 있게 관찰하고 연구해야 한다. 상대방의 감정을 알아차리고 그에 대응하여 마음을 얻는 데 심혈을 기울여야 한다.

지적 능력이 아무리 뛰어나도 감성적 능력이 없는 리더가 기업에 존재한다면 이건 작은 문제가 아니다. 잭 웰치 전 GE 회장은 저서 ≪위대한 승리≫에서 "훌륭한 상사는 구성원들의 친구요, 스승이요, 동맹군이자 영감의 원천이다. 훌륭한 상사는 직원들의 삶까지 변화시킨다. 반대로 나쁜 상사는 직원들의 신체를 병들게 하고 영혼까지도 파괴하는 주범이다"라고 썼다. 감성적 요소가 결핍된 리더십은 기업의 실적은 물론 직원들의 삶까지 파괴한다.

나도 한때 폭언을 일삼는 나쁜 상사 밑에서 일한 적이 있다. 당시 부장님과 나를 포함한 3명의 팀장은 모두 나이가 비슷했다. 그는 일류 대학 출신인 데다 능력도 출중한 분이어서 경영진에게 인정받고 있었다. 그러나 우리가 무엇을 힘들어하는지, 어떤 고민을 갖고 있는지에 대해서는 무관심했다. 조금이라도 자기 마음에 들지 않는 부분이 있으면 소리를 지르고 서류를 집어던졌다. 그러면서 하는 말은 늘 이런 식이었다. "제발 나잇값 좀 하세요." 팀장들은 그가 습관처럼 던지는 이 말에 모욕감을 느껴 얼굴이 벌게지곤 했다. 하지만 상사는 그 말이 듣는 사람에게 얼마나 아픈 상처가 되는지 전혀 모르는 듯했다.

무엇이 감성지능을 만드는가

뉴질랜드의 한 도시에서 1세 이상의 모든 유아를 대상으로 3세부터 11세까지 2년마다 조사와 연구를 진행했다. 그리고 32년 후에 다시 아이들을 추적하여 연구를 마무리했다. 그 결과, 갑작스러운 욕구를 충족시키지 않고 지연시킬 수 있는 능력을 가진 아이가 원래 자신이 속한 가족군이나 비슷한 IQ군에 속한 사람들보다 수입이 훨씬 많은 것으로 나타났다. 그뿐만 아니라 건강 상태나 범죄 경력 유무에서도 우위에 선 것으로 나타났다. 뉴질랜드판 마시멜로 실험인 셈이다.

화가 날 때 이를 욱하고 터뜨려서 남에게 상처를 주고 자신도 결국 손해를 입는 사람은 감성지능이 부족한 사람이다. 제출할 리포트를 쓰기 싫다고 미루다가 결국 기한을 넘기는 학생보다 '리포트를 빨리 끝내고 나중에 쉬자'며 스스로를 달래서 먼저 끝내는 학생의 감성지능이 높다고 볼 수 있다.

요즘에는 많은 기업들이 인재 채용 시 감성지능을 중요한 기준으로 활용하고 있다. 사우스웨스트항공은 인재를 뽑을 때 '유머감각'과 같은 태도 요인을 상당 부분 반영한다. 시스코는 혁신 문화에 적합한 인재 유치를 위해 지식이나 직무 등의 전문적인 스킬과 대인관계, 팀워크 등의 감성적 스킬을 20대 80의 비율로 평가한다. HP 등도 감수성 훈련 프로그램을 개발하고 감성지능과 관련한 평가지표를 마련하고 있다.

1980년대 하워드 가드너를 거쳐 1990년대 피터 샐로베이와 존 메이어에 이르기까지 심리학자들은 다른 사람의 감정을 이해하는 능력이 사회적 기술의 핵심이라고 여겼다. 공감이 감성지능의 핵심 요인이라고 강조했던 것이다. 하지만 공감이 감성지능의 유일한 요인은 아니다. 메이어가 지적했듯이 감성지능은 자기인식 능력, 타인의식 능력, 자기통제 능력, 동기부여 능력, 공감대 형성 능력 등을 모두 포함하는 개념이다.

회사 차원에서 감성적 리더십을 키우기 위해서는 무엇보다 리더 스스로 감성지능을 구성하는 다양한 역량을 갖추기 위해 노력해야 한다. 이를 위해 대니얼 골먼이 제시한 '감성지능의 주요 요소'를 살펴보기로 하자. 감성지능은 모두 5가지로 나눌 수 있는데, 자기인식 능력, 자기통제 능력, 타인의식 능력, 타인관리 능력, 감정이입 능력이다.

첫째는 자기인식(self-awareness) 능력이다. 리더 스스로 자신을 객관적이고 냉철하게 평가하고 이해할 수 있는 능력을 말한다. 감정을 잘 다스리기 위해서는 무엇보다 자신의 감정 상태를 제대로 바라보는 것이 필요하다. 감정을 인식하고 다스리는 대상은 타인뿐만 아니라 '자기 자신'을 포함한다. 자신의 감정을 인식하지 못하면 남의 감정을 관리할 수 없고 남의 감정이 일을 하는 데 얼마나 중요한지도 이해할 수 없다. 자신의 감정을 정확하게 이해하는 사람일수록 자신의 감정이 타인에게 미치는 영향을 잘 이해할 수 있다. 자기인식 능력이 높을수록 리더는 강한 자신감을 가질 수 있으며, 자신의 실수를 솔직하게 인정해서 구성원들의 신뢰를 받는다.

둘째는 자기통제(self-regulation) 능력이다. 자기 자신의 감정이나 기분을 효과적으로 통제할 수 있는 능력을 말한다. 자신을 제대로 통제하지 못하면 남들을 제대로 관리할 수 없다. 만약 리더가 위기 상황에서 흔들리면 조직원들이 방향을 잡지 못하고 업무에 집중하지 못한다.

셋째는 타인의식(social-awareness) 능력이다. 직원의 감정이나 시각을 폭넓게 이해하고 적극적으로 관심을 표현할 수 있는 능력이다. 직원은 '리더의 관심'을 먹고 자란다. 훌륭한 리더는 직원을 관심과 애정으로 보살핌으로써 그들의 역량 향상과 성장을 돕는다. 간단히 말하면 남들과 주파수를 맞추라는 얘기다. 자기인식 능력과 함께 이러한 타인의식 능력이 결합되어 공감을 낳는다.

그렇다면 상대방의 생각과 감정을 어떻게 알 수 있을까? 이 문제를 연구해온 미국의 사회심리학자인 윌리엄 이케스는 다른 사람의 생각과 감정을 얼마나 정확히 추측하는지를 나타내는 정도를 '공감 정확도(empathic accuracy)'라고 칭하고, 이에 결정적 역할을 하는 것이 '사전 정보의 양'이라고 설명했다. 그렇다면 오랜 기간 함께 생활해온 부부들은 공감 정확도가 높을까? 놀랍게도 정반대의 실험 결과가 나왔다. 뉴질랜드의 심리학자 지오프 토머스 연구팀은 캔터베리에 살고 있는 부부들을 초청해 인간관계 문제를 토론하게 하고 그 과정을 녹화했다. 그 결과, 결혼 기간이 길수록 공감 정확도가 떨어진다는 사실을 발견했다. 오래된 부부들은 최근에 결혼한 부부보다 상대방의 생각과 감정을 진정으로 헤아리려 노력하기보다 상대방에 대한 고정관념에 근거해 잘못 이해하게 된다는 것이다. 그러다 보니 사전 정보의 양이 오히려 줄어들면서 공감 정확도가 떨어지게 되었다.

넷째는 타인관리 능력(social skill)이다. 이는 직원에게 믿음을 심어주고 이들을 효과적으로 리드할 수 있는 능력이다. 다른 사람의 감정을 사려 깊게 이해해줄 수 있는 능력, 바로 '공감대 형성 능력'으로, 구성원들의 관점을 이해해주면서 리더의 입장을 설득하려면 커뮤니케이션 능력도 갖춰야 한다.

다섯째는 감정이입(empathy) 능력이다. 직원의 입장에서 생각해보고 그의 감정을 나의 감정으로 느낄 수 있는 능력이다. 직원의 업무뿐 아니라 그의 정서적 요구에도 깊은 관심을 가져야 한다. 여기서 행동의 진정성이 나온다. 이러한 리더의 감정이입 능력으로 직원들은 행복해지고 더욱 능동적으로 일하게 된다.

감정예측 능력을 키우는 방법

어느 날 연구소 직원들과 미팅을 하고 있는데 전화가 왔다. 회의 중이어서 낮은 음성으로 "전화 받기가 곤란합니다" 했더니 "짧게 이야기하겠습니다" 하기에 급한 용무인가 싶어 전화기를 든 채 회의실을 나왔다. 복도로 나와 이야기를 더 들어보니 "오늘이 월말인데 캠페인 기간이라 월 100만 원 정도 적금에 가입 좀 해주십시오"라는 후배 지점장의 부탁 전화였다. 실적에 쫓긴 나머지 다급해서 한 전화였겠지만 짜증스러웠다. 나도 지점장 생활을 해본 터라 대놓고 불쾌한 내색을 하지는 않았지만, 그 후배는 내가 전화를 마친 후 어떤 기분이 들까를 생각해보지 못한 것이 분명하다.

이 눈치 없는 후배의 부탁을 내가 즐거운 마음으로 들어주었을 리 없다. 그렇다면 이 후배는 감성지능이 부족한 사람일까? 꼭 그렇다고 볼 수는 없다. 정확하게 말하면 '감정예측(emotional prediction) 능력'이 부족한 것이다.

감정예측 능력은 커뮤니케이션의 또 다른 요소다. 이것은 어떤 말이나 행동에 대해 다른 사람들이 그 즉시 느끼거나 나중에 느끼게 될 감정을 사전에 미리 예측하는 것으로, 예측된 감정에 맞춰 상대방의 자존감을 세워주는 쪽으로 행동하는 능력까지를 포함한다. 조금만 주의를 기울여 다른 사람의 감정을 제대로 예측하면 상대방의 기분이 좋아질 뿐만 아니라 내가 원하는 것을 쉽게 얻을 수도 있다. 그러면 상대방도 나에 대해 더 많은 애정을 느끼게 되고, 그것이 다시 나의 자존감을 높이는 데도 도움을 준다. 일종의 선순환이다.

그러면 어떻게 감정예측 능력을 향상시킬 수 있을까? 무엇보다 눈치가 빨라야 한다. 사람들의 반응은 대부분 무의식적이다. 그들이 느끼는 변덕스러운 반응은 뇌를 통해 '직감'으로 저장된다. 말콤 글래드웰은 자신의 책 《블링크》를 통해 이와 관련한 다양한 연구 결과들을 보여준다. 직감이 발달한 사람들은 순식간에 대상을 꿰뚫어보며 그에 맞게 세심한 반응을 보인다. 나는 이를 '눈치'라고 말하고 싶다.

우리나라를 비롯한 동양 문화권에서는 예로부터 직접적인 의사 표현보다는 간접적인 마음의 소통을 더 중요시해왔다. 그런데 마음의 소통은 눈치가 없이는 이루어지기 어렵다. 그래서 우리는 그런 소통이 잘 안 되는 사람을 일컬어 '눈치도 없는 녀석'이라며 못마땅하게 여긴다.

감정예측 능력을 키우려면 비언어적 의사소통에도 능해야 한다. 공감이란 주로 감정에 기대는 것이어서 제대로 공감하려면 비언어적인 것을 통해 상대의 마음을 읽을 수 있어야 한다. 사람은 말로만 커뮤니케이션을 하는 것이 아니다.

"인간의 감정은 좀처럼 말로는 표현되지 않는다. 이보다 흔히 다른 것을 통해 표현된다. 이성적인 사고가 언어로 표현된다면 감정의 상태는 비언어적이다."

미국의 미래학자 다니엘 핑크의 말이다.

눈치와 비언어적 의사소통 능력은 특히 영업사원들에게 중요하다. 고객의 호감을 얻으려면 꼭 필요한 능력이기 때문이다. 영업사원들의 선망의 대상인 판매왕들은 이 능력이 상당히 발달되어 있다. 그들은 또한 고객의 마음을 사기 위해 연봉의 30% 이상을 경조사비에 투자한다고 한다. 그런데 재미있는 사실은 경조사비를 부잣집에는 적게 하고, 집안 형편이 어려운 사람에게는 많이 한다는 것이다. 여유가 있는 집은 경조사에 참가하는 데 높은 점수를 주고, 형편이 어려운 집은 경조사비의 액수에 영향을 받기 때문이다. 또 경사보다는 조사를 더 챙긴다. 슬픈 일에 더 민감해지는 사람의 정서를 경험으로 터득하고 있기 때문이다.

'폐지'와 '전환'의
엄청난 차이

"마치 공산품을 생산하는 공장에서 동일 규격, 같은 품질의 상품을 만들어내듯이 서비스도 하나의 상품으로서 그 품질이 관리되어야 하는 것은 맞습니다. 따라서 '일반적인 상식으로 불특정 다수의 고객에게 이와 같이 하면 실례는 면하게 된다는 평균적 서비스를 제공하기 위한 매뉴얼'을 만들고 이를 신입사원들에게 교육시키는 것도 가치 있는 일입니다. 그러나 이러한 평균적이고 표준적인 서비스 기준은 본질적으로 고객 각자의 다양한 기대 때문에 별로 도움이 안 됩니다. 고객은 획일적이고 기계적인 대접을 좋아하지 않습니다. 따라서 은행의 모니터링제도는 직원의 서비스를 통일하고, 신입사원 등의 초보적인 서비스를 정착시키기 위한 방편으로만 활용하는 것이 바람직합니다."

J은행 과장 시절, 은행장까지 참석한 청년중역회의(Junior Board)에서 내가 발언한 내용이다. 경영진은 직원들에게 고객 응대의 긴장감을 높이고 친절을 체질화하기 위해서는 모니터링제도 폐지가 곤란하다는 입장이었다. 그런데 고객서비스 업무를 맡고 있는 내가 이런 발언을 함으로써 노조 주장에 동조해서 반기를 든 모양새가 되어버렸다. 참석자들 모두 당황해하는 빛이 역력했다.

　　이때 사회를 맡고 있던 장 차장이 은행장과 나를 번갈아 쳐다보며 사태를 무마하려는 듯 내게 되물었다.

　　"모니터링제도의 긍정적인 면도 많지 않습니까?"

　　"아닙니다. 서비스를 표준화하려고 했던 원래 취지가 서비스를 획일화시키고 있습니다. 고객이 운동화가 발에 안 맞는다고 하면 그건 안 맞는 것입니다. 서비스는 과학이 아니라 느낌입니다. 모니터링제도를 폐지하고 고객만족도 조사를 하는 게 좋습니다."

　　잠시 회의장에는 적막감이 흘렀고 모두가 긴장한 듯했다. 나도 모르게 내가 반란군의 선두에 서 있는 형국이 되어버렸다. 바로 그때 사회를 보던 장 차장이 마무리 발언을 하면서 내 말을 이렇게 받아넘겼다.

　　"그러니까 장 과장의 주장은 직원을 감시하고 있는 모니터링제도에서 고객의 느낌을 알아내는 고객만족도 조사로 전환하자는 뜻으로 요약되는군요. 그렇게 검토하도록 하겠습니다."

　　그때 나는 생각이 확 트이는 듯한 영감을 받았다. 왜 '전환'으로 바꿔 표현하지 않고 노조의 표현을 그대로 빌려 극단적인 느낌의 '폐지'를 주장했을까! 아무튼 사회자의 재치로 분위기 반전에 성공하고 모두의 동의를 얻어 J은행은 은행권 최초로 고객만족도 조사를 실시하게 되었다.

우리 속담에 '같은 말이라도 아 다르고 어 다르다'는 말이 있다. 투명한 컵에 반쯤 물이 담겨 있을 때 사람들의 반응은 둘로 나뉜다. "물이 반이나 남았네"라는 반응과 "물이 반밖에 없네"라는 반응으로, 우리는 처음 반응에서 긍정적인 기분을, 후자의 반응에서는 부정적인 기분을 느낀다. 이처럼 동일한 사건이나 상황에서도 어떤 표현이나 방식을 제시하느냐에 따라 사람들의 선택과 생각이 달라질 수 있는 현상을 심리학에서는 '프레이밍 효과(framing effect)'라고 한다. 인식의 틀인 프레임(frame)이 긍정적이냐 아니냐에 따라 판단이나 선택이 변하는 현상을 의미하는 것이다.

이처럼 프레이밍이 생기는 이유는 인간이 언어로 의사소통을 하기 때문이다. 언어를 어떻게 사용하느냐에 따라 다르게 인지되는 것이다. 물론 어떤 프레임을 사용해야 좋은지는 두말할 필요가 없다. 긍정적인 프레임과 대안 제시형 표현법을 써야 한다. 나도 '폐지'가 아니라 '변경'이나 '전환'으로 바꿔 표현했어야 했다.

프레임을 바꾸면 고객만족도가 올라간다

프레임을 바꾸면 무엇이 달라지는가를 잘 보여주는 유머가 있다.

2명의 신부가 있었다. 그들은 골초였고, 담배 때문에 기도할 때 약간의 문제를 가지고 있었다. 그중 한 신부가 주교에게 물었다.

"주님께 기도할 때 담배를 피워도 됩니까?"

주교는 "피우면 안 된다"고 대답했다.

다른 신부도 주교에게 질문을 했는데, 그 내용이 조금 달랐다.

"담배를 피울 때와 같이 나약한 순간에도 주님께 기도해도 됩니까?"

프레임을 바꾼 것이다. 주교는 그에게 "물론 기도해도 된다"고 대답했다.

심리학에서도 프레임을 설명하는 재미있는 이야기가 있다.

병에 걸려 수술을 앞두고 있는 환자가 의사에게 생존 가능성을 묻는다. 그때 의사가 "지금까지 이 수술을 받았던 환자들 100명 중에서 90명이 수술 후 5년을 더 살았습니다"라고 얘기하면 환자는 비교적 안도하면서 기꺼이 수술을 받는다. 그러나 "100명 중 10명은 5년 이내에 죽었습니다"라고 말하면 불안에 떨며 수술받기를 주저할 가능성이 높다. 알고 보면 100명 중 90명이 산다는 것은 10명이 죽는다는 것과 같은 내용이다.

프레임은 보통 긍정적인 틀이냐, 부정적인 틀이냐와 같이 좁은 의미로 사용되는 경우가 많다. 그러나 때로는 넓은 의미에서 '관점'으로 사용되기도 한다. 이러한 의미로 프레임을 활용한 사례를 보자. 세계 최대의 놀이공원회사인 미국의 식스 플래그스의 최고경영자인 밥 피트먼의 이야기다.

이 놀이공원은 관리인들이 불친절하기로 악명이 높았다. 당시 공원의 운영관리팀은 관리인들에게 공원을 깨끗이 유지하도록 지시했다. 그러자 관리인들은 방문객들이 함부로 쓰레기를 버리지 못하도록 감시하면서 친절한 응대와는 거리가 먼 행동을 보였다. 청결의 관점으로 보니 방문객들은 공원을 더럽히는 존재에 지나지 않았던 것이다. 피트먼은 새로운 틀을 제시해 이 문제를 해결했다. 방문객들이 공원에서 즐겁게 지낼 수 있도록 지원하라고 지시한 것이다. 이들을 지원하기 위해 관리인들이 할 일은 공원을 깨끗하게 만드는 거라고 이야기했다. 이러한 관점 전환은 확실히 효과가 있었다. 관리인들은 방문객을 즐겁게 만들기 위해 청소를 열심히 했고, 고객만족도도 아주 높아졌다. 관리인들의 공감을 얻는 데 프레임을 멋지게 활용한 것이다.

행동을 변화시키는 긍정형 표현

한 가지 실험을 해보기로 하자. 딱 5초 동안만 눈을 감고 자유롭게 생각하되 '흰곰'은 절대 생각하지 마라.

자, 정말 흰곰을 생각하지 않았는가? 그렇지 않았을 것이다. 인간의 뇌는 "흰곰을 생각하지 말라"고 하면 더 흰곰을 생각하게 된다.

1987년 미국의 심리학자 대니얼 웨그너 교수가 발표한 논문에 '흰곰 효과'라는 말이 나온다. 그는 트리니티대의 학생 10명을 대상으로 다음과 같은 실험을 했다.

"5분 동안 자유롭게 생각하고, 떠오르는 생각을 말하세요."

대학생들은 아무런 부담 없이 떠오르는 생각을 이야기했다. 이어서 실험자가 지시했다.

"이번에도 똑같이 5분 동안 자유롭게 생각하고 말하세요. 그러나 이번에는 한 가지만 주의하세요. '흰곰'을 생각하면 안 됩니다. 그리고 흰곰이 떠오를 때마다 테이블 앞의 벨을 쳐주세요."

'웬 흰곰?' 대학생들은 실험자의 뜬금없는 요청에 피식 웃었다. 그런데 의외의 상황이 일어났다. 대학생들이 계속 흰곰만 떠올리는 것이었다. 과제에 실패한 그들에게 이번에는 아주 쉬운 과제를 내주었다. 자유롭게 생각해도 좋으니 흰곰을 떠올려도 상관없다고 말해주었다. 그랬더니 이번에는 희한하게도 온통 흰곰밖에 떠올리지 못하는 것이었다.

이 실험에서 '흰곰'은 우리가 원치 않는 기억이나 생각을 상징한다. 그 생각을 마음속으로 억압하려 하면 할수록 그에 대한 반작용으로 그것에 더욱 집착하게 된다. 억압이 도리어 집착을 낳는 것이다.

하지 말라고 하면 더 하게 된다. 그것에 몰두한 나머지 '하지 말라'는 말을 잊어버리게 된다. 부정적 인식에 갇히기 때문이다. 동료가 "너무 화내지 마"라고 하는 말에 "난 화나지 않았어"라고 대답하게 되면 벌써 그 부정적 인식이 머릿속에 꽉 박혀버린다. "바보처럼 굴지 마"라는 지적에도 "난 바보처럼 굴지 않았어"라고 답하면 이내 부정적인 이미지가 굳어지고 만다. 같은 원리로 직원들에게 "지각하지 마세요!"라고 말해서는 안 된다. "내일부터는 시간에 맞추어 출근합시다"라고 긍정적으로 표현해야 한다.

요즘에는 운동선수들도 이미지 트레이닝을 많이 한다. 상상하는 것만으로도 두뇌가 이를 수용하고 감각기관에 지시를 내리는 원리를 이용한 것이다. "어깨에 힘주지 말아요"처럼 원하지 않는 것을 상상하는 것이 아니라 "자연스럽게 어깨를 돌리세요"와 같이 원하는 것을 말해서 머릿속에 그리게 하는 이유도 여기에 있다. 전문 수영 코치들은 "너무 빨리 헤엄치면 안 돼"라고 말하지 않고 "좀 더 천천히 헤엄치는 게 좋아!"라고 말한다.

긍정형 표현은 고객 응대에도 자연스럽게 적용할 수 있다. 고객의 부탁이나 요구에 대해 "~해줄 방법이 없다"거나 "어쩔 수 없다"는 표현은 고개을 더욱 기분 나쁘게 만들며 상황을 악화시킬 뿐이다. 고객은 결국 당신이 무능하거나 무성의하다고 생각하게 된다. 긍정형 표현을 써야 한다. 설사 나쁜 소식이라 해도 "~하기를 바란다", "~했으면 좋겠다", "~을 기대한다" 등의 말을 덧붙여 부드럽게 표현해보는 것이다. 사소해 보이지만 이러한 긍정형 표현은 공감의 뜻을 적절하게 전달한다. 상대를 걱정하고 있으며 도와주고 싶다는 마음을 표현하는 것이다. "이번 달 잡지에는 장 원장님 책 소개를 넣을 방법이 없습니다. 너무 늦었습니다"라고 말하는 대신, "이번 달 잡지에 실었으면 좋겠지만 벌써 인쇄에 들어갔습니다. 괜찮으시다면 보관했다가 다음 달에 실어드릴게요"라고 말하는 것이 공감형 표현이다. 또 "오늘 중으로 물건을 배달해드릴 수는 없습니다. 아직 이곳에 도착하지도 않았습니다"라고 말하는 대신, "저도 주문하신 물건을 오전 중에 배달해드릴 수 있다면 정말 좋겠습니다. 물건이 여기 도착하는 대로 전화드리겠습니다"라고 말하는 것이 좋다.

동료나 아이에게도 이유를 대며 거절하는 대신 "~조건이 충족되면", "~한 이후에"라는 표현으로 바꿔 그것이 어떻게 하면 가능한지 보여준다. "숙제를 못했으니", "지금은 얘기할 때가 아니다", "일이 밀려 있어 휴가를 갈 수 없다"는 부정적인 표현과 거절은 상대를 좌절시킨다. 그 대신 "숙제를 끝내고 나면 얼마든지 게임해도 괜찮다", "이 일을 끝낸 후에 휴가를 허락하겠네", "일이 결정되는 대로 바로 얘기하겠네" 하는 식으로 가능한 조건을 덧붙여 긍정적 표현법으로 바꾼다.

말은 감정을 변화시킨다. 감정이 변화되면 행동도 긍정적으로 바뀐다. 그러기 위해서는 안 된 것, 잘못된 것을 지적하는 대신 원하는 것, 기대하는 것을 중심으로 표현하는 연습을 해야 한다.

해줄 수 있는 대안에 초점을 맞추는 화법으로 '데스크(DESC) 화법'이 있다. 예를 들어 친구가 전화를 걸어 "오늘 저녁에 한잔하자" 했는데, 내가 "나 오늘 선약이 있어서 안 돼"라고만 끝냈다면 무척 섭섭해할 것이다. 그 대신 "오늘 저녁에 만나자고?"(사실, Describe), "미안해, 오늘 저녁은 선약이 있는데"(표현, Express), "금요일 저녁은 어때?"(제안, Suggest), "그러면 부담 없이 한잔할 수 있지 않겠어?"(결과, Consequence)라고 말하면 친구는 내 성의나 미안한 마음을 그대로 느끼게 된다.

할 수 없는 일, 상대가 얻을 수 없는 것을 말하지 말고 할 수 있는 일, 그로 인해 상대가 얻을 수 있는 것에 초점을 맞추어 표현하면 공감의 촛불이 더욱 밝아질 것이다. 이것이 사람의 마음을 얻는 열쇠다.

더 큰 화를 부르는 '부정'과 '반복'

우리에게는 항상 긍정적이며 유쾌한 일만 일어나는 것이 아니다. 부정적이고 불쾌한 일들도 많다. 또 때에 따라 그런 일들을 언급해야 할 경우도 있다. 이때도 가급적 긍정의 표현을 쓰는 것이 좋다. 부정적인 사안이라고 해서 꼭 부정적인 표현을 사용할 필요는 없다. 전략적으로 커뮤니케이션할 줄 알아야 한다.

전략적 커뮤니케이션이란 부정하고자 하는 대상을 부정하지 말고 긍정하고자 하는 대상에 초점을 맞추는 것을 말한다. 부정적 사안은 부정할

수록 더욱 강한 부정으로 되돌아오기 때문이다.

우리는 누군가가 우리를 비난할 때 본능적으로 방어하거나 상대의 공격을 부정하고 싶어진다. 이때도 전략적인 대응이 필요하다. 우선 하지 말아야 할 말이 무엇인지 아는 것이 중요하다. 즉각적으로 "저는 그런 사람이 아닙니다"라며 상대의 말을 반복하면서 부인하는 것은 금물이다. "당신은 왜 그렇게 늘 소극적이지요?"라는 말에 "난 소극적이지 않아요"라고 대답하는 것은 상대의 덫에 걸려 그의 말을 확인시키는 꼴이 되고 만다.

전에 국무총리가 골프 사건으로 곤욕을 치를 때 야당 국회의원들이 부정적인 언어로 그를 공격한 적이 있다. 그때 총리는 의원들의 부정적 언어를 자신의 입으로 반복하는 우를 범했다. "인신공격하지 마라. 나는 브로커랑 놀아나지 않았다"고 응수한 것이다. 그리고 이로 말미암아 나쁜 이미지를 더 강화하게 되었다. "그렇지 않다!"고 한마디로 부정한 후 결백함을 밝히는 게 더 현명했을 것이다.

미국산 쇠고기 수입과 광우병 논란으로 전국이 한창 들끓던 때였다. 한 국회의원이 방송 인터뷰 도중 "광우병에 걸린 소로 등심 스테이크를 만들어 먹어도 절대 안전합니다"라고 말했는데, 이 발언이 여러 매체에 기사화되면서 국민들의 불안을 더 가중시키는 결과를 가져왔다. '흰곰은 생각하지 마'의 오류를 범했던 것이다. 당시 국민들에게 가장 부정적인 단어 중 하나가 광우병이었는데, 안전성을 강조하기 위해 광우병을 부정하는 프레임을 사용하면 그 말을 듣는 국민의 불안감이 더 커진다는 사실을 몰랐던 것이다.

개인이건 기업이건 정부건 실수를 했다면 해결책을 담은 긍정성에 초점을 맞추어 대응해야 한다.

목적의식을 부여하면 고객들이 따른다

표지판은 일상생활에서 시각적 환경을 구성하는 필수 요소 중 하나다. 그런데 제대로 활용하지 못하고 있는 것 같다. 아무리 봐도 감성이 살아 있어 보이지가 않아서다. ≪파는 것이 인간이다≫의 저자 다니엘 핑크가 말한 '감성지능 표지판(emotionally intelligent signage)'과는 거리가 먼 모습이다. 핑크가 말하는 감성지능 표지판은 한마디로 공감형 표지판이다.

표지판은 보통 2가지 기능을 한다. 사람들이 길을 찾는 데 도움이 되는 정보를 제공하고, 지켜야 할 규칙을 알린다. 하지만 감성지능 표지판은 다르다. 그보다 더 깊이 들어간다. 핑크는 그 방법의 하나로 '목적의식을 부여하라'는 원칙을 강조한다. 즉, 사람들이 표지판에 게시된 규칙의 이유를 이해하도록 하여 공감을 이끌어내라는 말이다. 그러면 사람들이 그에 따라 움직이게 된다.

사람들로 붐비는 거리 모퉁이에 조그마한 교회가 있는데, 주변에 넓은 잔디밭이 펼쳐져 있었다. 인근 지역의 많은 사람들이 그곳에서 개를 산책시키곤 했다. 그런데 개들의 배설물로 악취가 진동했다. 이 문제를 해결하기 위해, 즉 개 주인들의 행동을 바꾸기 위해 교회가 규칙을 알리는 표지판을 설치했다.

"강아지의 배설물을 치워주세요."

그런데 별 효과가 없자 표지판을 다시 바꾸었다.

"아이들이 노는 곳입니다. 강아지 배설물을 치워주세요."

목적의식을 부여한 접근 방식을 취한 것이다. 효과는 금방 나타났다. 강아지 배설물을 치워 아이들이 자유롭게 놀 수 있게 하자는 의미의 표지판이 사람들의 행동을 바꾼 것이다.

어느 구내식당의 벽에 "잔반을 줄이면 반찬의 가짓수가 늘어납니다"라는 플래카드가 붙어 있었다. "먹을 만큼만 가져가세요", "잔반을 줄입시다"라는 문구에 익숙해 있던 나에게 아주 신선한 느낌을 주었다. 고객의 입장에서 바라본 긍정형의 문장으로 잔반을 줄이려는 목적과 반찬의 가짓수가 늘어난다는 이익을 동시에 드러내는 표현이 아주 인상적이었다.

목적의식을 부여하면 사람들은 보다 큰 관심과 실천으로 화답한다. 길을 가다 보면 도로공사 보수를 알리는 표지판에 "공사 중, 통행에 불편을 드려 죄송합니다. 현장 소장 백"이라고 쓰여 있는데, "○월 ○○일까지 더 넓고 안전한 도로로 바꾸는 중입니다"라고 하는 편이 훨씬 좋을 것이다. 또 산에 오르다 보면 "도토리 가져가지 마세요", "야생 열매류를 채취하다 적발되면 벌금을 물립니다"라는 표지판들이 눈에 띄는데, 이것도 "도토리는 다람쥐의 겨울 식량입니다"라고 긍정형 표현으로 바꾸는 편이 더나을 것이다. 이러한 감정형 표지판이 공감을 불러일으킨다.

표지판에도 감성을 입혀야 한다. 안내나 규칙의 이유를 먼저 상기시켜 이해하고 공감할 수 있게 하면 더 많은 사람들이 따르고 실천할 것이다.

애꾸눈 왕의 초상화 그리기

  남자들은 대개 여름 휴양지 혹은 버스나 지하철에서 우연히 이상형을 만나 가슴 설레며 쫓아가본 경험이 있을 것이다. 이럴 때 남자들이 용기를 내서 던지는 첫마디는 비슷비슷하다. "차 한잔 어떠세요?", "시간 있으십니까?" 같은 말들이다. 그러나 여자의 대답은 십중팔구 "노(No)"다.

  상대의 마음을 얻으려면 부단히 많은 노력을 기울여야 한다. 상대마다 조금씩 다르겠지만 진행 순서는 대개 이렇다. 여자의 집이나 직장이 어디인지 알아보고, 그것도 안 되면 처음 만났던 장소에서 서성대며 끈질기게 기다린다(prospection). 그러면 여자는 어쩌다 남자가 괜찮아 보이거나 한번 만나볼까 하는 생각에 만날 약속(appointment)을 하게 된다. 물론 남자는 약속 날짜가 가까워지면서 여자의 취미, 전공, 직업, 결혼 여부, 나이 등 각종 정보를 알아내려 노력한다(fact finding). 여자는 만남이 잦아지면서 사귈 만한 좋은 남자라는 것을 알게 되고 남자로부터 '사랑한다는 고백을 받는다(presentation). 하지만 여자가 선뜻 결혼을 결심할 리가 없다(objection). 결국 더 오랜 사귐과 남자의 구애 끝에 '이 남자가 정말 나를 행복하게 해줄 남자'라는 믿음이 생길 때가 되어서야 비로소 결혼을 하게 된다(closing). 결혼하면 둘은 일심동체로서 여자는 아내가 되어 헌신적인 내조를 하고 남편은 아내를 아끼고 사랑하며 행복한 부부로 살게 된다(service).

내가 VIP마케팅이나 영업의 프로세스를 설명할 때 자주 하는 강의 내용의 일부다. 이렇게 비유해서 설명하면 신입사원들도 영업의 프로세스를 단번에 이해한다. 나는 영업과 마케팅을 곧잘 연애에 비유한다. 세일즈는 연애와 닮았다. 고객의 마음을 얻으려는 노력이 남녀 간의 구애와 별 차이가 없다. 그래서인지 내가 아는 한 보험회사 사장님은 신입사원을 채용할 때 연애를 잘하는 사람을 우선으로 뽑는다.

송나라에 어떤 농부가 밭을 갈고 있었다. 갑자기 토끼 한 마리가 뛰어나오다가 밭 가운데 있는 그루터기에 부딪혀 목이 부러지는 사고가 발생했다. 덕분에 토끼 한 마리를 얻은 농부는 농사일은 집어치우고 매일 밭두둑에 앉아 그루터기를 지키며 토끼가 오기만 기다렸다. 그러나 토끼는 그곳에 두 번 다시 나타나지 않았으며, 밭에는 잡초만 무성하게 자라 농사를 망치고 말았다. '수주대토(守株待兎)'라는 성어의 유래다. 한 번 성공하면 그 패턴에 묶이게 되는 어리석음을 비유를 통해 인상 깊게 전달하고 있다.

이처럼 '비유'는 공감을 얻어내는 가장 강력한 커뮤니케이션 수단이다.

비유해서 이야기하면 논리와 사실만을 전달하는 것보다 사람들의 뇌리에 깊이 남아 오래 기억된다. 공감하기 때문이다.

조직을 움직이는 리더의 비유

은행에 근무할 때다. 매월 첫째 날은 경영 현안이나 회사 방침을 은행장이 직접 자기 목소리로 전달하는 월례 조회가 있었다. 은행의 특성상 본부 간부급 직원만 강당에 모이고 본부와 지점의 다른 직원들은 사내방송을 통해 지켜보았는데, 수십 년이 지난 지금까지 잊히지 않는 것 중 하나가 '잡초론'이다. 지금은 고인이 되신 그 은행장님은 당시에 과수원을 갖고 있었는데, 그래서인지 농사 관련 비유를 즐겨 하셨다. 그날의 요지는 "잡초를 그냥 내버려두면 곡식을 망친다"는 이야기였다. 그 말을 듣고 '들판의 잡초와 곡식은 금방 구분이 되지만 사람인 직원들을 잡초에 비유를 하다니' 하는 생각에 섬뜩했던 기억이 생생하다.

잭 웰치도 잡초론을 언급한 적이 있다. 20년간 GE 회장을 지낸 그는 인재 육성을 리더의 역할 중 최고의 덕목으로 여겼다. 그는 "리더란 한 손에는 물뿌리개를 들고, 다른 한 손에는 비료를 든 정원사와 같다. 때로는 잡초를 뽑아내는 일을 하지만, 나의 목표는 최고의 아름다운 꽃을 피우게 하고 그것을 바라보는 것이다"라고 강조하면서 "나는 GE의 750명 임원들에게 물과 영양분을 주는 정원사였다"고 회고했다. 그가 자신을 정원사로 비유한 것은 우수한 사람에게 동기를 부여하고 승진시키고 충분한 보상을 하겠다는 뜻을 적절하게 설명하기 위함이었다.

비유가 적절하지 않거나 사실 그대로를 노골적으로 전달함으로써 직격탄을 날리게 되면 사람들은 본능적으로 수비 자세를 취하고 자신을 방어하려 한다.

텃밭에 창궐한 가시덤불을 맨손으로 제거하고 새로운 작물을 심어야 한다면 어떤 방식으로 뽑아내는 것이 가장 좋을까? 있는 힘을 다해 움켜잡고 신속하게 뽑아야 한다. 그래야만 고통은 순간으로 끝나고 꽃이나 농작물을 심을 자리가 빨리 정리된다. 반면에 겁쟁이 정원사들은 뿌리를 뽑아낼 만큼 강하게 가시덤불을 잡을 용기가 없어 어정쩡하게 잡았다 놓기를 반복하다가 손은 온통 상처투성이가 되고 농작물을 심을 땅도 마련하지 못한다. 가시덤불만 더욱 기승을 부리게 된다. 구조조정은 가시덤불을 뽑는 것과 같다. 처음에 아프더라도 과감하게 해야 한다. 이렇듯 고통스러운 구조조정을 가시덤불 제거에 비유한 사람은 미국의 경제학자 레스터 서로다. 어렵고 고통스러운 상황도 비유를 적절히 사용하면 공감력이 배가된다.

비유의 메시지는 짧을수록 좋다. 긴 말은 상대방의 공감을 이끌어내지 못한다. 민주주의가 무엇인지를 아무리 구구절절 풀어낸들 링컨의 한마디만큼 잘 설명한 구절도 없을 것이다. '국민의, 국민에 의한, 국민을 위한(of the people, by the people, for the people)'이라는 표현이다. 로마제국의 명장 카이사르의 용맹을 아무리 설명한들 "왔노라, 보았노라, 이겼노라"라는 말을 당해낼 표현은 없을 것이다.

전쟁이 한창이던 1940년 처칠은 의회를 방문한 자리에서 길이 남을 명

연설을 했다.

"내가 여러분께 드릴 것은 피와 땀과 눈물뿐입니다. 여러분은 제게 물을 것입니다. 우리의 정책이 무엇이냐고. 나는 대답하겠습니다. 맞서 싸우는 것이라고."

처칠의 짧고 굵은 말은 나치의 런던 공습 속에서 영국인들을 버티게 한 힘이 되었다.

리더의 언어는 생생하고 짧아야 한다. 리더는 자질구레하게 늘어놓지 말고 짧고 강한 메타포로 핵심을 찔러야 한다.

비유의 힘은 어디서 오는가

어떤 이슈에 대한 메시지를 던질 때 비유법을 사용하려면 대상을 잘 골라야 한다. 그러기 위해서는 평소 사물을 자세히 관찰해야 하고, 유머나 예화를 많이 알고 있어야 한다. 그리고 두 대상 사이의 공통된 특징을 잡아낼 수 있어야 한다.

일본 속담에 '땅강아지 물 건너기'라는 말이 있다. 땅강아지는 낮에는 흙 속에 숨어 있다가 밤이 되면 나와서 활동하는 곤충이다. 비록 눈에 잘 띄지는 않지만, 날 수도 있고 기어오를 수도 있고 뛸 수도 있고 헤엄칠 수도 있으며 순식간에 땅을 파고 도망갈 수도 있는 다재다능한 동물이다. 그런데 팔다리를 움직이는 것을 귀찮아하고 오래지 않아 피곤함을 느껴 중간쯤 가다가 되돌아오는 버릇이 있다. 그래서 '땅강아지 물 건너기'는 처음에만 잠깐 열의를 보이다가 중도에 포기해버리는 사람을 비유할 때 쓴다. 관찰을 통해 땅강아지의 특징을 알아내 잠깐 반짝하고 마는 사람들의 공통점과 연결한 결과다.

직접적이고 분명한 표현 대신 말하는 사람이 간접적이고 함축적인 은유 표현을 사용하는 것은 그것이 듣는 사람에게 '신선함과 기쁨'을 주기 때문이다. 이러한 은유 표현은 주로 문학작품에서 많이 접할 수 있다. 하지만 알고 보면 문학작품뿐만이 아니라 일상생활에서부터 마케팅, 광고 등의 분야에까지 넓게 활용되고 있다.

아마도 비유법을 가장 많이 사용한 분을 들라고 하면 예수님이 첫손에 꼽힐 것이다. 예수님은 비유하는 이유를 이렇게 말씀하셨다.

제자들이 예수께 나아와 이르되, "어찌하여 그들에게 비유로 말씀하시나이까?" 대답하여 이르시되, "그러므로 내가 그들에게 비유로 말하는 것은 그들이 보아도 보지 못하며 들어도 듣지 못하며 깨닫지 못함이니라." (마태복음 13장 10~13절)

예수님은 항상 비유법을 활용하여 믿음이 나약한 이스라엘 백성들을 일깨우셨다.

공중의 새를 보라. 심지도 않고 거두지도 않고 창고에 모아들이지도 아니하되, 너희 친부께서 기르시나니 너희는 이것들보다 귀하지 아니하냐. 너희 중에 염려하므로 그 키를 한 자나 더할 수 있느냐. 또 너희가 어찌 의복을 위하여 염려하느냐. 들의 백합화가 어떻게 자라는가 생각하여 보라. 수고도 아니하고 길쌈도 아니하느니라. (마태복음 6장 26~29절)

목사님들은 대부분 말씀을 잘하신다. 성경을 수시로 접하면서 자연스럽게 예수님의 비유법을 터득했기 때문일 것이다.

말은 눈에 보이지 않지만 비유는 그 말을 눈에 보이게 해준다. 상상하도록 만들기 때문이다. 좋은 커뮤니케이션은 청중이 그들의 경험과 기억을 끄집어내어 상상하도록 만든다. 이것이 비유의 힘이다.

마음을 움직이는 비유의 3가지 법칙

비유를 들 때는 대상을 잘게 쪼개 그것이 각각 어떤 파급 효과를 지니는지 머릿속에 그림이 그려지고 손에 잡히도록 구체적으로 이야기해야 한다. 일찍이 공자도 "가까운 데서 비유를 취해 말할 수 있는 것이야말로 현명함의 증거"라고 말씀하셨다.

"몸이 입보다 더 크게 말한다."

내가 비언어적 커뮤니케이션의 중요성을 강조할 때 인용하는 구절이다. 나는 비유해서 말할 때 대구를 즐겨 사용한다. 이렇게 대구를 쓰면 말의 생동감과 감정 표현력이 훨씬 강해진다.

마음을 움직이는 말에는 이처럼 일정한 흐름과 규칙이 있다. 이에 대해 살펴보자.

돌비 시스템과 세탁기 사이에는 어떤 연관이 있을까? 처음으로 돌비 시스템을 만든 엔지니어가 아무 지식이 없는 아주머니들에게 돌비의 특징을 설명하게 되었다. 아무리 이야기해도 이해를 못하자 참다못한 다른 엔지니어가 나와 다음과 같이 말했다.

"여러분, 세탁기는 무엇을 하는 물건입니까? 세탁물에서 때만을 찾아 없애는 기계입니다. 세탁물을 손상시키지 않고 그 안에 있는 때만 없애주지요. 돌비도 마찬가지입니다. 음은 손상시키지 않고, 그 안에 있는 잡음만 제거해주는 겁니다."

엔지니어, 의사, 변호사, 교수와 같은 전문가들이 일반인들과 쉽게 소통하지 못하는 가장 큰 이유는 바로 자신의 입장에서 자신의 용어로 표현하기 때문이다. 전문가 자신에게는 쉽고 익숙한 내용이라도 일반인들에게는 생소할 수 있다는 사실을 망각하기 때문이다.

일반적인 설명이나 주장은 중학교 2학년이 이해할 수 있는 수준으로 하는 것이 가장 좋다고 한다. 이럴 때 효과적인 방법이 비유법이다. 전문지식을 일상에서 접할 수 있는 사례에 빗대어 표현하는 것이다. 예를 들어 환자와 공감을 잘하는 의사는 이런 식으로 설명한다.

"고지혈증은 필요 이상으로 많은 지방 성분 물질이 혈액 내에 존재하면서 혈관벽에 쌓여 염증을 일으키고, 그 결과 심혈관계 질환을 일으키는 상태입니다. 쉽게 말하면 하수구에 찌꺼기가 계속 쌓이면 막혀버리잖아요. 그러면 물이 넘치게 되고 나중엔 큰일 나겠죠. 바로 이런 상태를 말합니다."

이해하기 쉽고 큰 반응을 불러일으키는 비유의 힘은 과학적으로도 입증되었다. 요즘 흔히 쓰는 '꿀벅지', '초콜릿 복근', '짐승돌'이란 표현이 뇌에 더 큰 반응을 일으킨다는 것이다. 의사들이 환자들에게 암세포 크기를 호두나 오렌지 같은 과일에 비유하여 설명하는 것도 같은 맥락이다.

2014년 미국 에모리대 의과대학의 사이먼 레이시 교수팀은 메타포를 사용할 때 사람들의 반응이 얼마나 어떻게 다르게 나타나는지를 기능성 자기공명영상(fMRI)을 활용해 연구했다. 가령 '배드 데이(bad day, 안 좋은 날)' 대신 '러프 데이(rough day, 힘든 날)'를 쓸 경우 어떻게 반응이 달라지는지를 비교했다. 그 결과, 'bad day'보다 'rough day'란 표현이 촉각을 관장하는 뇌 부위를 추가로 자극해 반응이 훨씬 크다는 사실을 밝혀냈다(rough에는 거칠다는 뜻이 있다). 이 연구는 같은 뜻을 의미하는 말이라도 감각적인 용어를 메타포로 활용할 경우 반응이 크다는 것을 보여주었다.

이해와 공감을 높이기 위해서는 구체성에도 주목해야 한다. "아프리카에서는 많은 아이들이 배고픔에 허덕이고 있습니다"보다는 "아프리카 르완다의 13살 고아 소녀 쏘냐는 3일째 아무것도 먹지 못했습니다"라는 표현이 더 큰 공감을 불러일으킨다. 두루뭉술하게 이야기해서는 메시지 전달이 어렵다. 저 멀리 어디엔가 있을 법한 이야기로 여겨지면 공감력은 뚝 떨어진다. 우리 주변의 이야기를 구체적 사례로 만들어 제공할 수 있어야 한다.

나는 고객에게 전화를 걸어 상품을 판매하는 어느 보험사의 강의를 한 달에 서너 번씩 몇 년째 해오고 있다. 흔히 말하는 텔레마케팅 영업을 하는 사람들을 대상으로 하는 강의인데, 심리학을 세일즈에 접목하여 대화에 적용함으로써 설득 효과를 높이는 것이 주 내용이다. 이때 빠뜨리지 않는 사례 중 하나가 텔레마케팅 보험왕 1, 2위에 나란히 오른 어느 두 자매의 이야기다.

어느 기자가 인터뷰를 하면서 자매에게 억대 연봉의 비결을 묻자 이렇게 대답했다.

"보험상품을 팔 때 수식어를 풍부하게 섞어 말하면 효과가 크다."

가령 상품 설명을 할 때 "어린이의 각종 위험을 보장한다"고 메마른 설명을 하는 것보다 "예쁘고 어린 자녀분의 미래 위험을 몽땅 보장한다"고 하면 고객들이 솔깃해한다는 것이다. 두 자매는 이런 표현을 담은 세일즈 문구를 만들어 노트에 적어놓고 매일 밤 읽는 연습을 한다고 한다.

생생한 표현을 적절하게 사용하면 더 큰 설득 효과가 생긴다는 사실은 기존의 연구들을 통해서도 알 수 있다. 일례로 한 전기회사가 에너지 절약을 위한 이벤트를 실시한 적이 있었다. 각 가정에 에너지 보존을 위한 절연장치를 시공해주고, 그 경비는 무이자로 대출해준다는 것이었다. 시공 전에 그들은 각 가정을 방문하여 에너지 효율성 검사를 무료로 해준 다음 절연공사의 효과에 대해 설명했다. 공사의 효과는 너무도 확실했다. 그런데 검사받은 가정들 가운데 절연공사를 신청한 비율은 15%에 지나지 않았다. 이에 실망한 회사가 전문가들에게 컨설팅을 의뢰하여 가정들을 심층 면접하게 되었고, 그 결과 낮은 신청률의 원인이 금세 발견되었다. 절연공사의 효과가 엄청나다는 설명에도 불구하고 신청률이 낮았던 이유는 창문에 난 작은 틈이나 다락방의 작은 구멍을 틀어막는다고 해서 그처럼 엄청난 에너지 절약 효과가 나타날 것이라고 사람들이 믿지 않았기 때문이다. 이 문제를 해결하기 위해 회사는 에너지 절약 효과를 설명할 때 생생한 표현을 사용하도록 영업사원들을 훈련시켰다.

"이 문에 나 있는 작은 틈을 보십시오. 선생님이 보시기에는 아주 작은 틈에 불과할 것입니다. 하지만 선생님 댁에 있는 문들의 틈을 다 더해보면 야구공 크기만 한 커다란 구멍이 있는 겁니다. 선생님 댁 거실에 야구공만 한 구멍이 나서 그 구멍으로 바람이 들어오는 것을 보고만 계시겠습니까?"

영업사원들로부터 '야구공만 한 크기의 구멍'이라는 생생한 표현을 접한 사람들은 그제야 공사의 효과를 실감하게 되었고, 신청률은 전보다 4배 이상 높아졌다.

생생한 메시지의 설득 효과가 큰 이유는 사람들로 하여금 감정적으로 반응하게 만들기 때문이다. 감정이입으로 공감력이 커지고 마음이 움직여 행동하게 되기 때문이다. 감정을 의미하는 단어인 '이모션(emotion)'의 라틴어 어원은 '움직이게 하다'라는 뜻을 담고 있다. 사람을 움직이게 하는 것이 감정이다.

감정 언어, 그림 언어로 비유

옛날 어느 나라에 전쟁으로 한쪽 눈을 잃은 왕이 있었다. 어느 날 왕은 3명의 화가를 불러 자신의 초상화를 그리게 했다.

첫 번째 화가는 한쪽 눈이 없는 왕을 양쪽 눈이 모두 정상인 모습으로 그렸다. 보기에는 좋았지만 실제와 달랐다. 왕은 그 화가를 궁궐에서 내보냈다.

두 번째 화가는 한쪽 눈은 정상이지만 한쪽 눈은 애꾸인 모습을 그렸다. 사실 그대로를 그리기는 했지만, 왕은 애꾸로 표현된 자신의 초상화에 기분이 몹시 상했다. 그래서 그도 역시 궁궐에서 내보냈다.

세 번째 화가는 쫓겨난 두 화가와 달랐다. 그는 눈을 잃은 쪽이 보이는 정면의 모습이 아니라 반대쪽의 건강한 눈이 있는 옆모습을 그렸다. 그 초상화는 마치 비전을 가지고 뭔가를 뚫어지게 바라보는 듯한 당당하고 위엄 있는 모습이었다. 거짓도 아니었고 보기에도 좋은 그림이었다. 초상화를 본 왕은 아주 마음에 들어 하며 화가에게 큰 상을 내렸다.

세 화가처럼 사람들도 똑같은 대상을 다르게 본다. 똑같은 상황도 저마다 다르게 표현한다. 언어를 사용하는 것도 그렇다.

언어는 크게 '사실 언어'와 '감정 언어', '그림 언어'로 나뉜다. 사실 언어는 두 번째 화가처럼 있는 그대로를 표현한다. "인상이 딱딱해 보이네요" 하는 식으로 사실을 말하지만 듣기에 따라 상대방의 기분을 상하게 할 수 있다. 그에 반해 '감정 언어'는 세 번째 화가처럼 시적이고 긍정적으로 말하는 것으로, "역시 당신이 최고야!", "네가 해낼 줄 알았다!" 하는 식으로 말하여 상대방을 기쁘고 행복하게 해준다. 그림 언어는 말하기보다 상상하게 만들어 그림처럼 보여주는 언어로, '회화적 언어'라고도 한다. "들의 백합화를 보라. 공중에 나는 새를 보라. 심지도 가꾸지도 않지만 자라지 않는가. 하물며 우리 인간들을 하나님께서 돌봐주시지 않겠느냐"
와 같은 표현을 예로 들 수 있다.

마틴 루터 킹 목사는 "흑인은 백인에 비해 가난하고 외롭게 살고 있습
니다"라고 말하지 않았다. "100년이 지났지만 흑인들은 거대한 물질적 풍
요의 태양 한가운데에 있는 외로운 가난의 섬에 살고 있습니다"라고 말했
다. 듣는 사람들이 머릿속에 그림을 그릴 수 있도록 도와주는 연설을 했
다. 그래서 큰 공감을 일으키는 위대한 연설이 되었다.

우리는 평소에 사실 언어를 가장 많이 쓴다. 이런 언어 습관을 바꾸어
감정 언어와 그림 언어를 사용하는 습관을 들여야 한다. 나의 인격과 삶
이 달라지고 상대방이 기분 좋은 공감의 모습을 보여줄 것이다.

같은 행동, 다른 해석

　나는 서울의 한 대학에서 겸임교수 직책을 맡아 대학원생들에게 강의를 하면서도 박사학위가 없다는 사실이 마음에 걸렸다. 마침 한 교수님의 권유도 있어 가르치면서 공부를 더하기로 했다. 이제 교수 겸 학생이 된 나를 힘들게 하는 게 2가지가 있다. 하나는 대학원을 다닌 지 20년이 지나 다시 강의실에 앉아 3시간씩 수업을 듣는다는 것이 보통 이상의 인내심을 필요로 한다는 것이다. 또 하나는 모든 수업에서 항상 근거를 밝히라고 강조한다는 것이다. 나는 마케팅과 서비스 관련 책들을 써오면서 독자들이 납득할 만한 근거와 이유를 들어 일목요연하게 정리하는 데 일가견이 있다고 자부해왔다. 그런데 대학원 수업과 논문을 쓰는 일은 책을 쓰는 것과는 많이 달랐다. 그것은 과학과 상식의 차이라고도 할 수 있다.

　과학은 과학적 방법으로 입증되어야 하는 지식이고, 상식은 오랜 관습을 통해 으레 그럴 것이라고 우리가 믿고 있는 지식이다. 그런데 일상에서 이 둘은 지식이라는 개념으로 함께 묶여 구별되지 않고 쓰인다.

지금은 전설이 된 〈뽀빠이〉라는 만화영화가 있었다. 시금치를 먹으면 힘이 커져서 곤경에 처한 올리브를 멋지게 구해내는 뽀빠이를 보고 어린 이들은 환호하며 시금치를 많이 먹기도 했다. 그런데 시금치의 영양 효과가 미미하다는 연구 결과가 나오는 바람에 종영하게 되었다고 한다. 과학이 상식을 밀어낸 것이다.

발터 크래머 독일 도르트문트대 통계학과 교수 등은 그들의 저서 ≪상식의 오류 사전 747≫에서 "뽀빠이가 철분을 중요하게 생각했다면 통조림 시금치보다 차라리 그 깡통을 먹는 것이 더 나았을 것"이라고 빈정댔다. 그들의 설명에 따르면 뽀빠이 신화는 순전히 타이핑의 잘못으로 생긴 해프닝이다. 아주 오래전에 여러 가지 식품의 성분을 분석할 때 실수로 소수점을 한 자리 위로 잘못 찍는 바람에 시금치의 철분 함유량이 10배로 불어나게 되었다는 것이다. 이 사소한 실수 때문에 전 세계 아동들이 엄청나게 시금치를 먹게 되었다. 이 같은 사실이 1930년대에 밝혀졌음에도 불구하고 뽀빠이 신화는 오래도록 살아남아 시금치의 존재 가치를 높여주었다.

신장결석을 앓던 한 후작이 알프스의 작은 마을인 에비앙의 우물물을 마신 후 깨끗하게 병이 나았다는 이야기는 밍밍한 맛의 에비앙을 단숨에 명품의 지위에 올려놓았다. 원래 신장결석은 아무 물이든 많이 마시면 낫게 되는 병이다. 그러나 사람들을 움직인 것은 과학적 논리가 아니라 감성적 이야기였다.

과학보다 센 이야기의 힘

사람들은 과학보다 신화나 이야기를 좋아한다. 새로운 이야기를 만드는 것을 좋아하고, 남에게 들려주길 좋아하며, 재미있는 이야기를 듣길 좋아한다. 이야기에 웃고, 울고, 공감하며, 자신의 행동을 조절한다. 이야기만큼 사람들에게 영향을 미치는 것도 드물다.

진화심리학자들은 인간의 뇌가 이야기를 좋아하는 것은 타고난 특질이라고 말한다. 대부분의 동물들은 경험을 통해 배우지만 인간은 경험 외에 이야기를 통해서도 배운다. 그 덕분에 다른 사람들의 이야기를 듣고 그 일을 직접 겪은 것처럼 상상할 수 있는 것이다.

오랜 과거로 거슬러 올라가면 인간이 주변 환경의 위험이나 보상에 대해 알 수 있었던 방법은 2가지였다. 하나는 직접 경험하는 것이었고, 다른 하나는 믿을 수 있는 사람에게서 이야기를 듣는 것이었다. 이는 오늘날에도 별반 달라지지 않았다. 가까운 친구의 이야기가 여전히 중요하고, 경험자가 들려주는 한마디가 고도의 계산 과정을 거쳐 나온 데이터보다 위력을 발휘한다. 여기서 중요한 것은 신뢰성이다. 다이어트 보조식품을 복용한 사람들의 90%가 체중 감량에 성공했다는 통계보다 한 여성의 개인적인 이야기에 더 귀를 기울이는 것도 그만큼 그녀를 신뢰하기 때문이다. 여기서 유의할 것은 개인적 경험의 일반화다.

"질문을 해주시거나 오늘 9시간 강의에 대한 소감을 말씀해주셔도 좋습니다."

"선생님의 개인적인 사례나 에피소드를 듣느라 시간 가는 줄 몰랐습니다. 완전 공감이었습니다. 그런데 일부는 선생님의 개인적인 사례와 경험을 너무 일반화시켜버린 것 아닌가 하는 생각이 들기도 했습니다."

유성에서 어느 손해보험사의 10년차 지점장들을 대상으로 진행한 교육을 마무리하면서 나눈 대화의 일부다. 그때 나는 아차 싶었다. 나의 스토리텔링식 강의의 허점을 예리하게 지적당했기 때문이다. 그렇지만 강의 평가는 예상대로 '아주 만족스럽다'는 반응이 많았다. 재미있었기 때문이다.

사람은 이야기를 기억한다. 신문기사들이 약속이나 한 듯 사례나 경험담으로 시작해서 통계나 증거 등의 객관적 근거를 통해 주장을 뒷받침하는 식으로 내용을 전개하는 것도 사람들이 이야기를 좋아하고 더 오래 기억하기 때문이다. 그러고 보면 나도 강의에서 신문기사의 패턴처럼 통계와 연구논문 등의 근거 제시에 더 충실했어야 했다. 설득과 소통의 달인들은 다양한 근거를 제시함으로써 자신의 주장에 신뢰성과 명확성을 부여한다. 스티브 잡스도 자신의 프레젠테이션에 객관적인 증거들을 동원하여 청중에게 신뢰감을 주고 상당한 영향력을 발휘했다.

공감력을 높여주는 '패러다임 변환'

난로 곁에 앉아 한참 문서를 검토하던 주인이 하인을 불렀다.
"난로가 너무 뜨겁구나! 난로 속의 장작을 좀 덜어내라."
그러자 주인을 지그시 쳐다보던 하인이 이렇게 대답했다.
"주인님, 난로에서 조금만 떨어져 앉으면 될 것 같은데요?"
어떤가? 관점 전환의 필요성을 여러 말로 설득하는 것보다 훨씬 인상

저이지 않은가. 이것이 바로 스토리의 힘이다. 그런데 스토리에는 양면성이 있다. 관점에 따라 전혀 다르게 해석되기도 한다는 것이다.

한 중년 남자가 어린아이들을 데리고 지하철을 탔다. 아이들은 지하철 안을 뛰어다니고 소리를 지르면서 장난을 쳤다. 삽시간에 지하철 안은 시장통처럼 엉망이 되었다. 그런데 남자는 이러한 광경에 신경도 쓰지 않고 가만히 앉아 있었다. 한참 동안 이를 지켜보고 있던 내가 마지못해 남자에게 한마디 했다.

"실례지만 여기는 지하철 안이라 다른 사람들도 있는데, 댁의 애들이 이렇게 소란을 피우는데도 가만히 계시면 되겠습니까?"

그 남자가 힘없이 말했다.

"그러게 말입니다. 저도 어떻게 해야 할지 모르겠네요."

'허, 참, 이 사람이 남 얘기하듯 하네.'

나는 속으로 이렇게 생각했다. 그런데 그 남자가 좀 뜸을 들이더니 말을 이었다.

"사실 지금 막 병원에서 오는 길인데, 한 시간 전에 애들 엄마를 하늘나라에 보내고 왔거든요. 애들도 뭐가 뭔지 모를 거예요."

이 말을 듣는 순간 같은 칸에 탔던 사람들은 정신없이 뛰어노는 애들을 다르게 바라보기 시작했다.

스티븐 코비의 《성공하는 사람들의 7가지 습관》에 나오는 이야기다.

당신은 어느 회사의 마케팅팀 팀장이다. 목요일 아침 김 대리가 들어와 "금요일 하루 휴가를 좀 내고 싶은데 괜찮겠습니까?"라며 허락을 구한다. 그는 기획안을 만드느라 며칠째 야근을 하며 고생을 많이 했다. 항상 일을 찾아서 하는, 아이디어가 넘치는 직원이다. "그래, 며칠째 고생한 것 내가 다 안다. 가족들 데리고 교외라도 나가서 푹 쉬어라"라며 흔쾌히 허락한다. 재충전이 필요할 것 같아서다.

점심을 먹고 들어오니 이번에는 신 대리가 들어와 "월요일 휴가를 좀 내고 싶은데 결재해주십시오"라며 휴가원을 내민다. 그는 자리에 앉아 일하는 시간보다 돌아다니며 노는 시간이 더 많은 직원이다. 일거리를 주면 자기 담당이 아니라고 우기기 일쑤다. 한마디로 골칫거리다. "신 대리! 자네는 회사에 있는 게 휴가 아닌가? 지금 진행 중인 기획안부터 빨리 마무리해주게"라고 면박을 주며 거절한다. 팀장은 재충전이고 뭐고 챙겨주고 싶은 생각이 전혀 없다.

스티븐 코비의 사례나 팀원의 휴가원 결재에서 보듯 상대의 행동은 똑같아도 그에 대한 나의 반응은 다를 수 있다. 나의 반응을 결정하는 것은 상대의 행동이 아니다. 그 행동을 받아들이는 나의 감정이다. '휴가를 하루 허락해달라'는 요청(행동)에 대해 '고생 많이 한 것 다 안다'라고 위로하며(감정) '교외라도 나가서 푹 쉬라'고 허락한다(반응). 반대로 '휴가 좀 결재해달라'는 요청(행동)에 대해 '회사에 있는 게 휴가인 셈'이라며 면박을 주고(감정) '기획안부터 마무리하라'고 거절하기도 한다(반응). 그런데 여기서 더 중요한 것은 상대방의 행동과 내 감정 사이에 있는 '나의 해석(story)'이다. 이것이 결정적 작용을 한다. 즉, 내 감정을 만들어내는 건 상대방의 행동 자체가 아니라 그것을 해석하는 나의 '스토리'인 것이다. 중년 남자와 어린아이들의 지하철 사례에서도 소란스러운 스토리로 해석하면 '짜증(감정)'이 되고, 조금 전 엄마를 하늘나라로 보낸 아이들의 스토리로 해석하면 '동정(감정)'이 생긴다. 이러한 극적인 심경 변화를 '패러다임 변환'이라고 한다.

패러다임 변환은 상대방의 행동이나 상황에 대해 해석하는 나의 관점을 다르게 하는 것이다. 똑같은 상황이라도 개개인의 신념과 성향에 따라 받아들이는 태도가 다르다. 어떤 사람은 긍정적으로 반응하고 어떤 사람은 부정적으로 반응한다.

스토리를 바꾸면 공감력이 향상된다

외국계 은행에 근무할 때였다. 당시 나의 상사는 고객서비스나 고객에게 영향을 미치는 사안에 대해 시도 때도 없이 내게 메일을 보내 나의 의견을 물었다. 사실 좀 귀찮고 번거로운 일이었다. '자기가 최종 결재자면 그냥 결재하지 않고…. 혹시 일이 잘못되면 내가 뒤집어쓰는 거 아니야?'라며 부정적인 스토리를 쓸 수 있는 상황이었다. 그러나 나는 그런 스토리를 쓰지 않았다. "JB의 생각은 어떻습니까?"라는 질문을 '고객서비스나 마케팅에 관한 한 당신이 최고 전문가입니다'라고 인정하는 것으로 생각했다. 상사가 제기한 안건에 대해 내가 개입해서 방향을 잡아야 할 중요한 일이라며 긍정의 스토리를 써나갔다. 그러면서 그에 대한 '감정'이 좋아지고 감사하는 마음이 들게 되었다.

상대의 행동에 대한 스토리를 바꾸면 나의 반응이 달라진다. 그와 함께 그에 대한 공감력도 크게 향상된다.

초등학교 교과서에 〈별주부전〉이 나오는데, 다른 고전문학전집 등에서는 〈토끼전〉이라는 제목으로도 나온다. 같은 내용인데 누가 주인공이 되느냐에 따라 제목이 다른 것이다. 토끼를 용궁으로 데려가야만 하는 자라, 즉 별주부의 입장에서 보면 이 이야기는 참담한 실패의 스토리가 되고, 독자는 별주부에 대해 연민을 느끼게 된다. 그러나 반짝이는 재치를 발휘하여 간을 빼앗길 위기에서 벗어나 용궁을 탈출한 토끼의 입장에서 보면 이 소설은 약자의 인생 역전 스토리로 재해석된다. 목숨을 빼앗길 위기에 처해서도 정신을 똑바로 차리고 약간의 재치만 발휘하면 스스로 살아날 수 있다는 유쾌한 상상력의 이야기가 된다.

하지만 일상에서는 전래동화처럼 스토리의 극적인 재해석이 일어나는 일이 흔치 않다. 우리는 대개 어떤 해석 체계를 습관처럼 자동적으로 적용한다. 신체적인 습관도 그렇고 심리적인 습관도 그렇다. 혹시 잘못되었는지 점검해보거나 새로 바꾸려고 하지 않고 그대로 따른다.

습관적인 해석 체계를 바꾸려면 평소에 스토리를 다른 관점으로, 즉 재해석해서 써보는 훈련이 필요하다. 이를 '리스토리(Re-Story)' 또는 '관점 전환'이라고 부를 수 있다. 그러면 리스토리는 어떻게 해야 잘할 수 있을까?

문제 직원이 아니라 고마운 직원이었다

나는 외국계 은행에 근무할 때 매월 고객의 소리(VOC)와 관련하여 해

겸 방안을 논의하는 회의를 주관했다. 그때 참석자들 가운데 젊은 직원 하나가 나를 괴롭혔다. 외국에서 오래 공부해서인지 토씨만 빼고 모두 영어로 말하는 통에 알아듣는 데 애를 먹게 할 뿐 아니라 회의 중에도 상대방의 말에 집중하지 않고 노트북에 머리를 박고 있어 몹시 신경을 거슬리게 했다. 이 경우를 들어 스토리를 다시 써보도록 하자.

첫째, 가장 먼저 나와 갈등을 일으키는 상대의 부정적인 행동을 적는다. 그는 회의에 집중하지 않으며 발언 내용이 알아듣기 어렵다는 정도가 될 것이다.

둘째, 그 행동으로 인한 나의 감정을 생각해본다. 내 감정은 '불쾌하고 버릇없어 보인다'가 될 것이다.

셋째, 그런 감정을 만들어낸 나의 해석을 쓴다. '젊은 녀석이 해외에서 공부했다고 잘난 체하며 나이 많은 선배이자 상사인 나를 무시하는 것 같다.' 솔직한 나의 심정이었다. 여기까지 상대의 행동에 대한 나의 감정과 해석을 적었다. 이제부터가 중요하다. 길을 건널 때 양쪽을 모두 살피는 것처럼 다른 시각으로 그 사람을 보는 것이다. 내 상상력에 불을 붙여 상대방의 관점으로 스토리를 다시 써본다.

넷째, 상대의 의도를 긍정적으로 재해석한다. 상대가 그런 행동을 한 이유를 생각해보는 것이다. 왜 그는 남들이 알아듣기 힘든 영어를 저렇게 많이 쓸까? 귀국한 지 얼마 되지 않아 우리말이 서툴러서일 수 있다. 또 멤버들의 발언에 집중하지 못하는 것은 우리말을 잘 이해하지 못해 노트북에 메모하기 위해서 그런 것일 수 있다.

다섯째, 상대의 긍정적 의도를 바탕으로 새로운 해석(Re-Story)을 적는다. '한국어 실력 부족으로 오해가 생길까봐 영어를 사용할 수도 있겠다', '외국의 금융 용어를 그대로 소개해주고 싶어서 그럴 수도 있다'고 생각해보는 것이다.

여섯째, 달라진 스토리로 상대의 행동을 봤을 때의 새로운 감정을 적는다. '한국적 회의 문화나 언어, 분위기에 낯설어서 외로움을 느끼겠구나' 하는 새로운 감정이 생길 수 있다.

마지막으로, '상대방에게 감사 표현을 한다면 어떻게 할까?'를 적어본다. 이는 갈등과 관점 전환을 통한 마음 공부라고 할 수 있다. '회의에 참석해준 것만도 그로서는 성의 표시일 수 있다', '해외 경험을 많이 소개해주면 고맙겠다'라고 감사 표시를 하거나 부탁함으로써 긍정적 사고의 힘을 한층 강화할 수 있다.

일이 많고 고달플 때 '왜 이렇게 일이 자꾸 생겨 힘들게 하는가?'라며 괴롭다는 생각을 할 수 있을 것이다. 하지만 반대로 '내가 이번 기회에 새로운 경험을 하는구나. 공부도 되고 역경을 이길 수 있는 능력도 키운다'고 생각하면 그것을 감사하게 생각할 수 있다. 행복과 불행은 해석하는 방법, 즉 마음먹기에 달린 것이다.

상대방과의 갈등과 반목에 빠져드는 가장 큰 이유 중 하나는 나만의 스토리에 스스로 빠져드는 데 있다. 즉, 상대방에 대한 정보나 사실에 상관없이 익숙한 자신의 과거 경험이나 심리적 습관을 토대로 자기 마음대로 스토리를 만들기 때문이다. 이를 일컬어 '소설 쓰고 있네' 하는 것이다. 이는 갈등 해결과 공감대를 넓히는 방법이 될 수 없다. 상대방의 시각에서 재해석하는 그런 소설을 써봐야 한다. 이를 통해 상황과 사물을 바라보는 관점 전환 능력을 기를 수 있다.

혹시 내가 나와 갈등 관계에 있는 상대에 대해 습관적으로 '나쁜 스토리'를 쓰고 있지는 않은지 생각해보고, 스토리를 다시 쓰는 연습을 해보자. 작은 변화 하나로 많은 것이 달라질 것이다.

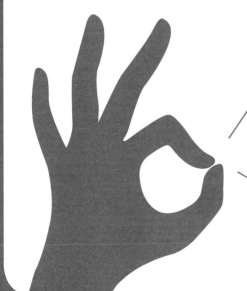

3

공감이 먼저다

공감하는 마케팅 & 세일즈 스킬

에스키모에게
얼음을 팔지 마라

조카 : 숙부님, 시골 선산의 묘지 이장에 대해서 생각해보셨어요?

숙부 : 네가 말한 뜻은 알겠다만, 시골에서도 나름대로 애쓰고 있는 것 같더구나.

조카 : 시골 사람들한테만 맡겨서는 곤란합니다. 큰돈은 우리가 내는데, 시골 어르신들이 우리랑 의논도 없이 함부로 결정하게 해선 안 됩니다. 우리가 직접 결정해서 처리하죠.

숙부 : 시골 어르신들을 못 믿고 그런 식으로 말하면 안 돼. 일단 맡겼으면 더 지켜봐야지.

조카 : 숙부님은 항상 시간을 두고 지켜보자고만 하시는데요, 제 말씀을 이해하지 못하시네요. 정말 화가 납니다!

숙부 : 아니, 화가 난다고? 윗사람한테 말버릇이 그게 뭐야? 맘에 들지 않아

도 '시간을 두고 더 지켜보자고만 말씀하시니 섭섭합니다'라고 해야지.

시골 선산의 묘지 이장 문제로 모인 친척들의 대화에서 따온 내용이다. 내가 조금 놀란 것은 옛날 분인 데다 '효과적인 대화법'에 대해 들어본 적이 없었을 어르신께서 조카의 말투를 의젓하게 꾸짖는 부분이었다. "마음에 들지 않아도 '시간을 두고 더 지켜보자고만 말씀하시니 섭섭합니다'라고 말해야지" 했던 대목 말이다.

약속 시간에 늦은 애인에게 대뜸 "왜 이제 오는 거야? 전화도 할 줄 몰라?" 하고 화를 내는 사람이 많다. 동창회에 갔다가 밤 12시 넘어 들어온 아내에게 남편들은 "당신, 정신이 있는 거야 없는 거야? 뭐 한다고 이렇게 늦게 다녀?"라고 화를 낸다. 직장에서 팀장과 팀원 간 대화도 마찬가지다. "김 대리, 이번에도 그렇게 일을 늦게 끝낼 건가?"라며 독촉하는 모습을 흔히 볼 수 있다.

일상생활에서 우리는 불가피하게 상대방과 갈등을 빚는 상황에 맞닥뜨린다. 대부분은 감정적인 충돌 때문이다. 상대방에 대한 서운함이나 분노, 비난 탓에 자신의 의사를 효과적으로 전달하고 상대방의 공감을 이끌어내는 데 실패했기 때문이다.

일주일에 한두 번은 꼭 지각하는 직원에게 상사가 "오늘도 또 지각이야? 자네는 게으른 게 제일 큰 문제야!"라고 비난한다. 그런데 과연 게으른 게 '사실'일까? 그것은 단지 상사의 판단일 수 있다. 사실에 근거하지 않은 판단은 오해와 불필요한 감정을 불러일으킬 수 있다. 현명한 상사는 이럴 때 자신의 판단 대신 상대의 행동이 미치는 영향력에 대해 언급한다. "제시간에 도착하지 않아 회의 시간을 지키지 못하니 여러 사람이 기다리게 되어(회의 시간이 늦어져) 걱정스럽다"고 말하는 것이다.

판단이 아닌 영향력을 말해야 하는 이유는 우리의 뇌 구조 때문이다. 상대가 나를 판단한다고 감지하는 순간 이성의 뇌는 작동이 둔화된다. 우리의 뇌는 이성을 담당하는 전두엽과 감정을 유발하는 편도체 등으로 이루어져 있는데, 전두엽이 점잖은 선비처럼 뒤에서 생각하는 부위라면 편도체는 뇌를 지키는 문지기처럼 앞에서 외부 자극에 빠르게 반응하는 부위다. 따라서 상사의 판단은 전두엽의 이성적 활동을 멈추게 하고 직원의 편도체를 자극하여 뇌에 부정적 감정을 퍼뜨린다. 직원은 상사를 싫어하게 되고, 결국 상사가 바라는 행동 변화도 일어나지 않게 된다.

'당신'을 '나'로 바꾸면 상대방이 달라진다

인간관계에서 상대에게 표현하는 언어적 방법을 단순화하면 2종류로 나눌 수가 있다.

첫째는 '당신'이 주어가 되는 '너 메시지(You-Message)'다.

"숙부님! (당신은) 묘지 이장에 대해 생각해보셨습니까?", "왜 (당신은) 이제야 나타나는 거야?", "도대체 (당신) 지금 몇 시야?", "김 대리! (당신은) 이번에도 일을 늦게 끝낼 건가?"

이렇게 상대를 공격하는 대화의 특징은 모두 '당신'을 주어로 하고 있다. 그래서 "너는 그것이 문제다", "너는 이런 잘못을 했다"와 같이 설교,

꾸중, 명령 등 상대를 비난하거나 평가하는 형태를 띤다. 설사 말하는 사람에게 그런 뜻이 없다 해도 상대가 듣기에는 공격하는 것처럼 생각된다. 조카의 의견이 아무리 훌륭해도 감정상 숙부가 들어주기가 대단히 어렵다. 이처럼 너 메시지는 상대방에게 문제의 책임을 지우면서 부정적인 감정을 느끼게 하기 때문에 생산적인 대화법이라고 할 수 없다.

둘째는 '나'가 주어가 되는 '나 메시지(I-Message)'다.

남 : 길 좀 알려주시겠어요?

여 : 어디요?

남 : 당신 마음으로 가는 길요.

'예쁜 여자 낚시하는 법'에서 따온 유머다. '상대의 마음으로 가는 길'은 따로 있다. 나 메시지이다. 앞서 숙부와 조카의 대화에서 주어를 '당신'에서 '나'로 바꾸고 조카의 느낌을 나타내면 대화가 훨씬 부드러워진다.

너 메시지 : 숙부님은 묘지 이장에 대해 생각해보셨습니까?

나 메시지 : 저는 묘지 이장에 대해 숙부님의 말씀을 듣고 싶습니다.

너 메시지 : 숙부님은 제 말씀을 이해하지 못하시네요.

나 메시지 : (저는) 숙부님이 제 말씀을 이해해주시지 않는 것처럼 생각됩니다.

같은 내용이라도 이처럼 주어가 '너'에서 '나'로 바뀌면 상대가 받아들이기 쉬운 공감형 메시지가 된다. 여기서 나 메시지의 핵심은 본인의 감정을 표현하는 것이다. 다시 말해서 상대에게 초점을 맞추는 것이다. 나의 감정 상태를 솔직하게 알림으로써 상대가 나에게 공감할 '기회'를 주는 것이다. 따라서 연인에게 "왜 (당신은) 이제야 나타나는 거야?" 대신 "(나는) 많이 걱정했잖아. 무슨 일 있었어?"라고 하면 당신에게 미안해하면서 더 고마워할 것이다. 팀원에게도 "할 일이 많은데 일이 자꾸 늦어져 걱정스럽네"라고 해야 스스로 문제를 해결하려는 마음이 생긴다.

나 메시지는 다음과 같은 4가지 요소를 포함한다. 첫째, 나를 주어로 해서 전달한다. 둘째, 타인의 행동을 구체적으로 이야기한다. 셋째, 상대의 행동이 나에게 미치는 영향을 자세하게 이야기한다. 넷째, 나의 감정을 솔직하게 표현한다.

늦게 집에 온 아내 때문에 화가 났다면 "나는 당신이 밤 10시가 넘도록 아무 말 없이 오지 않아서 무슨 사고라도 생긴 건 아닌가 걱정을 했소"라고 말한다. 상황에 대한 설명, 상황이 끼친 영향, 그로 인한 감정 순으로 설명한 다음에 나의 바람을 제시한다. "다음부터는 늦으면 미리 문자라도 주었으면 좋겠소"라고 덧붙이는 것이다. 그렇게 되면 공감력이 커져 받아들여질 가능성이 높다.

여기서 유의할 점은 타인의 행동에 대해 객관적 사실만을 말해야 한다는 것이다. "'성의 없이' 업무를 늦게 처리해서", "'건방지게' 윗사람한테 화가 난다고 말해서", "가족한테 '신경 쓰지 않고' 늦게 들어오다니"와 같이 비난의 뜻이 담긴 주관적 생각을 대화 내용에 포함시켜서는 안 된다. 객관적 사실과 그에 따른 영향과 결과 그리고 느낌과 감정을 표현한다.

"네가 차 안에서 장난을 치면(객관적 사실) 나는 운전하는 데 집중이 안 돼서 사고가 날 것 같아(영향과 결과) 너무 긴장이 되는구나(느낌과 감정)", "자네가 말도 없이 자리를 비워서(객관적 사실) 나는 자네 업무를 대신할 사람을 찾느라(영향과 결과) 많이 힘들었다네(느낌과 감정)."

이어서 내가 원하는 것을 정확하게 말한다. 즉, 내가 피드백을 하는 이유와 정확한 요구사항까지 밝힌다(의도). 마지막으로 구체적인 행동으로 옮겨줄 것을 부탁한다(부탁).

"김 과장, 어제 제출한 보고서를 보니 문제에 대한 해결책이 빠져 있더군(사실). 해결책을 기대한 나로선 실망스러워(감정). 다음 보고서에선 2가지 이상 해결책을 제시했으면 좋겠네(대화의 의도). 이번 주말까지 그 부분을 보완해서 제출해줄 수 있겠나? 부탁하네(부탁)."

학교에 갔다 온 아들이 숙제를 안 하고 컴퓨터 게임에 빠져 있을 때는 이렇게 말한다.

"너 이번 주에는 학교에 다녀와서 3일이나 게임을 하고 있구나(사실). 숙제도 안 하고, 컴퓨터에 너무 열중하면 성적이 떨어지고 눈도 나빠질까 봐 걱정이다(감정). 시간을 정해서 주말에 2시간씩만 했으면 좋겠다(대화의 의도). 엄마 부탁인데, 그렇게 해줄 수 있겠니?(부탁)"

피드백을 하는 목적은 하나다. 상대방의 생각을 자극해서 공감을 통해 마음을 움직이고, 결국 행동을 변화시키는 것이다. 상대에 대한 판단이나 명령형 언어는 오히려 반감을 유발하여 역효과를 낼 뿐이다.

여기서 질문이 하나 나올 법하다. 악성 고객이나 심술꾼에게도 나 메시지 같은 생산적인 표현법이 통할까 하는 것이다.

심리학자들에 따르면 악성 고객이나 심술꾼은 가능한 한 가장 못된 행동을 하려 들고, 그 행동에 대한 책임은 상대에게 떠넘긴다. 항상 비난을 퍼부을 누군가를 찾는데, 그 누군가는 바로 자기 앞에 있는 직원인 '당신'이라는 사람이다. 그러면 어떻게 이들이 자기 행동에 책임을 지도록 할 수 있을까? 이때도 젊잖게 나 메시지를 사용해야 할까?

결론은 '아니다'이다. 너 메시지를 활용해서 '당신'이라는 주체를 분명하게 밝히는 것이 현명하다. 예컨대 "저한테 그렇게 말씀하시면 도와드릴 수 없습니다"라고 대답하면 "너네들이 이렇게 하게 했잖아"라는 식으로 한술 더 뜰지도 모른다. 따라서 이러한 악성 고객을 상대할 때는 당신이라는 주체를 분명히 밝혀 자기 행동에 책임을 지도록 만들어야 한다. "불편하신 점이나 손해가 난 부분은 해결책이나 보상 방법을 찾아보겠습니다. 하지만 계속 제게 욕설을 하신다면 다른 방법을 찾도록 하겠습니다"와 같은 경고가 필요할 수도 있다. "이번 상황을 (고함지르지 말고) 좀 더 구체적으로 얘기해주세요"라고 분명히 말해주어야 한다. 물론 이렇게 정면 대결을 하려면 상당한 위험을 감수해야 한다. 하지만 그들에게 부드러운 나 메시지나 침묵은 곧 복종을 뜻한다.

유능한 세일즈맨은 고객을 중심에 세운다

수술용 의료장비를 판매하는 박 과장은 회사에서 영업의 달인으로 통한다. 그는 외과의사들을 찾아다니며 적절한 질문과 맞장구, 전문 용어를 사용하며 자신이 이 분야의 전문가라는 것을 증명한다. 이어 고객이 느끼는 고통에 초점을 맞추어 대화를 진행한다. 특히 수술실에서 외과의 사들이 느끼는 불편과 고통에 대해서는 직접 수술을 해본 의사처럼 상황을 꿰뚫고 있다. 이야기 도중에 의사에게서 "바로 그것이 항상 문제라니까!"라는 말이 나오면 판매는 성공이다. 박 과장은 이때 드디어 솔루션을 제안한다. "수술의 불편함을 해소하기 위해 그런 기능을 구현하는 장비가 저희 회사에 있습니다"라고 말하는 것이다. 그는 자신이 하는 일은 의료장비를 파는 것이 아니라면서 "고객에게 상품을 팔지 말고, 고객이 문제를 해결하는 데 필요한 상품을 사도록 도와주라"고 말한다.

나도 한때 영업 업무를 맡아본 적이 있는데, 당시 어느 신입사원의 세일즈 사례가 지금도 기억난다. 그는 은행 신용대출을 판매하고 있었는데 "신용대출 받으셨습니까? 금리를 낮추는 방법에 대해 의논해드리려고 합니다"라며 고객에게 접근했다고 한다. 다른 동료들은 어땠을까? "저희 은행의 신용대출 상품이 제일 유리합니다"였다. 그는 다른 동료들보다 판매 실적이 3배 정도 많았다. 그의 멘트는 고객을 주인공으로 삼고 있었다.

영업하는 사람들이 흔히 듣는 말 중에 '유능한 세일즈맨이 되려면 에스키모에게도 얼음을 판매할 수 있는 정도가 돼야 한다'가 있다. '유능한 세일즈맨은 아무리 어려운 환경에 처해 있을지라도 자기 제품을 성공적으로 판매할 수 있어야 한다'는 뜻이다. 그러나 곰곰이 따져보면 지극히 세일즈맨 중심적인 사고라고 할 수 있다. 즉, 세일즈맨이 주인공이 되어 어떻게든 판매를 잘해야 한다는 것에 초점을 맞출 뿐, 그 제품이 과연 고객에게 가치 있는 것인가에 대한 고려는 전혀 없다.

세일즈맨에게 설득당해 물건을 구입하고 싶은 사람은 없을 것이다. 또

한 세일즈맨의 실적을 위해 물건을 사주고 싶어 하지도 않을 것이다. 누구나 충분히 납득한 상태에서 구매하고 싶을 것이다. 그래서 진정한 세일즈는 고객을 중심에 세운다.

설득의 주어는 상품, 납득의 주어는 고객

소통은 항상 중요하지만 결코 쉽지 않은 이슈다. 서로 뜻이 통하여 오해가 없는 것이 소통인데, 내 말이 맞다는 것을 전제로 소통하려 하니 소통이 안 되는 것이다. 그것은 소통이 아닌 설득이다.

설득과 납득은 비슷해 보이지만 다른 개념이다. 설득은 '알아들을 수 있도록 여러 가지로 깨우쳐 말함'이란 뜻으로, 말하는 사람이 주어다. 반면 납득은 '사리를 잘 알아차려 이해함'으로, 듣는 사람이 주어다. 그러므로 자기 입장에서 일방적인 논리로 '설득'하지 말고, 상대의 입장에서 쌍방향으로 논리를 전개하면서 '납득'시키는 것이 더 효과적이다. 예를 하나 들어보자.

매일 야근을 계속하고 있는 팀의 팀장이 "기일 내에 끝내야 하니 밤늦게까지 계속하자"라고 이야기한다면 팀원들이 따를 수밖에 없다. 이때 팀장은 팀원들을 설득했다고 느낄지 모르지만 팀원들은 납득하지 못할 것이다. 이미 체력이 바닥나 마지못해 일하고 있는 상황에서는 반강제에 가깝다고 할 수 있다. "연일 힘들겠지만 며칠만 해내면 이번 계약은 우리가 따낼 것이다. 승진에도 유리해질 것이고 인센티브도 받게 될 테니 조금만 더 힘내자"라고 말해야 '이번 일이 정말 중요한 일이네. 그렇다면 조금 힘들더라도 며칠 더 참아볼까?' 하고 팀원들이 납득하게 된다.

납득이란 상대와 공감대를 형성하는 과정을 거쳤다는 뜻이다. 따라서 진정한 소통이 되려면 설득의 프로세스에 반드시 납득의 과정이 있다는 사실을 잊지 말아야 한다. 비즈니스 현장에서는 더 그렇다.

영업 현장에서 자주 사용하는 슬로건 중 하나가 '고객의 입장에서 생각하라'이다. 하지만 이 슬로건을 세일즈 현장에서 실천하기란 결코 쉽지 않다. 설득당하고 싶지 않은 고객에게 온갖 세일즈 스킬을 동원해 '설득력'으로 상품을 팔아야 하기 때문이다. 이때 고객들은 2가지 느낌을 가질 수 있다. 상품이나 서비스를 구매하고 나서 '정말 사기를 잘했다'며 유쾌한 기분을 느낄 수도 있고, '세일즈맨에게 현혹되어 잘못 판단했다'는 불쾌감을 느끼거나 후회할 수도 있다. 여기서 유쾌한 기분이 들었다면 납득한 경우이고 불쾌감을 느꼈다면 설득당한 것이다.

위와 같이 설득과 납득의 개념을 분명히 하고 나면 '주어의 포지셔닝(positioning)'이 확실해진다. 예를 들어 자동차 전시장을 방문했다고 하자. 이때 자동차를 설명하는 세일즈맨은 2가지 부류가 있을 것이다. 고객을 납득시켜 판매하는 세일즈맨과 고객을 설득해 판매하는 세일즈맨이다. 전자는 자동차를 운전하면서 맛볼 수 있는 느낌을 매우 훌륭하게 표현한다. 고객의 감각과 감성을 최고로 자극하여 오감을 만족시킨다. 그는 주어의 자리에 고객을 놓는다. 반면에 후자는 상품의 특징과 기능을 장황하게 설명한다. 이해에 초점을 맞추어 이성을 자극한다. 그는 주어의 자리에 상품이나 서비스를 놓는다.

구매를 결정하는 힘은 상품이 아니라 고객에게 있다. 고객이 그 상품을 사용함으로써 그의 생활이 어떻게 달라질 것인가 하는 점에 달려 있다. 예를 들어 겨울에 보일러를 구입하려는 사람에게 "이 보일러는 열효율이 높습니다"라고 제품을 주어로 기능을 설명하는 것은 설득이다. "영하 10도가 넘는 겨울에도 세 살짜리 아이가 맨몸으로 데굴데굴 굴러도 좋을 만큼 따뜻합니다"라고 묘사하면서 모성을 자극하고 상품을 이용하는 아름다운 장면을 머릿속에 그릴 수 있게 하는 것이 납득이다. 고객을 주어로 하여 마음을 움직여야 구매가 일어난다.

결론적으로 두 세일즈맨의 결정적 차이는 대화의 주어인 셈이다. 납득시키려고 하는 세일즈맨은 주어인 '고객'이 운전하는 상황이고, 설득하려는 세일즈맨은 주어가 모두 '상품'이나 '회사'가 되어 고객을 분리시킨다. 그만큼 주어의 차이가 큰 것이다.

그런데 아직도 영업 현장에서 만나는 세일즈맨들의 대화 중 주어의 90%가 상품 혹은 회사다. 고객들을 설득하려 드는 것이다. 고객을 주어로 하여 고객이 느낄 수 있게, 고객에게 도움을 준다는 생각으로 대화를 이끌어야 한다. 그것이 공감형 세일즈다.

인기가 많은 곳엔 '주인공'이 많다

인간은 갓 태어난 자신의 발을 의사가 거꾸로 잡아 들고 엉덩이를 때릴 때부터 세상이 자신을 중심으로 돌아간다고 느낀다고 한다. 그렇게 자기중심적일 수밖에 없는 존재가 인간이다. 다른 사람들이 자기를 중심으로 표현해주고 주인공으로 삼아 자신을 배려해주는 말을 들을 때 기분이 좋아진다.

정신병원에 있는 사람들은 다른 사람들보다 '나'라는 단어를 12배나 더 많이 사용한다고 한다. 그만큼 나라는 단어를 적게 사용할수록 더 정상적인 사람에 가깝다고 볼 수 있다. 그런데 어떤가? 우리는 말을 할 때나 글을 쓸 때 항상 나를 기준으로 한다.

"안녕하십니까, 허 부장님. 어제 점심 즐거웠습니다. 덕분에 관심이 가는 사람들도 많이 만났습니다. 다음 주에 부장님 부부를 초대해서 저녁식사를 하려고 하는데, 광화문 근처 식당으로 예약하겠습니다."

지인한테 보내는 문자메시지인데도 불구하고 이렇게 자기중심적으로 쓴다. 어떻게 쓰는 게 좋을까? 간단하다. 모든 문장에 상대방의 의사를 존중해주는 표현을 넣으면 된다.

"안녕하십니까? 어제 허 부장님과의 점심 정말 즐거웠습니다. 부장님 덕분에 관심이 가는 사람들도 많이 만났습니다. 다음 주에 시간이 괜찮으시다면 부장님 부부를 초대해서 저녁식사를 하고 싶은데, 장소는 가까운 광화문 근처가 어떻겠습니까?"

전체적인 내용은 같지만 상대방의 의사를 묻거나 배려해주는 표현이 들어가 있다. 주어의 중심이 나에서 상대방으로 옮겨간 것이다.

오후에 운전을 하다 보면 〈지금은 라디오시대〉라는 프로그램을 자주 듣게 되는데, 두 진행자가 맞장구치며 읽어내려가는 편지의 사연이 저절로 미소를 짓게 만든다. 이 프로그램이 인기가 많은 이유는 하나하나의 이야기가 수많은 청취자를 향하면서도 마치 청취자 한 사람 한 사람에게 들려주는 것처럼 느끼게 한다는 점이다. 모든 청취자를 사례의 주인공으로 만드는 셈이다. 국내 최장수 프로그램인 〈전국노래자랑〉을 비롯한 다른 인기 프로그램들도 시청자들을 단순한 방관자가 아닌 참여자로 끌어들인다는 공통점을 공유하고 있다.

사람들은 자신을 주인공으로 만들어주는 방송, 연극, 강의, 음식점, 세일즈맨에게 납득하며 기꺼이 마음을 열고 지갑을 열고 '충성'을 바친다.

감동적인 서비스로 인기를 끌고 있는 어느 숯불갈비집 슬로건은 '숯불로 구운 고기가 먹고 싶다'이다. 고객이 실제로 느낄 법한 것을 짧은 문장에 담았다. 이 슬로건도 고객으로 하여금 자신이 주인공이라고 느끼게 한다.

낯선 여자에게서 내 남자의 향기가

얼른 엄마 품속에 들어가

엄마와 눈 맞춤을 하고

젖가슴을 만지고

그리고 한 번만이라도

엄마! 하고 소리 내어 불러보고

숨겨놓은 세상사 중

딱 한 가지 억울했던 그 일을 일러바치고

엉엉 울겠다.

두 살 때 어머니를 여의고 할머니 밑에서 자란 정채봉 시인의 '엄마가
휴가를 나온다면'이라는 시의 한 구절이다. 시인의 엄마는 열여덟 나이에

그를 낳고 꽃다운 스무 살에 세상을 떠났다.

엄마 품속에 들어가 젖가슴을 만지고 억울했던 일도 일러바치면서 엉엉 울고 싶은 것이 어찌 시인만의 소원이겠는가. 삶이 고단하고 힘들 때 눈물 속에 불러보는 가장 따뜻한 이름은 어머니다.

나는 이 책을 쓰면서 주말마다 요양병원에 계시는 어머니를 뵙기 위해 정읍을 오갔다. 그런데 다시 서울로 돌아올 때마다 정채봉 시인의 시가 떠오르며 '행여 마지막 뵙고 오는 건 아니겠지'라는 생각에 눈물을 쏟곤 했다. 불과 1년 전만 해도 앞이마 쪽에 흰머리가 많다면서 염색하면 좋겠다고 하시던 분이 이제는 의사 표현도 제대로 못하게 되었다. 서울 집으로 모셔다가 직접 간호해드리지도 못하고 요양병원에 모셔둔 채로 돌아서려니 가슴이 많이 아팠다.

어머니를 찾아뵐 때마다 나는 '억울했던 그 일을 일러바치기'보다 어머니와 함께 보냈던 '고생스러웠던 시절의 고마움'을 한 편씩 준비해서 들려드리곤 했다. 주로 가난 때문에 겪은 일들이었다. 그리고 언제부턴가 병실 문을 나설 때마다 어머니를 꼬옥 안아드렸는데, 그때마다 어머니 가슴에서 바닷가에 조개를 잡으러 다닐 때 맡았던 바지락 냄새와 갯벌 냄새가 나는 것 같았다.

나의 학창 시절을 두 단어로 말하면 어머니와 가난이다. 어머니는 서른 여섯 나이에 남편을 잃고 온갖 고생을 하며 가난 속에서 오남매를 키우셨다. 나는 가정 형편 탓에 중학교를 졸업하고 바로 고등학교에 진학하지 못하고 1년 동안 어머니와 함께 농사를 지었다. 그 덕택에 다른 형제들보다 어머니와 겪은 고생과 추억이 더 많다. 이듬해 고등학교에 입학했지만 그렇다고 그새 형편이 좋아진 건 아니었다.

내 고향은 남해안 고흥의 조그만 바닷가 마을로, 녹동항에서 10킬로미터 정도 떨어진 곳이었다. 어머니는 농사일을 하면서도 짬짬이 산에 가서 소나무를 긁어 모아 꾹꾹 눌러 다발로 만들었다. 시계도 없던 시절이라 하늘의 별의 위치를 따져서 시간을 짐작하고 새벽길을 떠났다. 나뭇단을 머리에 이고 10킬로미터를 걸어 아침녘에 녹동항에 도착해서 그곳 주민들에게 나무를 팔고 다시 그 길을 되돌아 집으로 왔다. 그렇게 나무를 팔아 꼬박꼬박 모아 보내준 돈이 내 고등학교 학비가 되었다. 물론 나는 돈이 항상 부족해서 고등학교 3학년 때까지 점심을 굶는 날이 더 많았다. 그 힘들었던 시절의 이야기 토막들이 지금의 어머니에게는 젊은 날의 추억이 되어 때로는 엷은 미소를 짓게도 하고 눈물범벅을 만들기도 하는 것이었다.

2014년 서아프리카 지역을 휩쓴 에볼라 바이러스로 전 세계에 비상이 걸렸다. 세계보건기구(WHO)에 따르면 감염자의 75%가 여성이라고 한다. 환자를 보살피는 사람이 대부분 여성이기 때문이다. 그들이라고 감염의 위험성을 모를 리 없다. 세계 여느 곳처럼 아프리카에서도 집안에 환자가 발생하면 어머니가 자녀의 아픈 곳을 어루만진 것이다.

그래서일 것이다. 영국문화원이 2004년 전 세계 102개국 비영어권 국가의 시민 4만 명을 대상으로 '가장 아름다운 영어 단어'를 묻는 설문조사를 실시했다. 이때 사람들이 가장 많이 꼽은 단어가 바로 'Mother(어머니)'였다. 그 뒤를 이은 단어는 Passion(열정), Smile(미소), Love(사랑) 등이었다. 참고로 아버지(Father)는 70위 안에도 들지 못했다.

어머니는 예나 지금이나 세상의 모든 사람들에게 생명의 본향이자 그리움의 대상이며 '공감력의 원천'이다. 2,500년 전 고대 그리스의 작가 에우리피데스도 이렇게 노래했다. "하늘로부터 받은 선물 중 어머니보다 더 훌륭한 선물은 없다"고.

공감 능력은 어디에서 오는가

우리 인간에게 그리움은 힘들고 고단할 때 삶의 원동력이 되는 샘물과도 같다. 그렇다면 우리는 언제 그런 그리움을 갖게 될까? 무엇이 우리 안의 그리움을 자극하는 것일까?

기억을 연구하는 독일의 신경생물학자 한나 모니어는 그것이 '냄새'라고 말한다. 후각이 뇌 속의 감정 시스템과 밀접하게 연결되어 있기 때문이라는 것이다. 코와 뇌에서 감정을 일으키는 역할을 하는 편도체가 신경 경로로 직접 연결되어 있어 과거의 기억을 금방 떠올리게 한다는 이야기다.

후각은 인간이 지닌 가장 강력하고 오래된 감각이다. 갓 태어난 신생아는 시각이나 청각으로 엄마를 확인하기 전에 냄새로 엄마를 각인한다고 한다. 그리고 엄마 냄새를 꾸준히 맡으면서 아기는 '아, 이 냄새가 우리 엄마 냄새구나. 뱃속에 있을 때처럼 안심하고 내 몸을 맡겨도 되겠다'라고 생각한다.

이현수의 ≪엄마 냄새≫라는 책에 이런 내용이 나온다.

"엄마는 새벽녘에 잠이 깨면 꼭 내 방에 들러 볼에 입을 맞추고 살며시

안아주곤 했다. 이상하게 포근한 엄마 품에 안기면 침대가 더 폭신폭신해지고 잠이 더 달콤해졌다. 새벽녘의 엄마 냄새는 더 진하고 향기로웠다."

엄마를 생각하면 누구나 떠오르는 냄새가 있을 것이다. 저자는 그것이 바로 행복 호르몬을 부르는 '엄마 냄새의 힘'이라고 강조한다.

엄마와 아기는 뱃속에서부터 끈끈한 인연으로 맺어진 환상의 짝꿍이다. 그 짝꿍 냄새를 충분히 맡아야 아기는 뱃속에 있을 때처럼 느긋하고 안정되게 발달해간다. 그래서 엄마는 하루 3시간 정도는 아기 곁에 있어야 한다. 그래야 아기가 엄마 냄새를 마음껏 맡을 수 있다. 최소 3년간 이를 지속해야 한다. 만약 이를 어기면 아기가 잘 자라지 못하게 된다. 아기의 뇌는 태어난 후 3년에 걸쳐 완성된다. 태어난 후 3년 동안 양육 환경과 다양한 자극 등을 통해 자신의 뇌를 프로그래밍하게 되는데, 엄마의 냄새가 절대적인 영향을 미친다. 반대로 말하면 3살 미만 아기가 엄마 냄새를 못 맡으면 정서 발달에 문제가 생긴다.

하루 3시간 이상 3년 동안 접하는 엄마의 냄새와 체온이 아기의 정서와 인성, 사고 발달의 밑천이 된다. 그리고 여기서 '애착'이 싹튼다. 엄마는 아기를 안아주고 냄새를 맡고 늘 바라보고, 아기는 엄마 품에 안겨 젖을 빨거나 옹알이를 하며 엄마의 사랑에 반응한다. 그것이 엄마에게 기쁨과 만족감을 선사한다. 이처럼 서로 긍정적인 경험을 공유하는 동안 둘 사이에 강한 애착관계가 형성된다. 애착은 아기와 양육자 사이의 정서적 유대감으로, 공감의 원천을 이해하는 키워드라고 할 수 있다. 이는 우리에게 다음의 2가지 결론을 내리게 해준다.

첫째, 어머니와 같은 안정적 애착의 대상이 없으면 공감 능력의 발달이 크게 떨어진다는 것이다. 다른 사람과 감정적 연결을 맺는 능력이 손상을 입는다. 둘째, 아이의 공감 능력을 키우는 가장 좋은 방법은 부모가 공감력을 보여주는 것이다. 어렸을 때 보살핌을 잘 받아 애착이 안정적으로 형성된 아이는 '나는 소중한 사람'이라는 느낌을 갖게 된다. 그리고 이 것이 내면에 깊이 자리 잡아 성장 과정을 거쳐 노년에 이르기까지 일생 동안 영향을 미친다.

어머니는 자녀에게 평생의 학교다. 그래서 성공한 사람들에게는 항상 위대한 어머니가 있었다.

가슴, 공감하는 대화의 키워드

오바마 미국 대통령의 연설은 많은 사람들을 감동시킨다. 모든 사람의 마음을 하나로 묶는 공감력 덕택이다. 그는 이야기를 할 때 항상 너(you) 의 문제가 아닌 우리(we)의 문제로 말한다. 그 결과, 사람들은 오바마가 선동적인 정치가가 아니라 이웃의 문제들을 진정으로 이해하고 공감하 려 한다고 생각한다.

"시카고 사우스사이드에 글을 읽지 못하는 아이가 있다면 비록 그 아 이가 제 자식이 아니라 해도 그것은 제 문제입니다. 어딘가에 살고 있는 노인이 돈이 없어 약값과 집세 사이에서 갈등하고 있다면 그분이 제 할아 버지가 아니라 할지라도 제 삶은 더욱 가난해집니다. 어느 아랍계 미국인 가족이 변호사 선임을 하지 못해 올바른 절차 없이 체포되었다면 그 사건은 제 인권을 위협하는 것입니다."

2004년 보스턴 전당대회 때 오바마 대통령이 한 연설의 한 대목인데, 그의 공감력과 심성을 잘 드러내고 있다.

오바마는 어렸을 때부터 "다른 사람의 입장이라면 기분이 어떨 것 같니?"라는 어머니의 말을 가슴에 새기고 다녔다고 한다. 사람을 대할 때도 이 질문을 먼저 떠올렸다고 한다. 어머니는 그에게 인생 학교의 위대한 스승이었다.

어머니를 비롯해 위대한 스승들은 모두가 가슴으로 이야기한다는 공통점을 가지고 있다. 자녀와 제자들을 있는 그대로 수용하고 공감하는 자세로 대하고 말한다. 그런 의미에서 가슴은 모든 커뮤니케이션의 원형이라고 할 수 있다. 사람은 기쁠 때나 슬플 때나, 좋을 때나 나쁠 때나 언제든 기꺼이 안길 수 있는 대상으로 가슴을 기억한다. 세상에 태어나 엄마의 젖을 빨면서 가장 완전하게 자신을 수용해주고 이해해준다는 느낌을 갖기 때문이다. 이러한 느낌의 기억이 누구에게나 완벽한 커뮤니케이션의 원형으로 남아 있다.

공감을 위한 대화법으로 흔히 칭찬, 경청, 질문, 고개 끄덕이기, 말을 부드럽게 연결해주는 쿠션언어 등을 이야기한다. 모두가 상대의 생각과 관점을 가슴으로 받아들이고 지지하는 스킬이고 보디랭귀지다. 비난하거나 주장하거나 반박하거나 명령하는 것은 가슴으로 수용하는 것이 아니라 받아치는 대화법이다. 부부싸움이 점점 커지는 이유도 상대의 생각과 관점을 야구공으로 생각하고 방망이로 정확하게 조준하듯 잘 받아쳐서 면박을 줌으로써 통쾌해지려고 하기 때문이다. 야구 글러브처럼 쿠션감을 주어 관점을 이해하고 받아주고 수용해주며 가슴으로 품어내야 한다.

한번은 내가 물티슈를 가위로 잘라 꺼내는 걸 보고 아내가 말했다. "당신, 참 바보네. 그렇게 뜯는 게 아닌데…"라고. 이때 내 대답은 2가지로 나올 수 있다. 하나는 "그래, 바보다. 뜯어 꺼내기만 하면 되지 웬 참견이야?"라며 야구 방망이로 되받아치는 것이다. 또 하나는 "내가 잘못 뜯었나 보네. 어떻게 하면 되는지 가르쳐줘"처럼 푹신한 글러브로 수용해서 상대의 긍정적 의도를 알아차리는 방법도 있다. 그러면 만사 오케이가 된다. 표면을 살짝 벗겨 올려 티슈를 꺼내는 것처럼 말이다.

의도는 긍정적이지만 부정적으로 표현되는 경우도 적지 않다. 이럴 때는 내가 먼저 긍정적 의도를 발견해서 수용해줄 줄도 알아야 한다. 이것이 공감하는 대화법이다. "안타깝다", "마음이 아프다", "미안하다", "더 얘기해봐", "가르쳐주세요"와 같이 가슴에 담아내는 수용적인 표현법을 사용해보라.

고객을 일단 운전석에 앉히는 까닭

'낯선 여자에게서 내 남자의 향기가 난다'라는 화장품 광고 카피가 있었다. 한 줄의 카피지만 여기에는 복잡한 제품 정보와 더불어 소비자들의 생각에 관한 세밀한 분석이 집약되어 있다. 차가운 사실과 뜨거운 세일즈 메시지를 모두 담고 있는 셈이다.

이 멘트가 아직까지 내 기억에 그대로 남아 있는 걸 보면 한편으로 향기나 냄새가 주는 감각이 얼마나 강렬한지를 새삼 깨닫게 된다. 그래서 사람들은 좋은 냄새를 남기기 위해 향수를 쓰는지도 모른다. 여성들이 샴푸를 선택하는 결정적 요인도 두피를 청결하게 하는 것 외에 '어떤 향기가 나느냐'일 것이다.

우리는 다른 사람에게 호감을 느낄 때 흔히 "그 사람의 냄새에 끌린다"고 말한다. 냄새가 모든 감각 중에서 가장 직접적이기 때문이다. 알고 보면 키스할 때의 기쁨도 상대의 얼굴을 만지며 맡아지는 냄새로부터 비롯되는 것이고, 사랑 역시 서로의 냄새를 교환하는 과정에서 싹튼다고 할 수 있다.

냄새가 사람의 판단과 행동에 미치는 영향에 대해 미국 르모인대의 니콜 호비스와 테레사 화이트 연구팀이 한 가지 실험을 했다. 이들은 65명의 여대생에게 남성인지 여성인지 알 수 없는 정체불명의 그림자를 보여주면서 특정한 냄새(양파, 레몬, 맹물)를 퍼뜨린 다음 해당 그림자의 성별과 성격 등을 상상해서 대답하게 했다. 양파 냄새를 맡은 학생들은 그림자의 대상이 남성일 것으로 보았고, 레몬 냄새를 맡은 학생은 그림자의 대상이 깔끔하고 단정한 여성일 것으로 판단했다. 미세한 한 줄기 향이 그렇게 판단하도록 만든 셈이다.

향기는 언어 이상의 의미를 갖는다. 일반적으로 코로 맡은 향기는 뇌에 강한 자극을 주어 추억과 공감을 이끌어낸다. 사람들은 단지 절실한 필요에 의해서만 상품이나 서비스를 구매하는 것이 아니다. 똑같은 제품이라 해도 엄마 냄새와 같은 익숙한 후각에 먼저 손을 내밀기 마련이다. 알고 보면 후각은 최고의 마케팅 기법이다. 최근에는 이런 감각의 기억

체계를 마케팅에 활발하게 응용하고 있는데, 이를 '뉴로 마케팅(neuro-marketing)'이라고 한다.

송파의 한 재래식 정육점은 치열한 경쟁으로 몇 년째 매출이 감소하고 있었다. '어떻게 하면 떠나는 고객을 다시 잡을 수 있을까?' 고민하던 주인은 어느 날 대로변을 지나다 우연히 꼬치구이집을 발견했다. 마침 닭꼬치를 굽고 있었는데, 그 냄새를 맡으니 자신도 모르게 닭꼬치를 하나 집어 들게 되었다. 순간 그는 깨닫는 바가 있었다.

'그래, 왜 이 생각을 못했지? 우리 정육점 고기가 아무리 일등급이라 해도 코로 냄새 맡고 입으로 즐기기 전에는 알 수가 없는 거잖아?'

그 즉시 정육점 주인은 퇴근 시간에 맞추어 자신의 정육점 앞에서 고기를 구워 소비자들의 후각을 자극하기로 했다. 어떤 냄새가 가장 어필하는지를 탐색한 결과, 가장 끌리는 냄새는 양념갈비구이 냄새라는 사실을 알아냈다. 이때부터 퇴근 시간만 되면 정육점에서 양념갈비 굽는 냄새가 퍼져나갔다. 무슨 일이 벌어졌을까? 석 달 만에 매출이 2배로 뛰었다. 후각이라는 본능을 건드린 결과였다.

스타벅스도 1990년대 초, 아메리칸항공과 커피향과 관련된 특별한 마케팅 프로모션을 진행했다. 커피 마시는 걸 좋아하지 않는 사람은 있어도 커피향을 싫어하는 사람은 거의 없다. 특정한 공간에 스타벅스 커피향이 가득 퍼져 있다면 훨씬 우아하고 세련된 느낌을 받을 것이란 점에 착안하여 스타벅스와 아메리칸항공은 미국 국내선 항공기에 스타벅스 향기 마케팅을 진행했다. 승객이 탑승하기 전에 스타벅스 커피를 미리 충분히 끓여서 기내에 커피향이 가득 퍼지게 했다. 어떤 반응이 나왔을까? 기내에 탑승한 손님들은 은은하고 그윽한 커피향을 맡으면서 "음, 향기로운데? 이 커피 뭐예요?"라는 질문을 쏟아냈고 스타벅스 커피라는 것을 알고는 스타벅스에 대해 더 좋은 기억과 구매 의향을 갖게 되었다.

한 자동차회사 세일즈맨은 고객이 쇼룸에 들어오면 다짜고짜 그랜저 운전석에 앉히고 문을 닫은 후 자신도 조수석으로 가서 앉는다. 다른 영업사원들은 처음 만났을 때 좋은 인상을 주기 위해 명함을 주면서 여러 질문들을 하지만, 그는 고객이 물어보는 질문에 5분 정도 짧고 간결하게 답을 하고는 가볍게 계약을 성공시켰다. 동료들이 그 비결을 묻자 그는 이렇게 설명했다.

"지점을 찾아온 대부분의 고객은 이미 새 차를 구매하기로 마음을 먹은 사람들이기 때문에 차 외에는 큰 관심이 없어. 그것이 고객을 먼저 그랜저에 태우는 첫 번째 이유야. 고객이 그랜저에 앉아서 화려한 계기판을 보며 가죽 시트의 냄새를 맡는 순간 고객의 구매 결정은 끝나버리지. 코끝을 은은하게 자극하는 천연 가죽의 향긋한 냄새는 내가 하는 백 마디 말보다 더 효과적이기 때문이야."

이처럼 좋은 향기가 사람의 행동에 긍정적 영향을 미치는 이유는 '지각전이 효과' 때문이다. 즉, 한 자극이 다른 자극과 연결되어 감정 지각에 영향을 준다는 것이다. 예를 들어 좋은 향기를 맡으며 맛있는 음식을 먹으면 그 효과가 배가되어 더 맛있는 음식으로 평가하는 식이다. 부드러운 촉감을 느끼며 음악을 들으면 그 음악이 훨씬 더 좋아지는 것도 같은 원리다.

향기는 감각적 차원에서 지각전이 효과를 유발하는 촉진제다. 이러한 관점에서 향기는 효과적인 마케팅 수단으로 얼마든지 활용될 수 있다. 모르긴 몰라도 엄마 냄새를 자극할 수 있는 방법을 찾아낸다면 분명 대박을 칠 것이다.

애인에게 싫다고
말하기 힘들었죠?

　내가 외국계 은행으로 자리를 옮기고 나서 처음 맡은 업무는 국내 최초로 세일즈맨들을 독려해 '다이렉트뱅킹'을 파는 것이었다. 국내 지점망이 많지 않은 외국계 은행에서 많은 고객을 확보하려는 마케팅 전략의 일환이었다. 그런데 뜻하지 않은 문제에 봉착했다.

　신규 거래를 위해서는 고객의 실명 확인 절차가 필수적이라 세일즈맨이 직접 고객을 방문해야만 했다. 은행은 많은 직원들을 채용해서 세일즈 겸 고객 방문의 일을 맡겼다. 정규직으로 입사한 직원들은 산뜻한 외국계 은행 로고와 'Dircet'라는 상품명이 크게 새겨진 명함을 들고 하루 종일 예약된 고객들을 찾아다녔다. 그 과정에서 미처 예상하지 못한 일이 벌어졌다. 세일즈 직원들이 처음 만난 고객들에게는 명함을 주면서 적극적으로 영업을 하는데, 정작 자기를 도와주고 싶어 하는 친구나 친척들에게는 잘 찾아가지도 않고 명함 주기를 꺼린다는 것이었다. 어느 날 지역의 한 센터장을 만나 그 이유를 물어보았다.

"박 센터장, 대학 은사님이나 친척, 친구가 가장 부탁을 잘 들어줄 텐데, 왜 그 사람들부터 만나지 않는 거죠?"

"상무님, 우리들 명함이 문제입니다."

"명함 때문이라뇨?"

"외국계 은행에 취업했다고 자랑스럽게 명함을 건네면 교수님이나 친구가 '너 정식 은행원이 맞느냐? 영업사원 아니냐?'부터 묻는답니다."

"직급과 담당 부서가 적혀 있고 은행 로고가 선명한데 왜 그렇게 생각할까요?"

"명함에 'Direct'란 상품명이 너무 크게 표시되어 있어서 누가 봐도 세일즈맨 명함이라는 겁니다."

실제로 그들의 명함에는 본부나 은행창구에 근무하는 직원들의 명함과 다르게 'Direct'가 절반 정도를 차지할 정도로 크고 선명하게 새겨져 있었다. 상품명을 부각시켜 홍보 효과를 높이려는 회사의 의도와 달리 너무 큰 상품명이 직원들의 자긍심을 다치게 하고 있었던 것이다.

한 회사에서는 이런 일도 있었다. 아주 견고한 안전화를 새로 제작해서 현장 직원들에게 나누어주었다고 한다. 무거운 물건을 다루다가 떨어뜨려 발을 다치는 사고가 자주 있었기 때문이다. 직원들의 안전에 각별히 신경을 쓰는 사장이 많은 돈을 들여 직원들에게 선물한 것이었다. 그런데 얼마 후 현장을 둘러본 사장은 몹시 화가 났다. 안전화를 신은 직원들이기의 없었기 때문이다. 자신의 성의가 무시당했다는 느낌에 사장은 즉시 그 이유를 파악하게 했다.

왜 직원들은 안전화를 신지 않았던 것일까? 무거워서? 공기가 잘 통하지 않아 무좀이 생길까봐? 현장 직원들이 밝힌 이유는 전혀 뜻밖이었다. 안전화를 신으면 다른 직원, 특히 사무직들하고 확연히 구별되기 때문이라는 것이었다. 신분이 확연히 드러나는 안전화를 신음으로써 자신들이 블루칼라라는 사실을 남들에게 알리고 싶지 않았던 것이다.

우리는 곳곳에서 이와 비슷한 일을 겪는다. '직영(정규직)'과 '하청(비정규직)' 직원이 함께 일하는 어느 자동차공장에서는 하청 직원들이 작업복 착용을 거부하는 바람에 일대 소동이 벌어지기도 했다. 그들은 "바지는 입어도 윗도리는 안 입는다. 솔직히 쪽팔린다"며 단체행동에 나섰다. 같은 작업복이지만 윗도리의 가슴 부위에 다른 업체 이름이 새겨져 있어 신분이 노출되는 것을 꺼린 것이다.

발을 보호해주려고 특별히 제작한 안전화를 제공해도, 일하기 편하라고 작업복을 지급해도 마음속을 흐르는 감성의 방향과 맞지 않으면 사람들은 착용을 단호히 거부한다. 마찬가지로 회사 방침이 아무리 좋고 논리가 정연하다 해도 감성의 흐름, 즉 마음길과 일치하지 않으면 직원들은 따르지 않는다.

논리가 물이라면 감성은 마음이 흐르는 수도관이다. 물이 흐르려면 수도관이 필요하듯, 논리가 통하려면 감성이 흐르는 마음길을 내야 한다. 이 마음길이 공감을 얻어내는 신작로인 것이다.

헌법 위에 '국민 정서법'

공감은 다른 사람의 감정이나 의견에 대해 자기도 그렇다고 느끼는 기분이다. 그에 비해 '동감'이라는 말은 상대의 감정을 똑같이 받아들인다는 뜻이다. 만약 대화 중 상대방이 "저 사람 때문에 미치겠어! 죽여버리고 싶어!"라고 말했을 때 동감하면 "맞아. 나도 죽이고 싶어"라는 반응을 보인다. 두 사람이 똑같은 분노를 느끼고 누군가에게 직접적인 위해를 가할 수도 있다. 그러나 공감한다면 "너 무척 화났구나. 저 사람이 왜 너를 화나게 했니?"라고 말해주게 된다. 이런 점에서 동감이 아니라 공감하라고 말하는 것이다.

공감은 '인정'과도 다르다. 사람들은 공감과 인정을 혼동하는 경향이 있다. 인정은 상대의 의견을 받아들여서 그렇게 하겠다는 약속에 가깝다. 하지만 공감은 다음의 사례에서 보는 것처럼 상대의 입장과 상황에 대해 나 역시 그렇게 느낀다는 점을 표현한다.

며칠째 계속되는 야근에 지쳐 있는 금요일 저녁, 꼼짝없이 주말에도 출근해야겠다고 생각하며 집에 들어가 침대에 눕는데 아내가 묻는다.

"여보, 우리 이번 주말에 교외에 나가서 바람이나 쐬면 어떨까?"

이때 공감 능력이 떨어지는 남편들은 이렇게 말한다.

"그게 야근하고 온 남편한테 할 소리야? 한가한 소리 하고 있네."

하지만 공감하는 남편은 다르게 말한다.

"당신 하루 종일 집에만 있어서 답답하구나. 나도 주말엔 바람 좀 쐬고 싶네. 그런데 어쩌지? 나 이번 주말에도 출근해야 되는데…. 대신 다음 주말은 괜찮을 것 같은데…"

　주말에 교외에 갈 수 없다는 결론은 똑같지만 받아들이는 아내의 기분은 전혀 다를 것이다. 상대의 말에 공감해주면 대화 분위기가 믿을 수 없을 만큼 달라진다. 일단 공감하고 나서 주장이나 의견을 내놓으면 분위기도 살리면서 부드럽게 풀어나갈 수 있다. 상대의 말에 인정하고 동의하지는 못할지라도 기꺼이 공감할 줄 아는 사람이 모두를 이롭게 한다.

　공감을 위해서는 '공감대'를 형성할 줄 알아야 한다. 공감대는 한마디로 '서로 공감하는 부분'이다. 사람들의 마음길이 하나로 만나서 쌍방향의 교감을 이루고 서로 공감으로 연결될 수 있는 것으로, 조직 차원에서 보면 공감 코드쯤으로 볼 수 있다. 그것이 한 조직이 아니라 한 나라의 공감 코드가 되면 우리는 이를 '국민 정서'라고 부른다.

　우리나라에는 헌법보다 더 높은 국민 정서법이 있다고들 한다. 활자화된 법조문도 없고 실체도 없지만 이 법은 우리 사회 전반을 지배하는 불문율로 자리 잡고 있다. 아무리 국가 최고의 법인 헌법에 규정되어 있어도 국민의 법 감정, 즉 국민 정서를 고려하여 법률을 집행하지 않으면 두고두고 논란거리가 된다.

　국무총리 후보자로 임명되었다가 전관예우 논란의 한복판에 서면서 사퇴한 분이 있었다. 그는 대법관 퇴직 후 변호사 활동을 하면서 5개월 동안 약 16억 원의 수입을 올렸다는 사실이 알려지면서 여론의 뭇매를 맞아야 했다. '한 달에 3억 원, 하루 일당이 1,000만 원'은 국민 정서에 맞지 않았기 때문이다. 국민들의 공감 코드에 어긋나서 공감대를 얻는 데 실패한 것이다.

이러한 국민 정서법은 때로 기업의 이미지에 큰 타격을 입히기도 한다. '프리챌'이라는 인터넷 커뮤니티 사이트가 바로 그런 경우일 것이다. 프리챌은 1999년에 출범, 2013년 2월에 문을 닫았다. 한때 회원수가 110만 명에 달할 정도로 성장했지만, 2002년 매월 3,000원의 유료화를 시행하는 과정에서 이용자들이 대거 탈퇴했다. 개개인의 업무수행 능력이 부족해서도 아니고 사업모델 때문도 아니었다. 회원들에게 서비스 유료화를 설득하는 과정에서 공감대를 형성하는 데 실패한 것이 결정적 원인이었다. 유료화에 대한 네티즌들의 항의에 회사 측은 "서비스에 상응하는 가격 요구는 당연하지 않은가?", "성인서비스 구입에는 돈을 아끼지 않으면서 왜 포털서비스 구입에는 인색한가?" 하는 논리를 내세웠다. 논리 자체가 틀린 것은 아니었다. 그러나 '성인서비스 구입에는 돈을 아끼지 않으면서 …'와 같은 대응이 사람들의 마음에 상처를 주고 말았다. 한마디로 국민 정서법 위반이다.

한복을 금지한 호텔을 위한 조언

몇 년 전 국내 유명 호텔의 '한복 출입금지' 논란도 이와 맥을 같이한다. 어느 한복 디자이너가 호텔 뷔페 레스토랑에 한복을 입고 입장하려 하자 직원이 '위험한 옷'이라며 출입을 거부하여 네티즌과 여론의 거센 비판을 받았다. 특히 유명 한복 디자이너가 출입을 거절당한 것이어서 사건이 더 커졌다. 당시 그 디자이너는 레스토랑 측으로부터 한복의 치마선이 위험하다는 이유로 입장을 거절당했고, 지배인은 "부피감이 있어 다른 사람에게 방해가 될 수 있기 때문에 추리닝과 함께 입장이 불가하다"고 설명했다고 한다.

나는 한복이 뷔페식당의 차림으로 적절하지 않을 수 있다는 데 동의한다. 바닥에 끌리는 모습도 보았고, 줄 서서 음식을 담다가 한복이 자기 발이나 남의 발에 밟혀 넘어질 수도 있다는 생각이 들기 때문이다. 조금 늘어진 긴소매는 그릇에 음식을 담거나 식탁에서 음식을 먹을 때 음식에 닿을 수도 있을 것이다. 호텔 측의 조치가 이해할 만하다고 감싸려는 게 아니다. 당시 비판 여론이 들끓었던 것은 '뷔페식당에서는 한복이 그런 점도 있겠구나' 하는 점을 이해하지 못했기 때문이 아니라 대다수 국민의 정서 흐름과 어긋났기 때문이라는 말을 하려는 것이다. 서비스 전문가인 내 눈으로 볼 때 호텔 측은 몇 가지를 간과했다.

첫째, 한복 금지에 대한 호텔 측의 취지나 방침을 사전에 게시하지 않았다는 점이다. 사람들은 눈으로 먼저 주의사항이나 안내문구를 읽어보고 나서 직원의 설명을 듣게 되면 쉽게 납득한다. 직원이 즉흥적으로 결정한 것이 아니라 호텔 측에서 고심하고 검토해서 내린 결정이라고 짐작하는 것이다. 은행 창구에서도 "예금 해약은 반드시 본인이 직접 오셔야 합니다"라는 설명에 "내가 가족인데 왜 이리 까다롭게 구느냐"며 거칠게 항의하는 고객들이 꽤 많다. 이때 "예금주 본인의 자산 보호와 금융실명제에 근거해서 본인 여부를 확인하고 있습니다. 고객 여러분의 협조에 감사드립니다"라는 안내문구가 있으면 고객의 수용도가 올라간다. 호텔 측에서도 사전에 한복 출입금지가 아니라 '한복은 뷔페식당에서 불편할 수 있으니 조심하시기 바랍니다'라는 문구를 게시해놓았더라면 더 좋았을 것이다. 이것이 공감대를 넓히는 한 방법이다.

둘째, 누구의 무엇과 비교되느냐에 따라 사람들의 정서는 크게 달라진다는 점이다. 서울 시내 어느 상가 출입구에 '잡상인과 은행원 출입금지'라는 경고문이 붙어 있어서 씁쓸했다는 지점장의 말을 들은 적이 있다. 아마도 그 문구는 은행원들의 집요한 예금유치 경쟁에 무던히도 시달린 사람들이 써 붙였을 것이다. 문제는 잡상인과 은행원을 함께 언급했다는 것이다. 이와 마찬가지로 호텔 지배인도 "한복은 추리닝과 함께 입장이 불가합니다"라고 말해서 한복과 추리닝을 동격으로 취급함으로써 사람들의 분개를 샀을 것이다. 이 점은 특히 기업의 홍보 담당자와 접점 직원들이 유념해야 할 대목으로, 유머를 할 요량이 아니라면 비교 대상을 함부로 언급하지 말아야 한다. 자칫 생각지도 못한 엄청난 반발을 불러일으킬 수 있기 때문이다.

셋째, 자기 민족이나 집단, 회사 고유의 이미지와 정서를 배반하면 안 된다는 점이다. 모르긴 몰라도 이와 유사한 일이 외국계 호텔에서 일어났다면 파장이 이 정도로 크지는 않았을 것이다. 그런데 가장 한국적이며 전통을 존중한다는 의미의 이름을 가진 호텔에서 안전상의 이유로 그 나라의 민족의상을 거절했다는 점은 호텔의 이미지와 국민 정서를 스스로 위반한 것이나 다름없다.

기업이나 개인은 대중이 자기 이름과 기업에 대해 갖고 있는 정서와 이미지에 대해 치열하게 고민하고 그것을 서비스와 제품의 이미지에 담아내야 한다. 그러한 이미지가 고객과 소통하는 정서적 유대감이자 공감의 원동력이 된다.

체면은 살리고 배려는 조절하라

빨리 가려거든 혼자 가고
멀리 가려거든 같이 가라.
외나무가 되려거든 혼자 서고
푸른 숲이 되려거든 같이 서라.

인디언 속담이다. 우리는 함께여야 성장하고 함께여야 행복하다. 인간이기 때문이다.

인간(人間)은 사람 인(人)과 사이 간(間)을 쓴다. 단순히 사람만을 의미하면 인(人)으로 족할 테지만 굳이 간(間)을 쓰는 것은 사람은 사람들 사이에서 살아가야 하기 때문이다. 그래서 우리는 인간관계를 중시한다.

인간관계를 맺는 데는 2가지가 중요하다고 생각한다. '체면'과 '배려'다. 우리는 '내가 남에게 어떻게 보이느냐'에 대해 무관심할 수가 없다. 이것이 체면으로 표현된다. 또한 상대방의 마음을 살피고 얻어내는 것이 관계를 이어가는 필수 요소인데, 이를 위해 '배려'가 강조된다.

먼저 배려에 대해 살펴보자.

다시 12월 31일을 맞이했다. 지난해 이상으로 몹시 바쁜 하루를 끝내고 10시를 막 넘긴 참이어서 가게를 닫으려고 할 때 드르륵, 하고 문이 열리더니 두 명의 사내아이를 데리고 한 여자가 들어왔다.

여주인은 그 여자가 입고 있는 체크무늬 반코트를 보고, 1년 전 섣달 그믐날의 마지막 그 손님들임을 알아보았다.

"저…, 우동… 1인분입니다만…, 괜찮을까요?"

"물론입니다. 어서 이쪽으로 오세요."

여주인은 작년과 같은 2번 테이블로 안내하면서 "우동 1인분!" 하고 크게 소리친다.

"네! 우동 1인분"이라고 주인은 대답하면서 막 꺼버린 화덕에 불을 붙인다.

"저, 여보 서비스로 3인분 내줍시다."

조용히 귀엣말하는 여주인에게 "안 돼요. 그런 일을 하면 도리어 거북하게 여길 거요"라고 말하면서 주인은 둥근 우동 하나 반을 삶는다.

유명한 일본 소설 《우동 한 그릇》에 나오는 이야기다. 주인은 처지가 딱해 보이는 세 모자에게 공짜로 우동 세 그릇을 줄 수도 있었을 것이다. 하지만 그들의 마음이 상할까봐 들키지 않게 슬쩍 반 덩이를 넣어 푸짐한 1인분을 만들어주었다. 이러한 마음 씀씀이가 바로 배려다.

우리나라 사람들은 선진국 사람들에 비해 배려의 정도가 낮은 편이다. 급히 뛰어오는 사람을 보면서도 엘리베이터 문을 닫고, 다른 사람들은 안중에도 없는 듯 시끄러운 소리로 잡담을 나눈다. 전철을 탈 때는 사람이 내리기도 전에 올라타고, 다리를 쩍 벌리고 앉는 사람도 있다.

배려의 핵심은 상대방과 눈높이를 맞추려는 노력이다. 이는 마치 키 큰 사람이 몸을 낮추어 작은 사람의 눈높이에 맞추는 것과 같다. 항상 낮고 작은 사람의 입장에서 생각하고 도움을 주어야 한다. 부유한 사람이 가난한 사람을, 경영자가 직원을, 비장애인이 장애인을, 회사가 고객을 배려할 때 배려의 진정한 가치가 드러나게 된다. 우물이 깊은지 얕은지는 돌멩이 하나만 던져보아도 알 수 있다. 사람도 태도 하나를 보면 그 사람이 어떤 사람인지 능히 가늠할 수 있다. 인생은 무슨 거창한 사건들의 연속이 아니라 이렇듯 작은 것 하나하나가 쌓이고 쌓여 만들어지고 바뀌어 가는 것이다.

우리나라 사람들은 배려는 약하지만 체면은 지나치다 싶을 정도로 중시한다. '남에게 보이는 나'를 따지는 체면은 다른 나라에서도 나타나지만 우리나라에서는 유독 더 강하게 나타나는 정서다. 우리 선조들에게도 체면을 구기는 것은 절대로 해서는 안 되는 일이었다. 체면을 지키지 않게 되면 부끄러워해야 했기 때문이다. 체면은 이렇게 부끄러움과 직결되어 있었다.

집안 식구 서너 끼니
어질어질 굶주리면
부엌짝 군불 때어 굴뚝에 연기 낸다.

남이 보기에 죽사발이라도
끓여 먹는구나 속여야 하므로
맹물 끓이자면 솔가지 때니

연기 한번 죽어라고 자욱하다.

고은 선생의 시집 ≪만인보≫에 실린 '할아버지'라는 시의 일부다.

우리나라에서는 보리가 나기 전에 지난해 거둔 식량이 다 떨어져 굶주리던 4~5월을 춘궁기 또는 보릿고개라고 불렀다. 그런데 식량이 다 떨어졌으면서도 우리 조상들은 남에게 어떻게 보일까부터 걱정을 했다. 먹을 것이 떨어져 굶다 보니 식구들은 가뜩이나 어질어질한데, 왜 여기에 더 어지럽게 군불이라도 때어 죽이라도 끓여 먹는 것처럼 속여야 할까? 식량이 다 떨어져 굶는 것이 부끄러웠기 때문이다.

강의차 전남 구례에 갔다가 조선 중기 지방 관리를 지냈던 류이주가 지었다는 운조루에 들른 적이 있다. 류씨 집안은 굶주린 이웃 주민들이 언제든 가져갈 수 있게 담 밖에 뒤주를 놓고 쌀을 채워놓았다. 쌀통은 큰 나무를 잘라 속을 파내어 두 가마니 반의 쌀이 들어가도록 만들었다. 그리고 맨 아래쪽에 '아무나 퍼가시오'란 뜻의 '타인능해(他人能解)'라는 표찰을 붙였다.

직접 나누어주지 않고 이렇게 한 이유도 역시 가난한 이웃들의 자존심과 체면을 지켜주려는 의도였다. 아무리 가난한 사람이라도 주인에게 쌀을 받아가려면 체면을 구기고 자존심이 상할 수밖에 없을 것이라는 점을 배려한 처사였다.

공감대가 마케팅의 성패를 결정한다

공감대는 마케팅 전략의 핵심 키워드 중 하나다. 제품과 서비스가 사람들의 이목을 끌기 위해서는 기존의 것보다 신선하고 뭔가 달라져야 한다. 이것이 차별화다. 그러나 참신하다고 해서 마케팅에서 반드시 성공하는 것도 아니다. 인간의 뇌는 생소한 정보를 처리하기 위해 너무 많은 노력을 쏟아붓고 싶어 하지 않는 구두쇠이기 때문이다.

2002년 한 업체가 개고기연합회와 공동으로 개고기를 일회용으로 간단히 먹을 수 있는 '즉석 보신탕'을 개발했다. 컵라면처럼 물만 넣으면 되므로 기존의 충성고객의 구매 빈도를 높일 수 있고, 이들을 통해 구전 효과를 얻을 수 있을 것으로 예측했다. 결과는 어땠을까? 시장에서 제대로 빛도 보지 못한 채 끝나버렸다. 사람들의 반응은 한결같았다.

"개고기를 컵라면처럼 먹기는 좀 그렇잖아."

일반 고객들의 정서를 무시한 즉석 보신탕은 실패작으로 끝나고 말았다.

아무리 독특하고 신선한 제품이라도 소비자들의 공감대를 얻지 못하면 아무 소용이 없다. 차별화를 한다는 건 신선함을 제공한다는 것이다. 그러나 차별화된 신선감과 함께 공감대를 추구해야 된다는 점을 잊어서는 안 된다. 많은 소비자들이 "나도 그랬어", "맞아" 하며 공감을 느끼게 하여 그들의 머릿속에 자연스럽게 파고들게 해야 한다. 이것이 공감 마케팅이다.

그런 의미에서 하이네켄 광고는 신선함과 공감대를 인상적으로 엮어낸 성공 사례라고 할 수 있다. 챔피언스리그를 보면서 시원한 맥주 한잔을 마시는 것은 유럽 축구팬들의 소망이다. 하이네켄은 이 점에 착안했다. 축구 명문 레알 마드리드와 AC밀란의 결승전 경기가 있는 날, 하이네켄은 가짜 이벤트를 열었다. 여자친구와 교수 등으로부터 거절하기 어려운 부탁을 받은 1,000여 명의 남자들이 클래식 공연을 관람하러 행사장에 모여들었다. 억지로 끌려온 불쌍한 남자 축구팬들은 15분이 지나서 대형 화면에 손글씨로 쓴 다음과 같은 문구를 보게 된다.

"애인에게 싫다고 말하기 힘들었죠?", "상사에게 싫다고 말하기 어려웠죠?"

이 문구를 보고 관객들은 낌새를 알아차렸고, 탄성과 웃음이 터져 나오기 시작했다. 가짜 클래식 콘서트가 아니라 대형 스크린을 통해 축구를 볼 수 있게 되었던 것이다.

이 이벤트는 스포츠TV를 통해 생중계되며 150만여 명이 시청했고, 뉴스채널로 소개되며 약 1,000만 명에게 노출되었다. 전 세계 사람들이 관심을 가지는 축구라는 매개체를 통해 공감대를 형성하고, 신선하고 독특한 마케팅으로 놀라운 스토리를 담아낸 결과였다. 신선함과 공감대가 절묘한 균형을 이룬 대표적 사례다.

이처럼 마케팅은 공감 코드와 국민 정서가 얼마나 잘 들어맞느냐가 관건이다. 월마트는 이를 외면함으로써 결국 한국에서 철수하고 말았다. 초기에는 '월마트는 인공위성으로 원가 관리를 하며, 월마트에는 없는 물건이 없다'는 슬로건과 함께 국내 유통업계를 잔뜩 긴장시킬 정도로 반향이 대단했지만, 한국인의 정서에 맞지 않아 쓸쓸히 퇴장했다. 창고 형태의 매장에서 뭘 물어보려 해도 직원을 찾을 수 없었기 때문이다.

체면 마케팅은 어떨까? 중국의 사례를 보자. 중국인의 체면 중시 성향은 한국인보다 더 강한 것으로 알려져 있다. 그래서 체면에 어떻게 플러스 되는가를 고려해주는 상품이나 소비 행위가 굉장히 보편적이다. LG전자는 이러한 중국인들의 성향을 마케팅에 잘 활용해서 큰 성공을 거둘 수 있었다.

중국 대도시 중산층의 아파트에 가면 거실에서 가장 먼저 눈에 띄는 것이 대형 냉장고다. 새 아파트를 구매한 사람들이 구식 냉장고를 버리고 양문형 대형 냉장고를 사서 눈에 가장 잘 띄는 거실 한복판에 두는 것이 유행처럼 번졌다. 친척이나 친구들을 초대해 경제적 여유를 과시하는 수단이 된 것이다. LG전자는 TV, 냉장고, 세탁기 등 중국 수출 제품들을 대형화, 고급화했다. 중국인들이 크고 비싼 것을 좋아하고, 이를 과시하려는 성향이 강하다는 점을 감안한 것이다. '체면 문화'를 겨냥한 이 전략은 그야말로 대박을 쳤다.

나도 최근에 11년간 타고 다녔던 정들었던 차를 버리고 조금 럭셔리한 승용차를 새로 샀다. 만나는 사람마다 "이제 좀 괜찮은 차를 타고 다닐 때가 되지 않았느냐?"며 핀잔을 주었기 때문이었다. 경제적 효용을 기준으로 한 것이 아니라 체면용 가치를 선택한 것이다.

연회비가 비싼데도 굳이 VVIP카드를 고집하는 사람들에게서도 그런 체면 중시 성향을 발견할 수 있다. 어느 백화점 명품관 마케팅 담당자의 이야기다. 친구라며 고객 두 분이 함께 오셨는데 한 분은 VVIP카드 발급 대상이었고, 한 분은 VIP카드 발급 대상이었다고 한다. 그런데 VIP 대상이었던 분이 친구 보기 부끄럽다며 VVIP카드 발급을 요청하는 바람에 내부 논의 끝에 결국 발급해주었다는 것이다.

　VIP마케팅은 곧 체면 마케팅이라고도 할 수 있다. 체면을 중시하는 사람들의 성향에 맞는 마케팅에 주목해야 한다.

지금 웃음이 나옵니까?

앞서 말했듯이 나는 은행에서 15년 정도 민원 업무를 담당했다. 짐작하다시피 주로 성난 고객들을 달래야 하는 이 업무를 맡고 싶어 하는 사람은 예나 지금이나 별로 없다. 하지만 나는 고객들을 직접 상대하는 최전선 업무를 기꺼이 담당했고 "최고책임자 나오라고 해!"라며 고함을 지르는 고객들을 수없이 상대했다. 외국계 은행에 근무할 때는 나의 민원 해결 능력을 눈여겨본 직원들이 의도적으로 나와 고객의 면담을 주선하기도 했다.

나라고 해서 고객들의 요구사항을 모두 들어줄 해결책이 있거나 불만 고객들을 다루는 특별한 비법이 있을 리 없다. 굳이 비법이라고 한다면 다음의 2가지 정도가 될 것이다.

첫째, 고객에게 회사의 높은 분과 직접 만나 해결책을 듣고 따져보게 하는 기회를 제공한 것이다. 고객에게 문제 해결을 위해 의사결정권자와 할 만큼 해보았다는 생각이 들게 만들었다. 물론 내게는 그분들을 상대하는 두세 시간이 부담스럽고 어려운 시간이었다. 하지만 그분들의 응어리를 풀어줄 수만 있다면 충분히 '가치 있는 시간'이라고 생각했다.

둘째, 그분들과 면담할 때 '죽을죄'를 지은 표정으로 한껏 자세를 낮춘 것이다. "찾아오신다고 해서 어떻게 말씀드리고 해결해드려야 할지, 밤잠을 이루지 못했습니다"라며 처음부터 솔직하게 내 심정을 털어놓고 양해를 구하는 모습을 보였다. 그러면 "당신은 하루 저녁 밤잠을 설쳤지만 난 몇 달째 잠을 이루지 못했다"고 대꾸하는 분도 있었고, 손해가 난 투자 원금을 되돌려달라며 상담실에서 울음을 터뜨리는 분도 있었다. 그런데 사무실을 나설 무렵에는 대부분 격앙된 마음을 상당히 누그러뜨리고 당초 요구사항에 미치지 못하는 은행의 해결안을 받아들여주었다.

내가 여기서 이 이야기를 다시 꺼내는 이유는 나의 비법을 자랑하기 위해서가 아니다. 고객들이 나의 '성의'를 어떻게 인정해주었는지를 소개하고 싶어서다. 그분들은 내가 기꺼이 자신들 앞에 나서서 이야기를 들어주고 마음을 헤아려주는 모습에 공감을 표했다. 면담 내내 손해를 끼친 것에 대한 죄송한 마음과 최대한 해결책을 찾아보려 노력하는 자세를 나의 얼굴 표정과 몸짓으로 확인하고 감정을 누그러뜨려 은행의 제안을 순순히 수용해주었다. 그런 의미에서 보면 나는 배역에 몰입할 줄 아는 뛰어난 연기자였던 셈이다.

얼굴 표정은 그 자체가 강력한 언어

나뿐만 아니라 모든 인간은 얼굴이라는 캔버스에 희로애락이라는 다양한 감정의 그림을 자유자재로 표현할 줄 아는 존재다. 자기 얼굴에 자기감정을 그릴 수 있는 화가다. 이러한 감정 표현에 따로 돈이 들거나 뛰어난 기술력이 필요한 것도 아니다. 마음을 먹고 얼굴 근육을 움직이는 연습만 하면 되니까 말이다. 그러면 얼마든지 감정을 표현할 수 있다. 게다가 그러한 감정을 상대방에게 전염시킬 수도 있다. 감정 표현은 엄청난 전달력을 갖고 있기 때문이다.

2010년 네덜란드 흐로닝언대 인간운동과학센터의 연구팀이 페널티킥에 관한 연구를 진행했다. 한 선수가 페널티킥에 성공한 뒤 두 팔을 크게 벌리며 격정적인 기쁨의 세리머니를 하면 이것이 동료 선수들과 상대 팀 선수들에게 어떻게 전염되는지를 알아본 것이다. 그 결과, 기쁨의 세리머니를 하지 않는 것보다 하는 것이 상대 팀 선수가 성공할 확률을 낮추고 동료 선수가 성공할 확률을 높이는 것으로 나타났다. 페널티킥 성공의 기쁨을 최대한 과장해서 표현하는 것이 동료 선수와 상대 선수에게 정반대의 효과를 일으킨 것이다. 먼저 차는 팀이 유리한 것도 이 때문이라고 할 수 있다. 먼저 한 골을 넣고 격정적인 세리머니를 하면 동료 선수들의 사기는 충천하는 반면 상대 선수들은 주눅이 들 테니까 말이다.

그렇다고 골을 넣고 나서 환호하는 선수처럼 항상 신나는 표정을 지어서는 곤란하다. '유사성 효과'를 유발하는 표정이 상황에 따라서는 역작용을 부르기도 하기 때문이다.

몇몇 은행과 카드사에서 고객 정보가 무려 1억 건 넘게 유출되는 바람에 사회적으로 큰 파장을 일으킨 적이 있다. 카드사와 은행 창구는 카드를 교체 발급하거나 해지하려는 고객들로 북새통을 이루었다. 당시 함께 일하던 연구원이 "선생님, 이제 제 개인정보는 더 이상 개인정보가 아닌 공공정보가 되어버렸어요"라며 들려준 이야기다.

그가 개인정보가 유출되었다는 뉴스를 듣고 은행을 방문해서 창구 직원에게 물었단다.

"뉴스를 보니까 개인정보가 유출되었다고 하던데, 저의 어떤 정보가 유출되었는지 확인할 수 있을까요?"

"고객님, 우선 불편을 드려 죄송합니다. 지금 유출 경로를 확인 중이고 검찰에서 수사 중입니다. 수사 진행 후 개인정보가 유출된 고객님들께 개별적으로 연락드릴 예정입니다."

그의 질문에 은행 직원은 깍듯하게 사과하며 진행 상황 등을 알려주었다. 그런데 상담 내내 너무도 환하게 웃으며 이야기하더라는 것이었다. 내 개인정보가 털렸는데 어떻게 그처럼 밝고 환하게 웃을 수 있느냐며 순간 화가 치밀더라고 그는 말했다.

전에 모 장관이 여수 앞바다 기름 유출 현장을 찾았을 때 피해 주민들 앞에서 찡그린 표정으로 코를 막는 모습이 신문에 실려 논란을 빚은 적이 있었다. 관련 대책회의를 하면서도 자주 웃음을 보여 참석자들로부터 "지금 웃음이 나옵니까?"라는 비난을 사기도 했다. 그 장관은 며칠 뒤 결국 해임되었다. 상황이나 분위기와 어긋난 표정으로 화를 부른 셈이다.

왜 의사들은 수술할 때 마스크를 쓸까? 이를 안 닦아서가 아니다. 수

술에 실패할 경우 자기 얼굴을 감추려고 마스크를 쓴다고 한다. 얼굴 표정 이야기를 할 때 종종 언급되는 유머의 하나다.

얼굴 표정은 그 자체가 언어다. 우리는 사람을 만나면 가장 먼저 얼굴을 본다. 표정을 보면 그가 어떤 감정 상태에 있는지, 무엇을 말하고 싶어 하는지를 알 수 있기 때문이다. 그런 의미에서 얼굴 표정은 가장 정확한 소통 수단이다. 평상시에는 상냥한 미소를, 상대가 상처받았을 때는 슬픈 표정을, 기쁜 일이 있을 때는 화들짝 놀라며 웃음을 지을 수 있는 사람은 공감적인 소통을 잘하고 있는 사람이다.

얼굴 표정은 감정의 변화와 직결되어 있다. 얼굴 표정을 만들어내는 근육이 뇌신경과 직접 연결되어 있기 때문이다. 그래서 미처 긍정의 정서를 깨닫기도 전에 우리의 얼굴은 먼저 웃음을 보인다. 내가 기분이 좋다는 느낌이 얼굴 표정을 변화시킨 이후에 든다는 것이다. 즉, 감정 유발, 신체 변화, 감정 인식의 순서를 밟는 것이다. 그렇기에 '즐거워서 웃는 게 아니라 웃어서 즐겁다'는 말도 맞는 것이다.

각종 강연에서 강사들이 가장 싫어하는 청중과 가장 좋아하는 청중은 누구일까? 강사들은 기업체 임원, 대학교수, 그리고 고위 공무원을 대상으로 강의할 때 바짝 긴장하는 반면에 아줌마들을 상대로 할 때는 저절로 신바람이 난다고 말한다. 전자의 사람들은 이마 쪽 근육만 발달해서 자주 찡그리는 반면에 아줌마들은 입술 주변과 눈가의 근육이 발달하여 항상 웃을 준비가 되어 있기 때문이다.

김정운 여러가지문제연구소 소장의 칼럼에도 비슷한 내용이 있다. 강연하기가 꺼려지는 곳이 몇 있는데, 첫 번째는 사장님들이 모인 자리란다. 대부분 팔짱을 끼고 아주 무표정하게 올려다보며 '어디 한번 해보라'는 표정이 많단다. 두 번째로 힘든 집단은 교수들인데, 강의를 열심히 듣는 이유가 내용을 듣고 배우기 위해서가 아니라 강의를 평가하기 위해서란다. 세 번째는 공무원 집단으로, 어떤 이야기를 해도 반응이 없다는 것이다. 그래서 김 소장은 이 세 곳을 '강사들의 무덤'이라고 부른다. 어떤 강사라도 한번 가면 파김치가 되어 나오기 때문이다. 그는 강사를 좌절하게 하는 이 세 집단에 공통적으로 나타나는 현상을 이렇게 진단한다. 한결같이 입꼬리가 내려와 있다는 것이다. 이 같은 현상은 스스로 지위가 높다고 생각하는 사람들에게서 나타나며, 그들은 하나같이 공감 능력이 현격하게 떨어진다.

입꼬리가 올라가며 상큼하게 웃는 모습은 언제 봐도 환한 인상을 준다. 방송이나 시사회에 나오는 연예인들의 미소도 그렇다. 밝고 아름답기 그지없다. 하기야 연예인들은 호감 가는 외모와 인기로 먹고사는 사람들이니 당연히 표정에 신경을 쓸 수밖에 없을 것이고, 많은 연습을 통해 더 멋진 표정을 짓기 위해 노력할 것이다.

리더에게 유머 감각이 필요한 이유

그런데 다른 관점에서도 생각해보자. 미소 띤 얼굴이 좋다고 마냥 상대방에게 계속 그런 표정을 지을 것인가? 상대방의 경사에 박수를 치며 환호해주는 것은 좋은 품성이다. 아들이 취업했다며 기뻐하는 어머니에게 함박웃음으로 화답해주고, 기분 좋은 일이 생긴 동료나 이웃에게 축하의 인사를 건네는 것은 불경에서도 수희공덕(隨喜功德)이라고 부를 만큼 아름다운 일이다. 하지만 안 좋은 일이 있어 시무룩해 있는 상대에게 입가에 웃음기를 띠고 다가가 말을 건다면 어떨까? 그 표정 하나만으로도 상대는 기분이 더 언짢아지고, 심지어 자신을 경멸한다고 여길 수도 있다.

'얼굴 표정과 피드백의 상관관계'를 분석한 미국 오클라호마주립대의 마리 다스보로 박사는 실험 대상자들을 두 그룹으로 나누어 관찰했다. 그들은 모두 자신들의 업무 성과에 대해 평가자로부터 평가를 받았다. 그런데 첫 번째 그룹에는 '업무 성과가 좋지 않다'는 부정적 평가와 함께 평가자가 미소나 고개를 끄덕이는 것과 같은 긍정적 신호를 보여주었다. 반면에 두 번째 그룹에는 '업무 성과가 좋다'는 긍정적 평가를 주면서 평가자가 얼굴을 찡그리거나 눈을 가늘게 뜨는 등의 부정적 신호를 보냈다. 두 그룹의 반응은 어떻게 달랐을까?

인터뷰를 통해 두 그룹을 비교해본 결과, 긍정적 평가를 받은 두 번째 그룹이 부정적 평가를 받은 첫 번째 그룹보다 자신의 성과에 대해 더 불만스럽게 느끼는 것으로 나타났다. 평가 자체보다 표정을 통한 전달이 더 중요했던 것이다.

이 실험 결과는 메시지의 내용보다 그것을 전달하는 방법이 수용자들의 반응을 좌우할 수 있다는 사실을 알려준다. 따라서 구성원들이 좋은 감정을 가지고 최선의 결과를 내게 하려면 리더가 메시지 전달 방식에 특별한 주의를 기울여야 한다. 리더에게 유머 감각이 필요한 이유다.

윈스턴 처칠은 자신에게 가해진 모욕을 품격 있는 유머로 갚은 일화로 유명하다. 영국의 첫 여성 하원의원 낸시 애스터가 면전에서 "당신이 내 남편이었다면 당신 커피에 독을 타겠어요"라고 쏘아붙이자 처칠은 의연하게 "의원님, 내가 당신 남편이었다면 그 커피를 마시겠습니다"라고 응수했다고 한다.

유머 감각이 뛰어난 리더와 함께 일하는 직원들은 리더의 표정을 보면서 자기도 모르게 거울신경을 활성화하여 따라 웃게 되고 조직의 결속력을 강화해나간다. 리더의 감정과 행동이 직원들에게 전염되기 때문이다. 거울신경의 작동으로 리더를 비롯한 직원들 전체가 한마음으로 뭉치게 되는 것이다.

얼굴 표정은 그 사람의 간판이다. 우리가 간판을 보고 상점에 들어가듯 사람들은 얼굴 표정을 읽고 상대가 이야기를 나눌 만한 상대인지 아닌지 판단한다. 그런 의미에서 얼굴은 아름다움의 지표일 뿐 아니라 공감의 캔버스로 활용되는 강력한 도구다.

패션과 공감력의 관계

20세기 최고의 로맨티스트로 꼽히는 영국의 윈저 공은 푸른색 드레스를 입은 심슨 부인에게 반해 결국 왕위까지 버렸다. 심슨 부인은 윈저 공과의 결혼식에서도 하얀 웨딩드레스 대신 푸른색 웨딩드레스를 입었다. 윈저 공의 장례식 때도 그녀는 푸른색 숄을 걸쳤다. 자신이 세상을 떠나기 전 남긴 마지막 유언에서도 푸른색 옷으로 갈아입혀달라고 했다고 한다. 이처럼 색깔과 패션은 사람의 마음에 엄청난 영향을 끼친다.

〈귀여운 여인〉은 패션이 대우를 좌우할 수 있다는 사실을 극명하게 보여주는 영화이다. 여주인공 줄리아 로버츠는 허름한 옷을 입고 고급 옷가게에서 문전박대를 당한다. 그런데 며칠 뒤 고급 옷을 입고 다시 나타나자 종업원의 태도가 180도 달라진다.

옷이 중요하지 않다고 말하는 사람도 있지만, 실은 그렇지 않다. 사람들은 겉모습으로 다른 사람을 평가한다. 복장을 바꾸면 평가가 달라진다. 또한 복장에 따라 그 사람 자신의 태도와 행동도 달라진다. 평소에 점잖던 사람도 예비군복을 입으면 행동거지가 거칠게 바뀐다. 복장이 자유로우면 사고도 자유로워진다. 그래서 '캐주얼 데이'를 시행하는 기업들이 늘고 있다. 이처럼 차림새는 우리를 바라보는 사람들의 평가뿐 아니라 우리 자신의 태도까지도 바꾼다.

여기서 첫인상에 미치는 패션의 중요성을 말하려는 게 아니다. 그것이 우리의 공감력에 어떤 영향을 미치는가를 살펴보려는 것이다. 사람이 입는 옷이 그 사람의 정직성을 판단하는 데 영향을 미친다는 연구 결과가 있다.

미국의 심리학자 레오나르도 빅맨이 재미있는 실험을 했다. 뉴욕공항과 그랜드센트럴역의 공중전화 동전 반환구에 미리 동전을 놓아두었다. 실험 보조자가 약간 떨어져서 전화 부스를 관찰하고 있다가 사람들이 통화를 끝내고 그 동전을 자기 주머니에 집어넣으면 그에게 다가가 "제 동전이 거기 있었을 텐데 혹시 보지 못했습니까?"라고 질문하게 했다. 이때 남자 실험 보조자는 넥타이를 맨 정장 차림이거나 도시락 가방을 든 허름한 작업복 차림이었다. 또 여자 실험 보조자는 산뜻한 정장코트 차림이거나 허름한 블라우스와 스커트 차림이었다. 그렇게 20여 명을 관찰한 결과, 정장 차림인 실험 보조자에게 동전을 돌려주는 경우가 72%로 허름한 차림의 38%에 비해 2배나 더 많았다.

허브 캘러허는 1971년 미국의 대표적 저가항공사인 사우스웨스트를 창업했다. 그는 자신이 거둔 눈부신 성공 비결에 대해 "사우스웨스트의 가장 큰 자산은 기업문화와 사람"이라고 말했는데, 채용 방법이 좀 특이했다. 조종사 응시자들에게 양복 대신 회사 티셔츠와 반바지를 입게 한 후 그 복장을 좋아하면 채용하고 그렇지 않으면 탈락시켰다. "조종 기술도 중요하지만 우리 문화에 적응하는 게 더 중요하다"는 이유에서였다. 이처럼 복장은 그 회사와 문화를 대변하기도 한다.

옷차림은 비즈니스뿐만 아니라 일상생활에서도 큰 영향을 끼친다. 가장 중요한 점은 때와 장소에 맞게 입어야 한다는 것이다. 결혼식장에는 정장이 어울린다. 잘 보이기 위해서라기보다 하객으로서 축하의 의미를 충분히 전달하기 위해서다. 장례식장에 갈 때 원색의 옷이나 넥타이를 피하는 것도 조의(弔意)를 표하기 위한 것이다. 옷차림으로 공감을 표현하는 것이다.

젊은 연인 사이보다 소통과 공감력이 중요한 영역도 드물 것이다.

"남자친구와 같이 여행 가기로 한 날, 나는 예쁘게 단장하고 나갔는데, 그 친구가 늘어진 민소매티를 입고 슬리퍼를 찍찍 끌면서 나타났어요. 나만 들뜬 것 같아 몹시 기분이 상했어요."

28살의 어느 여성이 남자친구와의 여행에서 느낀 것을 이야기하는 장면의 일부다. 그런데 왜 그녀는 남자친구에게 짜증을 냈을까? 복장을 통한 소통과 공감에 실망했기 때문이다.

여자들은 일주일 전부터 여름휴가를 준비한다. 다이어트를 하고 예쁜 수영복을 구입한다. 알록달록하게 페디큐어까지 해야 여름휴가 패션이 완성된다. 피서지에서 다른 커플들보다 멋져 보이고 싶기 때문이다. 이때 현명한 남자친구라면 여자친구와 한통속이 될 줄 알아야 한다. 남자친구는 자기도 들뜨고 기분 좋다는 것을 어떻게 옷으로 표현해야 할까? 우선 떠나는 날만이라도 제대로 갖춰 입어야 한다. 멋 부리는 게 민망하다면 그녀가 직접 골라준 옷이나 커플 아이템을 착용하는 것도 좋다.

그녀가 하루 5번 옷을 갈아입는 까닭은?

이제 공감의 측면에서 옷차림을 살펴보기로 하자. 사극을 보면 간혹 임금이 궁궐을 나와 미행(微行)하는 모습이 나온다. 미행은 '미복잠행(微服潛行)'의 줄임말로 '높은 사람이 무엇을 몰래 살피기 위해 남루한 옷차림을 하고 남 모르게 다님'이라는 뜻이다.

숙종은 잠행을 자주 하기로 유명했다고 한다. 어느 날 잠행 중 숙종이 낭랑한 글 읽는 소리를 따라가 한 선비를 만났다. 선비에게 벼슬을 하지 않고 글만 읽는 연유를 묻자 선비는 벽의 글을 가리켰다. '오와일무 성사불성(吾蛙一無 成事不成)'. '나에게 개구리 한 마리가 없어 할 일을 이루지 못했다'는 뜻인데, 여기서 개구리는 '뇌물'을 의미한다. 즉, 꾀꼬리가 왜가리와 노래 시합을 하는데 왜가리가 심판 황새에게 뇌물로 개구리를 바치는 바람에 졌다는 고사를 인용한 것이다. 사연을 들은 숙종은 궁으로 돌아와 과거를 실시하여 그 선비를 기용했다고 한다. 당시 과거를 둘러싼 부정부패를 잠행으로 해결한 것이다.

임금의 잠행은 요즘 말로 하면 '현장 경영'이었다. 남루한 옷차림으로 백성들의 생활 모습을 직접 눈으로 살펴보고 백성들과 공감하기 위한 소통의 한 방식이었다.

패션은 자신을 보여주는 소통 방식이자 상대방과의 공감을 높여주는 매개체이기도 하다. 말투와 목소리, 얼굴 모습은 쉽게 바꿀 수 없지만 옷차림은 쉽게 바꿀 수 있다. 소통과 공감을 위해 패션에 조금 더 관심을 기울여야 하는 이유가 여기에 있다.

한 여성 벤처사업가는 한 번이라도 만난 적이 있는 사람들이 자신을 기억하기를 바라는 뜻에서 변하지 않는 자신만의 헤어스타일을 유지하는 한편 그때그때 상황에 맞는 옷을 입는다고 한다. 그는 "하루 5명을 만나면 5번 옷을 갈아입습니다. 옷이 많아서가 아니라 만나는 사람에게 진실한 성의를 보여주기 위한 것입니다"라며 자신을 알리고 소통하는 데 옷 입는 것도 하나의 기술임을 강조한다.

나는 금융연수원에서 은행원들을 대상으로 마케팅 강의를 자주 하는 편이다. 보통 하루 7~8시간 과정으로 진행되는데, 한두 시간은 꼭 각자의 성공사례를 발표하는 시간을 갖는다. 다음은 울산에서 기업금융을 담당하는 김 과장이 발표한 사례.

"(주)○○회사는 기름때를 묻히며 일하는 제조업체로서, 은행원이 양복 차림으로 회사 방문 시 그들에게 위화감을 느끼게 하고 친근감을 주지 못함에 따라 그들과 눈높이를 맞추는 방법으로 회사 방문 시 그들과 동일한 작업복(점퍼)을 착용하고 꾸준히 방문했습니다. 처음에는 저의 행동에 대해 매우 의아해하다가 꾸준히 방문하고 같은 옷을 입었던 것이 계기가 되어 그들의 닫혔던 마음이 열려서 지금은 대출 잔액이 50억이 넘는 우수한 거래처로 발전했습니다."

패션이 세일즈 상담에 미치는 영향은 생각보다 크다. 사람들은 패션을 보고 공감하기도 하고 반감을 갖게 되기도 한다. 정돈되지 않은 머리, 흐트러진 복장, 상황에 어울리지 않는 패션은 "난 물건을 팔 생각이 없습니다"라고 써붙이고 다니는 것과 같다.

측면은 공감의 영역

커피숍에 가보면 이야기를 나누는 청춘남녀들을 흔히 보게 되는데, 얼마나 친숙하고 깊은 관계인가를 바로 알아보는 간단한 방법이 있다. 좀 더 구석진 곳에서 옆자리에 가깝게 붙어 있을수록 더 친숙한 사이다.

어느 유명 호텔 커피숍에서 있었던 일이다. 주말에 선을 보는 젊은 남녀들을 위해 커피숍 테이블을 서로 마주보는 형태에서 옆에 앉아 얘기할 수 있는 둥근 테이블로 재배치했더니 맞선을 보는 남녀가 30%나 늘었다고 한다.

여기서 심리학적인 원리를 엿볼 수 있다. 즉, 협력하는 사이는 옆으로 어깨를 나란히 해서 앉게 되고, 경계하는 사이는 마주 보고 앉는다는 것이다. TV에서도 그런 모습을 종종 볼 수 있다. 남북의 판문점 군사회담은 항상 마주 앉아 대화를 한다. 그에 반해 우호적 관계에 있는 두 국가의 대통령은 옆으로 나란히 앉아 담소를 나누는 모습을 보인다.

제약회사의 영업사원들은 보통 약국에 가서 카운터를 사이에 두고 약사를 정면으로 마주보며 제품 설명을 한다. 그런데 이것이 잘못된 자세라는 연구 결과가 나왔다. 그런 상태에서 약사들은 방어적인 태도를 보였고, 영업사원들은 세일즈에 실패하고 말았다는 것이다.

이럴 땐 이렇게 하면 된다. 처음에 약국으로 들어가 약사의 정면에서 자신을 소개하는 것은 똑같다. 그런 다음 용기를 내어 약사에게 "카운터 끝 쪽으로 와주실 수 있나요?"라고 부탁한다. 그래서 약사와 비스듬히 서서 함께 제품설명서를 바라볼 수 있도록 한다.

이렇게 하자 약사들의 반응이 확연하게 달라졌고, 놀라운 결과가 뒤따랐다. 약사들이 더 편안하게 받아들일 수 있는 위치에 서게 되자 더 원만한 관계를 맺을 수 있었고, 그에 따라 실적도 상승한 것이었다.

측면은 친근의 공간이자 공감의 영역이다. 사람은 처음 만나는 사람이나 친한 관계가 아니면 경계 심리가 발동해서 심리적 바리케이드부터 치게 된다. 그러므로 고객을 만날 때는 정면에 서지 말고 측면에 서야 한다. 그래야 고객이 안심하게 되고, 상품 설명이나 상담을 받아들이기 쉽게 된다.

심리적 영역과 관련하여 또 하나 주의할 것은 머리 위쪽에 무언가가 있으면 고객이 압박감을 느껴 불안하게 된다는 점이다. 따라서 고객과의 상담 시에는 고객의 위에서 이야기하는 것을 피해야 한다. 편의점 같은 일부 소형 매장에서 점원의 자리에 받침대를 설치해 고객보다 높게 위치하도록 하고 있는데, 이는 잘못된 고객 응대 방법이므로 바꿔야 한다.

우호적인 인간관계는 물론 성공하는 비즈니스를 위해 공감력을 높이는 심리적 영역에 보다 많은 관심을 기울여야 한다.

더운 날에는 콜라값이
비싸지는 게 당연하다?

전통 경제학에서는 수요와 공급이 가격을 결정하고 소비자는 자신의 효용을, 생산자는 자신의 이익을 극대화하는 방향으로 의사결정을 내린다고 주장한다. 하지만 최근 들어 소비자와 생산자의 행동을 이끄는 동인이 반드시 이익 극대화만이 아니라는 주장이 제기되었다.

1970년대 카네기 멜론대의 연구 결과에 따르면 인간은 효용 극대화를 추구하는 존재(maximizer)라기보다는 주어진 현재 상황에서 만족을 추구하는 존재(satisfier)다. 인간은 최대 효용을 추구할 만큼 충분한 돈이나 시간을 갖고 있지 않다. 사람들은 단지 주어진 현재 상황에서 스스로 만족할 수 있는 선택을 한다. 이것이 바로 전통 경제학 이론에 맞서는 '행동 경제학(behavioral economics)'의 탄생 배경이다.

마케팅은 고객의 마음에 투자하여 제품의 인지도와 선호도를 높이는 활동이다. 기업의 목적 달성을 위해 소비자들의 마음을 움직여 고객으로 만드는 것이다. 이렇게 보면 마케팅은 행동경제학의 다른 이름이라고 말할 수 있다.

2002년 노벨경제학상을 받은 행동경제학자 대니얼 카너먼은 사람들의 경제적 선택이 그것을 바라보는 '마음의 창'에 따라 달라진다는 것을 증명했다.

(상황 A) 100만 원짜리 노트북을 사러 한 가전제품 매장에 들렀는데 친구에게서 전화가 왔다. 버스로 1시간 정도 떨어진 다른 매장에서 3만 원 더 싸게 팔고 있다고 귀띔해주었다. 당신은 버스를 타고 그 매장으로 가겠는가?

(상황 B) 5만 원짜리 게임기를 사러 한 가전제품 매장에 들렀는데 친구에게서 전화가 왔다. 버스로 1시간 정도 떨어진 다른 매장에서 3만 원 더 싸게 살 수 있다고 귀띔해주었다. 당신은 버스를 타고 그 매장으로 가겠는가?

100만 원짜리 노트북을 3만 원 할인해준다고 해서 1시간이나 버스를 타고 다른 매장으로 가지는 않을 것이다. 오가는 데 드는 시간, 교통비, 들고 와야 하는 불편함 등을 계산하면 100만 원에 비해 3만 원은 푼돈이기 때문이다. 그러나 상황 B에서는 마음이 끌릴 가능성이 크다. 5만 원이 정가일 때 3만 원은 큰돈으로 보이기 때문이다. 경제학적 관점에서 보면 두 상황 모두 3만 원을 절약할 수 있기 때문에 똑같은 조건이지만, 심리적으로 보면 다른 조건으로 받아들여지는 것이다.

이처럼 우리는 여러 가지 선택을 할 때 나름대로 합리적으로 따져보고 결정한다고 생각한다. 하지만 결과적으로 볼 때 비합리적인 선택을 하는 경우가 종종 발생한다. 똑같은 3만 원이라도 상황 A에서는 푼돈으로 여겨지고 상황 B에서는 큰돈으로 여겨지는 것처럼 말이다.

불공정은 반란을 부른다

몇 년 전 남성과 여성의 차이점과 커뮤니케이션 방법을 제시한 ≪화성에서 온 남자 금성에서 온 여자≫의 저자 존 그레이 박사의 방한 세미나에 참석한 적이 있다. 세미나가 끝나서 나오다 보니 마침 출구에서 책을 판매하고 있었다. 동료들에게 선물하려고 3권을 샀는데, 특이하게 책값을 자기가 정해서 내라는 것이었다. 책의 정가는 12,000원이었다. 나는 '3권이나 한꺼번에 사니까'라고 생각하며 나름대로 할인해서 3만 원을 냈다. 그리고 다른 사람들은 얼마를 지불하는지 유심히 지켜보았더니 모두 나처럼 권당 만 원을 내는 것이었다. 그때 불쑥 '5,000원이나 7,000원, 아니 3,000원만 내도 될 텐데 왜 모두들 저렇게 양심적이지?'라는 의문이 들었다.

왜 사람들은 저렴하게 구입할 기회를 마다하고 합리적인 수준의 비용을 감당하는 것일까? 그것이 마땅하다고 여기기 때문이다. 이러한 심리를 설명하는 연구로 '최후통첩 게임'이라는 게 있다. 제안자의 역할을 하는 사람이 돈을 나누는 방식에 대해 최후통첩을 하고 상대방이 이를 받아들일지 말지를 결정한다는 점에서 이런 이름이 붙여졌다. 두 사람이 참여하는 이 게임에서 한 사람은 100만 원 가운데 자기 몫과 상대방이 가질 몫을 제안하고, 상대방은 이 돈을 받을지 말지만 선택할 수 있다. 제안자 입장에서는 자신이 99만 원을 갖고 상대방이 1만 원을 갖는 안을 제시하는 게 경제적으로 타당하다. 그런데 상당수 제안자들이 비교적 공평한 수준으로 돈을 나눠 갖겠다고 제안했다. 또 수용자의 입장에서는 1만 원이라도 챙기는 게 이익이지만, 8대 2나 9대 1처럼 불공정하다고 판단되는 제안이 들어왔을 때는 과감하게 거절했다. 인간이 공정성을 추구하는 심리를 갖고 있음을 보여주는 것이다.

요즘 우리 사회를 뒤흔들고 있는 '갑(甲)의 횡포에 대한 을(乙)의 반란'은 강자인 '갑'에게 일방적으로 시달려왔던 약자들이 항거한 사건이다. 사람들의 감정적 연대를 쉽게 해주는 강력한 SNS가 을의 새로운 권력 수단이 되면서 갑의 횡포에 묵묵히 견디는 을의 모습은 더 이상 찾아보기 어렵다. 힘없는 을들이 연합전선을 형성해 거대한 갑에 맞서 기꺼이 함께 싸워줄 동지를 규합한다. 사진과 동영상 등 증거 자료까지 첨부하여 폭로하면 국민들이 약자의 처지에 공감하고 함께 싸워주는 것이다. 그렇게 해서 부당한 갑을 자리에서 끌어내리기도 하고, 불매운동을 통해 불공정한 회사에 결정타를 날리기도 한다. 이제 공정성은 국민들의 공감과 여론을 형성하는 중요한 잣대가 되었다.

인간에게는 부당한 대우를 받으면 불합리한 선택도 감수하는 것과 똑같은 이유로 누군가로부터 혜택을 받았을 때 응당 그 대가를 지불해야 한다는 공정성 추구의 심리가 기본적으로 깔려 있다.

인간의 '관계'도 공정성 추구 심리가 바탕을 이룬다. 사람은 다른 사람으로부터 사랑과 신뢰를 받게 되면 최대한 그에 보답하려는 속성을 갖고 있다.

사람은 누군가로부터 '좋아한다', '사랑한다'는 말을 들으면 기본적으로 '나도 좋아한다', '나도 사랑한다'고 말하고 싶어진다. 친구가 점심을 사면 "다음엔 내가 살게"라고 말하게 되는 것이 인지상정이다. 이를 심리학에서는 '호의의 보답성'이라고 한다. 굳이 심리학자들의 연구를 인용하지 않더라도 사람들은 일단 호의를 받으면 아무것도 받지 않았을 때보다 호의를 베푼 사람의 요구를 더 잘 들어주게 된다. 일종의 빚진 상태가 되기 때문이다. 로버트 치알디니는 자신의 저서 ≪설득의 심리학≫에서 이러한 현상을 '상호성의 법칙'이라고 정의했다. 상호성이란 공정성의 또 다른 이름이다.

기발한 아이디어로 회사에서 쫓겨난 회장님

직원들을 회사에 오래 다니게 하는 방법은 회사가 직원들을 존중하고 있다고 느끼게 하는 데 있다. 가장 좋은 방법은 배려와 소통이다. 적정한 대우도 필수적이다. 자신의 연봉 수준이 공정하다고 납득할 수 있어야 한다. 남이 나보다 더 받는 것은 배 아픈 일이다. '배가 고픈 건 참아도 배가 아픈 건 못 참는다'는 말이 있다. 자기 성과가 객관적으로 평가되고 합당하게 대우를 받고 있다고 느끼게 해야 한다. 공정성을 확보해야 한다.

마케팅에서는 공정성이 '가격'으로 나타난다. 가격은 다른 어떤 마케킹 활동보다 소비자의 반응을 이끌어내는 데 결정적이기 때문이다. 미국의 마케팅 전문가 사라 맥스웰은 그의 저서 ≪가격차별의 경제학≫에서 "사람들은 '불공정한 가격'에 본능적으로 격분한다"며 "불공정하게 가격을 책정하는 회사는 단기적으로 이득을 볼지언정 장기적으로는 문 닫을 위기에 처할 수도 있다"고 충고한다. 그는 더 나아가 "불공정한 가격에 대한 소비자의 분노가 판매자에 대한 '응징'으로까지 이어질 수 있다"고 경고한다. 그는 "기업이 제품의 질이나 서비스를 개선하지 않고 가격만 인상한다면 사회적으로 불공정한 것으로 간주되어 소비자들의 분노를 산다"고 설명했다.

"더운 날 콜라값이 더 비싼 건 공정한 일 아닙니까?"

코카콜라의 더글러스 이베스터 회장이 1999년 10월 초 기발한 아이디어를 내놓았다. 코카콜라 자동판매기에 온도감지 센서를 달아 더운 날에는 콜라값을 평소보다 더 올려 받겠다는 계획이었다. 제품 가격은 통상 수요 공급의 법칙에 따라 수요가 커질 때 올라간다. 이는 경제학적으로 볼 때 지극히 합리적이라고 볼 수 있다. 하지만 '똑똑한' 자판기에 대해 소비자들은 격렬히 저항했다. 업계 1위의 기업이 가격으로 소비자들에게 장난을 치는 것으로 받아들였다. 결국 이베스터 회장은 이 아이디어를 비롯한 여러 경영상의 실수로 해고되고 말았다.

경제학적으로 보면 기업의 궁극적 목표는 이익 추구다. 가격 관리는 총

이익의 극대화를 실현시킬 수 있는 핵심 전략이라 할 수 있다. 단순 계산으로 따지면 기업의 총이익은 가격이 높아짐에 따라 커진다. 그러나 가격을 높이면 판매량이 줄어들고, 판매량이 줄면 평균 비용도 높아진다. 이 때문에 가격 상승이 반드시 이익의 증가를 가져다주지는 않는 것이다.

소비자들의 불만을 사지 않고 가격을 인상하는 방법

그렇다면 공정한 가격이란 과연 무엇일까? 맥스웰은 "공정한 가격이란 소비자들이 감정적으로 만족하는 가격이며, 받아들일 수 있는 가격"이라고 정의했다. 사실 가격에는 저가나 고가의 개념이 없다. 소비자가 기꺼이 지불할 수 있는 가격만이 존재할 뿐이다. 예를 들어 내 강의를 두 시간 들으려고 하는 기업이 있다고 하자. 만약 100만 원이라면 저가인가, 고가인가? 둘 다 아니다. 기업이 내 강의를 듣기 위해 기꺼이 지불할 의향이 있는 가격만이 존재할 뿐이다. 소비자들이 이베스터 회장의 아이디어에 분노했던 것도 자신들이 어떻게 느끼는지를 고려하지 않고 판매와 이윤만 늘리려는 교묘한 전략이라고 여겼기 때문이다.

이 같은 소비자들의 반응을 설명하는 개념으로 '가격 공정성 인식(price fairness perception)'이라는 게 있다. 사람들은 어떤 가격이 높은지 낮은지를 평가할 때 과거 경험이나 현재 상황을 고려한다. 즉, 어떤 제품을 어느 정도 가격에 구입했는지 생각해보고 자신이 수용할 수 있는 기대 가격을 정한 후 이에 비추어 적절성 여부를 판단한다. 제시된 가격이 기대 가격과 차이를 보일 때 소비자들은 공정치 않다고 인식하고 때로는 불쾌감과 분노를 표출한다. 소비자들이 가격 인상에 반발하는 가장 큰 이유는 자신들이 존중받고 있지 못하다는 기분 때문이다. 따라서 기업 입장에서 부득이하게 가격을 올려야 하는 경우라면 충분한 시간을 갖고 소비자들과 소통해야 한다. 기업의 입장만 일방적으로 알리기보다 소비자들의 의견을 충분히 들어주는 모습을 보여주어야 한다.

그렇다면 기업이 고객을 납득시켜 공정한 가격 인상이라는 공감대를 형성하는 방법은 무엇일까? 고객들의 신뢰와 만족, 호의, 공감을 얻으며 가격을 인상하는 방법을 알아보자.

첫째, 소비자의 '가격심리 지도'를 읽어라. 얼마 전 우유값이 리터당 200원 정도 오르자 한국소비자단체협의회는 성명을 내고 소비자들이 납득할 수 있는 근거를 대라고 요구했다. 즉석밥 업계도 불매운동으로 심한 곤욕을 치렀다. 대표적인 '서민식품'이라는 점을 감안하여 10년 동안 한 번도 가격을 올리지 않았던 제조사가 치솟는 곡물 가격으로 인한 원가 압박 때문에 어쩔 수 없이 가격을 올린 것인데도 언론과 소비자들이 아우성을 친 것이다.

그렇다면 소비자들은 가격 인상에 왜 그렇게 민감하게 반응하는 것일까? 소비자들의 마음속에는 심리적인 '가격지도'가 그려져 있다. 비누나 샴푸, 운동화 같은 물품들이 가격 순으로 마음속에 자리를 잡고 있는 것이다. 그런데 어느 날 다른 물품들은 제자리에 있는데 어느 하나가 갑자기 가격이 바뀌게 되면 소비자들은 그 이유가 알고 싶어진다.

가격을 올릴 때마다 기업들이 단골로 써먹는 메뉴는 '원가가 올랐기 때문에 우리도 어쩔 수 없다'는 것이다. 하지만 소비자들은 기업의 원가를 믿지 못한다. 코카콜라처럼 이윤 극대화를 위해 가격을 올린다면 더욱 불공정하다고 생각한다. 소비자가 원하는 것은 가격을 꼭 올릴 수밖에 없었는지 자신이 납득할 수 있게 해달라는 것이다. 이유를 납득할 수 있다면 '그럴 만한 사정이 있었구나' 하고 넘어가지만, 받아들이기 어렵거나 기업들이 설명조차 안 해주면 분통을 터뜨리게 된다. 따라서 원가 정보를 투명하게 공개할 필요가 있다. 상품의 비용 구조상 가격 인상이 불가피하다고 판단되면 소비자들은 공정하다고 여길 것이다. 소비자들에게 중요한 것은 '정당성'이 아니라 '납득성'이다. 기습 인상은 금물이다. 소비자들의 반발이 가장 거세지는 경우는 기습적으로 값을 올리는 경우다.

둘째, 가격 인상 제품과 인하 제품을 동시에 발표하라. 2014년 모 음료 수업체는 인기 제품 10가지의 가격을 올리면서 매출 규모가 작은 6가지 제품은 가격을 내렸다. 그러면서 "원자재 가격이 오른 제품에 대해서는 최소한의 가격 인상이 불가피했습니다. 반면 원가가 낮아진 제품도 있어 가격 인하도 동시에 진행하게 되었습니다"라고 발표했다. 가격을 올리기만 했다면 소비자들은 '진짜 원가 오른 거 맞아?'라고 의심했을 텐데, '내린 것도 있으니까 이번 가격 조정은 믿을 수 있겠다. 진짜 원가가 올라서 가격을 올렸나 보다' 하고 생각하게 되었다. 만약 코카콜라도 더운 날에 콜라값을 올려 받는 것과 함께 추운 날에는 싸게 판다는 점을 집중 홍보했더라면 소비자들의 반발을 사지 않고 더 많은 매출을 올렸을지도 모른다. 이 같은 실수를 반복하지 않으려면 인간의 비합리성과 공감대에 대해 더 깊이 이해해야 한다.

셋째, 할인 위주의 요금 정책을 시행하라. 동일한 경제 상황에서 고객의 이득에 기반한 요금 장벽은 고객의 손실에 기반한 요금 장벽보다 더 공정하게 지각된다. 예를 들어 주말에 미용실을 방문한 고객에게 추가 요금을 내라고 하면 돈을 밝히는 미용실이라고 생각하여 불공정하다고 느낄 것이다. 그러나 주말 가격이 정가이고 주중에는 5,000원 할인된 가격으로 특별 봉사한다고 광고하면 고객은 주말의 높은 가격을 수용할 가능성이 높다.

마케팅의 공감력을 높이는 방법

기술은 시장을 창조하는 도구일 뿐이다. 결국 시장을 창조하는 것은 소비자의 공감이다. 따라서 기업들은 스스로 소비자를 얼마나 이해하고, 소비자와 같은 생각을 하며, 소비자의 체험을 공유하고 있는지를 항상 돌아보아야 한다. 이는 소비자가 해당 기업을 얼마나 이해하고 인지하며 정서적으로 유대감을 갖는지와 직결된다. 결국 마케팅이란 소비자의 공감을 최대한 이끌어내는 활동으로 정의할 수 있다.

예전에는 '백 번 듣는 것보다 한 번 보는 것이 낫다'고 했다. 그러나 지금은 '백 번 보는 것보다 한 번 경험하는 것이 낫다'고 말한다. 사람들은 들은 것의 10%, 읽은 것의 30%, 본 것의 50%, 체험한 것의 90%를 기억한다고 한다. 그러므로 공감을 증폭시키는 첫째 요소는 체험을 공유하게 하는 것이다. 그래서 많은 기업들이 제품의 특성에 맞춰 '오프라인 체험단'이나 '온라인 체험 사이트'를 활용해 시승, 시식, 시음 등의 이벤트를 벌인다. 체험을 통해 구전 활동이 일어나도록 유도하는, 이른바 '체험 마케팅'이다.

체험한 소비자는 자신의 경험을 혼자만 소유하지 않는다. 자신에게 남은 기억과 경험을 다른 사람들에게 전하고 공유한다. 공감대를 형성, 확산시키는 것이다. 이렇게 구전되는 정보는 기업이 제공하는 정보보다 더 믿을 만하고 유용한 정보로 받아들여진다. 사용자가 잠재 고객들에게 직접 자신의 경험을 들려주기 때문이다.

다이렉트 마케팅 분야의 전설 레스터 분더맨이 경영학자 피터 드러커에게 "좋은 광고란 무엇입니까?"라고 질문한 적이 있다. 이에 드러커는 "'이 광고는 내 이야기를 하는 것 같다'라는 느낌을 주는 광고가 최고의 광고"라고 대답했다. 대표적인 사례로 쉐보레 말리부 광고를 들 수 있다. '지켜주고 싶어서'라는 카피로 안전성을 강조하는 광고가 인상적이다. 이 광고는 실제 사고를 당한 차주가 등장해 사고가 난 원인을 이야기하고, 어떻게 큰 부상 없이 안전할 수 있었는지를 증언하며 "누군가의 기적, 누군가의 믿음을 말리부는 안전이라 말합니다"라는 메시지를 전달한다. 사고를 경험한 사람이 시청자들과 자신의 경험을 공유하고 이를 통해 제품의 특징을 전달한다는 점에서 공감을 부르는 대표적인 방식이라고 볼 수 있다.

실제로 연기를 하게 하는 방법도 공감을 증폭시킨다. 미국의 심리학자 어빙 재니스는 실연이 설득 효과를 높인다는 사실을 실험으로 증명했다. 금연을 권장할 때 니코틴이 폐에 좋지 않다는 등의 위협적인 광고는 아무리 해도 잘 통하지 않았는데, 자신이 폐암에 걸려 수술대 위에 놓여 있다는 상상을 하게 하고 실제 연기를 해보도록 했더니 효과가 아주 큰 것으로 나타났다. 당신에게도 닥칠 수 있는 일이라는 사실을 보여주거나 상상하도록 한 것이 주효했던 것이다.

당신에게 세 살짜리 아이가 있고 배우자가 아이를 도맡아 키우고 있다면 3일 정도만이라도 서로의 역할을 바꿔 지내보라. 배우자를 쉬게 하고 당신이 혼자서 아이를 돌보도록 하라. 밖에서 돈 벌어 오는 것만이 스트레스가 쌓이는 일이 아니라는 사실을 알게 될 것이다. 역할 체험은 부부 갈등을 푸는 데도 아주 좋은 방법이다.

인간관계에서건 마케팅에서건 설득을 할 때는 남의 얘기가 아니라 자신의 일이라는 것을 설명해주면서 직접 상상하고 체험하도록 자극할 필요가 있다.

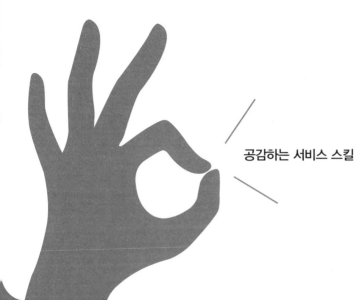

4

엄마는 뽀로로 가방을
좋아할까?

공감하는 서비스 스킬

고객이 원하는 건
변명이 아니다

한국에 진출한 한 일본계 카메라회사의 서비스와 마케팅 교육을 2년째 맡아서 진행하고 있다. 이 회사의 교육 담당 김 대리의 고민이다.

"장 교수님의 강의 만족도는 참 좋습니다. 교육이 재미있고 구체적인 스킬과 연결되어 있으니까요. 그런데도 서비스센터를 방문한 고객들의 체감 만족도는 크게 높아지지 않고 있습니다."

그 말을 듣고 무엇이 부족했는지를 알아보았다. 그간 접수된 불만사례 몇 건을 살펴보다가 서비스센터 직원들의 답변과 처리 내용에서 공통점 하나를 찾아낼 수 있었다.

"카메라 배터리 잔량이 충분한데도 잔량이 없음으로 잘못 표시되고 있는데, 구입한 지 얼마 되지 않아 생긴 문제이니 새것으로 교환해주세요.

바쁜 학교 일정 때문에 실제 사용 시간은 많지 않습니다."

학교 선생님이 제기한 클레임이었는데, 직원들의 답변은 이랬다.

"실제 사용 시간은 얼마 되지 않았어도 소비자 분쟁 해결 기준인 교환 가능 기간이 경과하여 교환이 불가합니다. 고객님들마다 사용 조건이나 기준이 전부 다른 관계로 고객님께만 따로 처리해드릴 수 없습니다."

서비스센터 직원들과 고객의 시각 차이는 너무나 대조적이고 분명했다. 한마디로 "저희는 A/S 처리 기준을 준수합니다"와 "특별한 상황을 고려하지 않고 규정만 따집니까?"로 요약되는 것이었다. 고객들은 하나같이 "융통성 없는 기계적인 인간들아(당신네 규정이 아니라 특별한 내 사정과 마음을 헤아려주세요)"라고 외치고 있었다.

김 대리와 협의한 결과, 고객이 제기한 불만사례들을 하나하나 검토하면서 3가지 질문을 중심으로 풀어나가기로 했다.

"내가 이 고객의 입장이라면 어떻게 느끼겠는가?", "내가 고객의 마음을 헤아려준다는 점을 어떻게 표현하고 있는가?", "내가 고객에게 무엇을 해주어야 하는가?"

이렇게 질문하자 직원들이 슬슬 입을 열기 시작했다.

"우리는 고객이 제기한 불만을 회사 규정 내에서 처리할 수 있는지를 판단하는 데 골몰합니다. 그래서 신경을 곤두세우며 '방어적'인 자세를 취할 수밖에 없습니다", "왜 무상 교환이 안 되는지를 잘 설명해서 고객에게 수리비를 지불하게 하는 기사가 유능한 직원입니다. 그러나 고객은 무상 교환을 해주지 않으려고 온갖 변명을 늘어놓는다고 생각합니다", "우리는 고객이 고집 피우지 않고 얼른 전화를 끊어줬으면 좋겠습니다. 물론 고객은 자기 입장에서 말을 들어주면서 융통성 있게 업무를 처리해주길 기대할 것입니다", "고객이 계속 고집을 부리면 기사도 사람인 이상 결국 화가 나서 계속 친절하게 대하기가 어렵습니다. 고객은 계속 물고 늘어지면 회사가 끝내는 자기 말을 들어주게 될 것이라고 생각합니다. 그렇게 해서 회사를 이긴 경험이 있기 때문입니다."

직원들의 이야기를 듣고 나서 '이러한 문제를 해결하는 가장 바람직한 생각과 행동은 무엇일까?'에 대해 토론했다.

고객이 화가 났다면 그것은 사실 나 개인이나 회사 입장에서만 상황을 바라보았다는 뜻이다. '내가 고객 입장이라면 어떨까?', '고객은 어떤 기분이 들까?', '어떻게 하는 것이 고객에게 최선일까?'라는 공감의 질문을 스스로 던져 고객의 입장을 헤아려볼 수 있어야 한다. 이 질문은 즉각적으로 고객을 다시 바라보게 할 만큼 강력하다. 고객의 행동이 거칠고 마음에 들지 않더라도 공감의 질문을 통하면 그 행동을 이해할 수는 있는 새로운 관점이 생긴다.

우리는 누군가의 신념이나 행동에 동의는 하지 않더라도 그의 관점을 이해할 수는 있다. 공감한다고 해서 꼭 그의 관점을 지지하는 것은 아니다. 실적 향상을 위해 팀원들을 닦달하는 팀장을 싫어한다고 하더라도 그가 왜 그렇게 할 수밖에 없는지는 이해할 수 있다.

엄마는 뽀로로 가방을 좋아할까?

나는 강의나 컨설팅과 관련하여 많은 금융기관들을 상대하고 거래하다 보니 은행이나 증권사의 VIP고객 리스트에 올라 있는 경우가 적지 않다. 그래서 계좌 개설이나 계약 변경 등으로 방문하게 되면 선물이나 기념품을 받게 되는데 그중 절반 이상은 골프공을 비롯한 골프 관련 용품이다. 골프를 좋아하는 지인들에게 자주 나누어 주는데도 우리 집에는 그런 선물들로 빼곡하다. 참고로 나는 골프를 즐기는 편이 못 된다. 골프장에 가는 것도 1년에 몇 번에 불과하고, 그나마도 대부분은 반강제로 끌려가듯 가곤 한다.

골프 이야기를 꺼내는 것은 사람들의 관점이 얼마나 자기중심적일 수 있는지를 말하기 위해서다. 일반적으로 부자들은 대개 골프를 좋아하고 골프장에 자주 간다고 믿는 것 같다. 나에 대해서도 그런 편견(?)을 가지고 있는 사람들이 있다. 자기 입장에서만 생각하는 것이다.

다섯 살배기 아이들에게 루이비통 가방과 뽀로로 가방 중에서 엄마 생일 선물을 고르라고 하면 아이들은 십중팔구 뽀로로 가방을 선택할 것이다. 엄마도 자기와 같은 관점으로 세상을 볼 것이라고 가정하기 때문이다. 자신이 좋아하는 것을 엄마도 좋아할 것이라고 생각하는 것이다.

어린아이들은 자신의 관점과 다른 사람의 관점을 잘 구분하지 못한다. 자기중심성(ego centrism) 때문이다. 자기중심성은 어린아이의 마음의 특성을 나타내는 개념으로 스위스의 아동심리학자 장 피아제가 1948년 처음 제창한 개념이다.

피아제는 어린아이들이 약 7세까지는 타인의 관점을 이해할 수 있는 능력을 갖지 못한다고 보았다. 8~9세가 되어야 비로소 엄마가 뽀로로 가방보다는 비싼 가방을 원한다는 사실을 알게 된다는 것이다. 그는 수제자인 바벨 인헬더와 함께 '세 산 과제(three mountains task)'로 알려진 실험 결과를 발표했다. 그는 보는 각도에 따라 모양이 달라 보이는 입체적인 모형의 산을 만들어 먼저 어린아이에게 산 전체의 모습을 360도 돌아가면서 보도록 했다. 그 후 어린아이를 산의 한쪽 편에 앉게 하고 맞은편에 곰 인형을 하나 놓아두었다. 그런 다음 어린아이가 앉아 있는 쪽에서 찍은 사진과 곰 인형이 앉아 있는 쪽에서 찍은 사진을 보여주고, 2개의 사진 중에서 어느 것이 곰 인형이 보고 있는 산의 모습인지 고르게 했다. 그 결과, 아이들은 자신의 위치에서 보이는 산의 사진을 선택하는 것으로 나타났다. 즉, 아이들은 맞은편에서 산을 보고 있는 곰도 자신이 보고 있는 것과 같은 산의 모습을 보고 있을 것으로 생각하는 것이다. 자기중심성에서 비롯된 결과다.

이 같은 자기중심성은 8살이 넘어 성인이 되어서도 곧잘 나타난다. 선천적으로 타인의 관점을 잘 이해하지 못하는 뇌의 영향이다. 우리의 뇌는 많은 경험과 교육을 거치고 나서야 다른 사람이 나오는 다른 생각과 의견을 가질 수 있다는 사실을 깨닫게 된다. 타인의 관점을 상상하고 이해할 수 있는 인지적 능력을 심리학에서는 '마음 이론(theory of mind)'이라고 부른다. 말 그대로 타인의 마음속에서 일어나는 일을 읽어내는 능력으로, 거울신경에서 담당한다. 마음 이론을 쉽게 풀어 해석하자면 '너의 마음이 있다는 것을 안다'는 뜻이다. 자신이 상대방이 되어보고 상대방이 내 자신이 되어보는 것이다.

마음 이론이 잘 발달되어 있는 사람은 다른 사람의 마음 상태를 인지하고 이해하는 공감 능력이 우수한 반면, 마음 이론에 결함이 있는 사람은 다른 사람의 입장을 이해하기보다 자신의 시각에서 상황을 이해함으로써 호혜적인 사회적 상호작용을 하는 데 어려움을 겪는다.

공감을 완성시키는 3단계

몇 날을 끙끙대던 장제현이 판결을 내렸다.

"두 형제가 서로 재산이 불공평하게 나누어졌다고 주장하니, 쌍방 모두에게 공평하도록 다음과 같이 판결한다. 두 형제는 재산을 서로 교환하라."

송나라 진종 때 한 대신의 아들 둘이 부모로부터 상속받은 재산 분배 문제로 소송을 제기했을 때의 이야기이다. 형은 동생 몫이 많다고 하고, 동생은 형 몫이 더 많다고 주장하자 재상 장제현이 내린 명판결이다.

소통과 공감의 핵심 비결은 나와 상대방의 입장과 상황을 바꿔보는 것, 즉 '역지사지(易地思之)'하는 것이다. 자신을 상대방의 마음에 이입시켜 상대방의 입장에 서서 자신의 마음 상태와 행동을 능동적으로 조절할 줄 알아야 한다.

여기서 질문 하나. '오늘 저녁 사랑하는 사람에게 직접 요리를 해서 저녁식사를 대접하고 싶다. 그러면 내가 잘하는 요리를 해야 할까, 아니면 그(녀)가 좋아하는 요리를 해야 할까?' 많은 사람들이 자기가 잘하는 요리를 선택한다. 그런 사람은 솔로로 지낼 가능성이 크다. 조금 서투르더라도 그(녀)가 좋아하는 음식을 대접해야 한다.

그런데 역지사지만으로는 충분하지 않다는 주장이 설득력을 얻고 있다. 역지사지를 넘어 역지감지(易地感之), 즉 타인의 감정까지 느껴보아야 한다. 여기에다 역지행지(易地行之)까지 해야 비로소 공감이 완성된다. 상대방의 입장으로 행동하는 데까지 이어져야 진정한 공감이기 때문이다.

상대방의 입장에서 생각하고, 느끼고, 행동할 때 비로소 진정한 소통과 공감이 완성된다.

역지사지, 내가 아니라 상대가 좋아하는 요리를 대접하라

어느 날 해와 달이 만났다. 해가 달에게 사람 사는 마을의 이야기를 들려주었다.

"나뭇잎이 초록색이라 얼마나 예쁜지 몰라."

이 말을 들은 달은 "나뭇잎은 은빛이야. 그리고 사람들은 늘 잠들어 있어"라고 반박했다. 해는 달이 한 말을 이해할 수 없었다. "사람들이 잠만 잔다고? 사람들은 언제나 바쁘게 움직여!"라며 목소리를 높였다. 달도 해의 말을 이해할 수 없었다. 그때 바람이 나타나서 "너희들은 왜 쓸데없이 다투냐? 낮에는 해의 말대로 나뭇잎은 초록색이고 사람들도 바쁘게 움직여. 그런데 밤에는 달의 말대로 나뭇잎은 은빛이고 사람들도 잠을 자"라고 설명하면서 자기가 보는 것만을 진실이라고 우기지 말라고 타일렀다고 한다.

우리는 살아가면서 자기 눈에 보이는 것이 전부인 듯 고집하는 경우가 많다. 각자 자기 눈에 맞는 안경을 쓰고 있을 뿐인데, 자기 안경을 써야만 세상을 바로 보는 것이라고 우긴다. 상대방의 세상이 나와 다르다는 점을 모르는 것이다. 이럴 경우 "아! 당신의 안경으로는 그렇게 보이겠군요"라고 깨닫는 것이 중요하다.

이솝우화에 나오는 '여우와 두루미' 이야기를 보자.

여우와 두루미가 한 마을에 살고 있었다. 어느 날 여우가 두루미를 초대해 넓적한 접시에 음식을 담아 주자 부리가 긴 두루미는 먹을 수가 없었다. 화가 난 두루미는 다음에 여우를 초대하여 목이 긴 호리병에 음식을 담아 대접함으로써 통쾌하게 복수를 했다. 상대방의 입장을 알면서도 골탕을 먹인 것이다.

그런데 여기서 여우가 미련해서 두루미의 입장을 생각하지 못한 탓에 이런 불신과 앙금을 만들었다고 생각해보자. 두루미를 제대로 대접하고 싶은 생각은 있었지만 두루미의 입장을 모른 채 자기 입장에서만 생각하고 넓적한 접시에 음식을 담았을 수도 있다. 그렇다면 긴 호리병에 음식을 담아 줌으로써 여우가 침만 삼키게 만든 두루미가 나쁘다고 할 수 있다. 여우는 모르고 실수를 한 것이지만, 두루미는 알면서도 고의로 여우를 골탕 먹였으니까 말이다.

그러나 생각해보면 여우와 두루미의 행동의 결과는 어쨌든 다르지 않다. 남의 입장을 헤아리지 못한 것이나 고의로 그런 것이나 결과적으로 상대의 입장과 관점을 이해하지 못함으로써 불신과 앙금의 골이 깊어졌기 때문이다.

그렇다면 '너의 마음이 있다'는 것을 아는 능력은 언제쯤 생기는 것일까? 앞서 언급한 대로 피아제는 8~9세 정도가 되어야 한다고 했다. 하지만 나이를 먹는다고 해서 이러한 능력이 100% 완벽하게 발달되는 것은 아니다. 어른이 되어서도 남의 입장이나 마음을 헤아리지 못하는 사람들이 꽤 있다. 내 생각에는 세 부류의 사람들이 이런 착각을 잘하는 것으로 보인다.

첫 번째 부류는 선거에 나오는 정치인들이다. 본인은 유권자의 엄청난 지지를 받고 있다고 착각하여 누가 보아도 질 것이 뻔해 보이는데도 이길 수 있다고 믿고 선거에 나온다.

두 번째 부류는 은퇴 후 창업하는 사람들이다. 자신의 아이템이 분명히 성공할 것으로 믿고 잘해나갈 것이라고 낙관한다. 내 주변에도 이런 사람이 제법 있다.

세 번째 부류는 기업의 최고경영자다. 그는 자기가 더 좋은 제품을 만들면 틀림없이 성공할 것이라는 확신을 갖고 있다.

이런 오류에 빠지면 남들이 객관적으로 말해주는 부정적인 충고나 의견은 제대로 귀에 들어오지 않는 반면에 긍정적인 의견은 2배 3배 과장해서 받아들이게 된다. 자신의 선택이 반드시 다른 사람들에게도 먹힐 것이라는 착각을 가지고 말이다.

미국의 시인이자 철학자인 랠프 월도 에머슨은 "만약 어떤 사람이 남들보다 더 좋은 글을 쓰거나 더 좋은 설교를 하거나 조금 더 개량된 쥐덫 하나라도 만들어낸다면, 사람들은 그의 집이 아무리 울창한 숲 속에 있다고 할지라도 그 문 앞에까지 길을 내고 찾아갈 것이다"라고 말했다. 여기서 유래한 '더 좋은 쥐덫(a better mousetrap)'은 좋은 제품을 상징하는 경영학의 관용어로 굳어졌다. 그러나 누가 봐도 더 뛰어난 제품이 시장에서 실패하는 사례는 수없이 많다.

실제로 쥐덫을 만드는 미국 울워스의 사장 체스터 울워스는 오랜 연구 끝에 아주 뛰어난 제품을 만들어냈다. 한 번 잡힌 쥐는 절대로 놓치지 않을 뿐 아니라 예쁜 색깔의 플라스틱으로 만들어진 이 쥐덫은 깨끗하고 예쁜 디자인에 위생적이며 값은 기존 제품에 비해 약간 더 높을 뿐이었다. 그런데 이 '더 좋은 쥐덫'은 처음에는 잘 팔리는 듯하다가 금세 매출이 떨어지더니 결국 실패한 제품이 되고 말았다. 이유를 분석해보니 고객들은 쥐가 잡혀 있는 쥐덫을 처리하기 어려워 쥐와 함께 쥐덫째로 버리는 경우가 많았는데, 이 좋은 쥐덫은 그냥 버리기에는 너무 예쁘고 아까워서 차마 버리지 못했던 것이다. 그래서 죽은 쥐를 꺼내고 쥐덫을 깨끗이 씻은 후 다시 사용하려다 보니 그 과정이 너무나 징그럽고 불쾌해서 사람들은 차라리 구식 쥐덫을 사용하는 편이 낫겠다는 결론을 내린 것이다.

'더 좋은 쥐덫'도 고객의 생각이나 입장을 외면한다면 아무 소용이 없다. 내가 아니라 그(녀)가 좋아하는 요리를 선택해야 한다. 인간관계나 비즈니스에서나 역지사지의 교훈을 잊지 말아야 하는 이유다.

역지감지, 상대방의 마음을 헤아릴 줄 알아야 하는 까닭

누구나 살다 보면 머릿속에서 지워지지 않는 몇 가지 응어리를 갖게 된다. 특히 불쾌한 일이 그렇다. 물론 나도 그런 잊히지 않는 기억이 몇 가지 있다. 그중 하나는 아내와의 결혼을 반대했던 처가 때문에 '이러다 결혼도 못하면 이 수모를 어떻게 이겨내지…'라며 잠을 못 이루던 시절이 있었다.

지점장 시절에 영업차 찾아갔던 어느 사장님도 생각난다. 그분의 사업에 지인을 소개해주기도 하고, 금융 관련 일을 하는 분이라서 자문도 해주면서 열심히 도와주었던 터라 이제는 도움을 좀 받을 수 있겠다 싶었다. 큰돈을 굴리고 있는 분이었는데, 그날 따라 유난히 바쁜 듯 보였다. 미리 약속을 하고 갔는데도 나를 소파에서 기다리게 한 채 10여 분 넘게 무언가를 하고 있었다. 적절한 타이밍이 아닌 듯하여 "다음에 다시 찾아뵙겠습니다"라며 일어서는데 비스듬히 그분의 컴퓨터 화면이 시야에 들어왔다. 고스톱 게임이었다. 순간 모멸감이 밀려왔다.

우리 사회 곳곳에서 갑의 횡포, 왕따, 악플, 인신공격 등으로 모멸감을 자아내는 일들이 심심찮게 일어난다. 근본 원인은 가해자가 한 번도 '저 사람의 입장에서는 어떻게 느낄까'를 생각해보지 않은 탓이다. 이것이 역지사지로는 부족하고 역지감지, 즉 상대방의 느낌을 입장 바꾸어 느껴보는 것을 강조하는 이유다. 적어도 '다른 사람도 나처럼 소중하며 상처받을 수도 있다'는 사실을 인식하고 느낄 수 있어야 한다.

맹자가 강조했던 측은지심(惻隱之心)의 의미도 '고통의 공감'이었다. 맹자는 아이가 우물에 빠지려고 할 때 사람이라면 누구나 아이를 측은하게 여기는 마음이 생길 것이라며 이를 '인(仁)'이라고 했다. 그렇다. 다른 사람의 고통에 공감할 수 있는 인의 마음을 가져야 한다.

그러나 고통을 느끼는 스펙트럼의 범위는 사람마다 천차만별이다. 대부분의 사람들은 공감적 연결의 끈을 가족이나 자신이 속한 공동체에 한정하는 경향이 있다. 자신의 고통만 느끼는 사람도 있고, 가족의 고통만 느끼는 사람도 있으며, 자기 조직이나 민족의 고통만 느끼는 사람도 있다. 그런가 하면 앨버트 슈바이처 박사나 테레사 수녀, 이태석 신부처럼 모든 사람의 고통을 자신의 고통인 것처럼 느끼는 사람도 있다. 우리는 이런 사람들을 성인(聖人)이라 부르며 존경한다.

마케팅 측면에서 역지감지의 모습은 어떨까? 경영학의 대가인 윤석철 교수는 그의 책 ≪경영학의 진리체계≫에서 고객의 필요와 아픔이 무엇이지를 파악할 수 있는 경영자의 인식 능력을 '감수성'이라고 정의했다. 윤 교수는 세종대왕의 한글 창제 이면에도 백성을 향한 연민의 정이 큰 작용을 했다고 해석한다. 글을 몰라 뜻하는 바를 제대로 펴지 못하는 백성들의 고충, 특히 농사를 지어 먹고사는 백성들에게 농사짓는 법을 알려주는 ≪농사직설(農事直說)≫조차 알기 어려운 한문으로 쓰여 있는 현실에 세종대왕은 아픔을 느꼈다. 이와 같은 감수성이 오늘날 세계에서 가장 훌륭한 문자로 평가받는 한글을 만들어내는 원동력이 되었다는 것이다. 바로 역지사지와 역지감지의 자세다.

윤 교수는 켈로그의 탄생 배경도 경영자의 탁월한 감수성에서 찾는다. 켈로그의 창립자 윌 키스 켈로그는 초등학교 교육밖에 받지 못했다. 그는 미국 미시간주의 작은 도시 배틀크릭에 있는 한 내과병원에서 25년간 잡역부로 일했다. 입원 환자들에게 식사를 제공하는 일을 하던 그는 소화기계통 환자들로부터 빵을 먹으면 속이 편치 않다는 푸념을 자주 듣게 되었다. 이때 그는 환자들에게 마음으로부터 깊은 연민을 느꼈다. 병원의 급식 메뉴 중 빠질 수 없는 것이 빵이었다. 그는 빵 속에 들어 있는 이스트가 부작용을 일으키는 것으로 판단하고 이스트가 없는 곡물 식품을 만들겠다고 결심했다. 그는 곡물을 삶아서 눌러내는 방법으로 오랫동안 여러 가지 실험을 거친 끝에 마침내 시리얼을 만들어냈다. 이렇게 만들어진 시리얼은 섬유질이 많은 밀 껍질을 그대로 포함하고 있어 영양가가 빵보다 높고 소화기 건강에 도움이 되었다. 환자들은 병원에서 퇴원한 후에도 계속해서 켈로그에게 시리얼을 주문했다. 이렇게 해서 시리얼은 환자들뿐 아니라 일반인을 위한 아침식사로 자리매김하는 데 성공했다. 이것이 오늘날 켈로그가 세계적인 기업이 된 배경이다.

미국의 산업디자이너 패트리샤 무어는 26세의 나이에 노인으로 변장하고 3년을 살았다. 노인들이 일상에서 어떤 불편을 겪는지 알아보기 위해서였다. 부엌용품을 디자인할 때는 자기 손을 부목에 묶어 관절염 환자들이 감자 칼을 쓸 수 있는지를 시험하기도 했다. 그가 세계적인 디자이너이자 노인학자가 될 수 있었던 것은 공감을 위한 엄청난 노력의 결과였다.

세종대왕이나 켈로그, 무어의 공통점은 이익보다 사람들의 행복을 우선시했다는 것이다. 그것은 사람들의 감정을 헤아리는 따뜻한 마음에서 비롯되었다.

역지행지, 생각과 느낌은 행동으로 완성된다

어느 귀부인이 추운 어느 날 연극을 보러 갔다. 공연 중 가난한 주인공이 고생하는 것을 보면서 울음을 터뜨렸을 때 많은 이들은 귀부인을 보고 참으로 착하고 선량한 마음을 지닌 여인이라고 생각했다. 그 시간, 부인을 태우고 왔던 마부는 추운 길거리에서 떨며 부인을 기다리고 있었다. 그녀가 조금만 배려해주었다면 따뜻한 극장 안 어딘가에서 몸을 녹이며 기다릴 수도 있었을 텐데 말이다.

미국의 심리학자 윌리엄 제임스는 이 이야기에 인간의 '연극적 감수성'이 잘 나타나 있다고 말했다. 연극적 감수성이란 연극이나 드라마 같은 허구의 대상에게는 깊은 동정심을 가지면서 정작 주변 사람들에게는 냉담한 사람들의 마음을 가리키는 말이다. 착하고 선량한 마음을 느끼는 역지감지만으로는 부족하다. 모르는 사람과 미래를 위하는 것도 좋지만 당장 주변 사람들에게 느낀 바를 실천에 옮기는 일이 더 중요하다.

≪블랙 라이크 미≫라는 책에는 역지행지가 살아 있다. 저자인 존 하워드 그리핀은 1959년 순수한 백인 혈통이었으나 피부과 전문의의 도움을 받아 흑인의 모습을 하고 7주간 여행을 떠났다. 그 과정에서 그동안 백인으로서 당연하게 영위하던 일상에 생각지도 않은 장애가 생기는 것을 발견했다. 매일 드나들던 식당에 발을 들여놓을 수 없었고, 버스 휴게소의 화장실도 이용하지 못했다. 평소에 밝은 인사를 건네던 가게 점원은 굳은 얼굴로 자기를 대했다. 친절하게 대하는 백인도 있기는 했지만 대화를 나누다 보면 흑인을 멸시하는 태도가 금방 드러났다. 그는 "내가 가진 개인의 자질을 보고 나를 판단하는 사람은 아무도 없으며, 모든 사람이 내 피부색을 보고 판단했다"고 말했다. 백인인 그는 흑인이 되어 경험한 이야기를 책으로 써서 인종차별의 부조리함을 세상에 공개했다.

공감을 실천하는 역지행지의 방법으로 '용서'가 있다. 용서의 심리학을 연구해온 학자들에 따르면 용서에 가장 필요한 요소는 공감이다. 나에게 피해를 주거나 실수를 저지른 상대방의 입장에서 '왜 그렇게 했는가'를 이해할 수 있을 때 비로소 용서할 마음이 생긴다. 그것이 곧 공감이고, 이를 실천한 결과가 용서로 나타난다는 이야기다.

공감을 실천에 옮기는 효과적인 스킬들

공감의 실천에도 연습이 필요하다. 그중 한 가지 방법은 누군가가 당신이 이해할 수 없는 일을 할 때마다 주목해서 보는 것이다. 그 사람의 생각, 느낌, 의도를 이해하려고 노력하고 왜 그런 행동을 했을까를 생각해보는 것이다.

그랬어?
그럼
그렇지

그러니까
그래서
그토록
그렇게도
그랬었구나

모두 '그'자로 시작되는 유안진 시인의 '오해, 풀리다'라는 시의 일부다. 신기하게도 시의 앞이나 뒤를 이어 문장을 만들어보면 모든 오해가 풀리게 된다.

또 한 가지 방법은 상대방이 했던 행위의 원인을 너그럽게 생각하는 것이다. 효과적인 방법은 상대방을 용서해주었을 때 그 사람에게서 받고 싶은 사과 편지를 내가 써보는 것이다. 그 사람은 자신의 행동을 어떻게 설명할까? 무엇 때문에 상처를 주게 되었으며, 어떻게 자신이 용서받을 것이라고 기대할까? 그의 설명을 납득할 수 있을까? 그 사람의 말을 믿을 수 있을까? 그런 상상을 적으며 생각하다 보면 그에 대한 인식과 상황이 변화되는 것을 느낄 수 있다. 심한 상처가 되었던 상황이 새로운 관점에서 보일지도 모른다.

세 번째 방법은 언어의 가정을 이용하는 것이다. 언어에는 사람의 마음을 움직이는 힘이 있다. 상대만이 아니라 자신의 마음도 말한 대로 움직이게 된다. 언어 특유의 친화력과 설득력 때문이다. 리더라면 자신이 직원이라 가정하고 아랫사람의 입에서 나오는 말처럼 직접 말해본다. "자기가 따뜻한 극장에 있을 때 나는 어디에서 기다리고 있을지 생각이나 할까?"라고 마부 입장에서 투덜거려보는 것이다. 그러한 가정이 아랫사람의 상황을 헤아리게 만들고 타인을 배려할 수 있게 한다.

이제 다시 서비스센터 직원의 관점으로 돌아가 어떻게 고객 입장에서 생각하고, 고객의 심정을 헤아리고, 어떻게 자신의 생각을 표현하고 행동해야 하는지를 알아보자. 흔히 서비스센터 직원들은 고객이 원하는 대로 해주지 못하는 이유가 무엇인지를 잘 설명하면 고객이 납득하리라 생각한다. 그러나 이런 반응은 고객의 불만을 누그러뜨리기보다 오히려 악화시키기 쉽다. 장황한 설명은 변명으로 받아들여지기 때문이다. 고객 자신이 소중한 사람으로 대접받고 있다는 생각이 들도록 해야 한다. 어떻게 반응해야 할까?

먼저 고객의 불만을 들으면 그 말이 사실인지 아닌지를 분별해야 한다. 사실이라면 "고객님께서 지적하신 내용이 옳습니다"라고 공감을 표현한 다음 책임이 누구에게 있건 고객의 상한 마음을 이해하고 있다는 점을 이야기한다. 물론 사과의 말도 덧붙인다. 그리고 어떻게 해결할 것인지를 분명하게 밝힌다. 이 응대법에는 역지사지, 역지감지, 역지행지가 모두 담겨 있다.

세일즈에서도 가망 고객의 망설임이나 반론에 바로 반박하지 말고 '왜 그렇게 생각할까'에서부터 설득이 시작되어야 한다. 여기서 유용한 스킬 하나를 소개한다. 공감의 영향력을 은근하게 활용하는 '3F 공식'이라는 스킬이다.

먼저 고객의 기분(Feel)을 알아주는 것이다. 고객의 반론을 부드럽게 인정하고 동의한다. 이어서 전에도 비슷한 감정을 가졌던(Felt) 고객이 있었다, 하지만 결국 보다 중요한 사실을 발견했다(Found)는 식으로 고객의 반론을 극복해나간다. 예를 들면 "왜 그렇게 생각하시는지 알겠습니다(Feel). 선생님뿐 아니라 다른 고객들도 그렇게 생각했습니다(Felt). 그러나 막상 보험에 가입한 후에는 그것이 큰 문제가 아니었구나 하는 것을 알게 되었습니다(Found)"라는 식으로 말한다. "김 원장님 기분을 잘 알겠습니다(Feel). 미드림성형외과의 백 원장님도 이 기계에 대해 원장님과 같은 불만을 가지셨지만(Felt), 1년 동안 사용해보신 후에는 생각이 확 달라지셨어요. 여기 백 원장님의 편지를 읽어보시면 아실 겁니다(Found)"라는 식으로 고객의 반론에 반응할 수 있다.

애플은 '직원 훈련 매뉴얼'을 통해 공감을 강조한다. 그 매뉴얼 중에 '공감의 위력'이라는 내용이 있다. 고객의 감정 상태를 이해하고 좋은 방향으로 바꾸려고 노력하되, 화나고 불만스러운 그 감정을 똑같이 느끼지 말라는 것이 요점이다. 가령 애플컴퓨터가 너무 비싸다고 불평하는 고객에게는 이렇게 대응하라는 것이다.

"고객님께서 왜 그렇게 느끼셨는지 이해합니다(Feel). 저도 약간 비싸다고 느낀 적이 있거든요(Felt). 하지만 자세히 따져보니까 내장된 모든 소프트웨어와 기능을 감안하면 꽤 합리적인 가격이더라고요(Found)."

공감을 활용한 이 원칙을 적극 활용해보기 바란다.

공감은
'채용'되어야 한다

사람들은 흔히 상품을 구매하거나 서비스를 제공받으려 할 때 '혹시 내가 속고 있는 건 아닌가?' 하는 의심을 갖는다. 또 '저 사람들은 내게 더 많은 물건을 팔아 돈을 벌려고 혈안이 되어 있을 것'이라 짐작하며 경계하기도 한다. 카센터에서도 마찬가지다. 과다 수리로 바가지요금을 청구하는 일이 적지 않기 때문이다.

나도 동네에서 단골로 이용하는 카센터에서 점검을 하고 나면 타이밍벨트, 엔진오일, 부동액 등 수십만 원의 청구서를 받는데, 도대체 정말 교환해야 하는 것인지, 지금 꼭 수리를 해야 하는 것인지, 그게 적정한 가격인지 알 도리가 없다. "그냥 알아서 해주세요" 하고 맡겨버린다. 경계하면서도 그들의 양심에 모두 맡겨버리는 셈이다.

그날도 강의를 마치고 사무실로 들어오면서 근처 카센터에 들렀다. 브레이크를 밟을 때마다 소리가 나기에 브레이크패드를 새것으로 교체해달라고 부탁해놓았다. 약속 시간에 차를 찾으러 갔더니 주인이 대뜸 "브레이크는 쓸 만해요. 더 타셔도 돼요. 마모된 부분이 절반밖에 안 되니 아직 5, 6천 킬로는 족히 더 타실 수 있을 거예요"라고 말했다. 바꿔달라고 부탁했는데, 아직 쓸 만하니 더 운행해도 괜찮다며 친절하게 거절(?)하는 카센터는 처음이었다. 전혀 기대하지 않았던 신선한 경험을 한 것이다. 보통 카센터는 매출 올리기에 혈안이 되어 과잉 수리를 권유하고 바가지를 씌울 것이라고 생각해왔기 때문이다. 그는 내가 여태 생각해왔던 카센터 주인과는 크게 달랐다.

'역할 기대 위반'의 두 얼굴

'역할 기대'라는 말이 있다. 심리학에서 쓰는 용어인데, '직책이나 지위 등의 역할에 맞는 이미지를 상대에게 기대하는 것'을 뜻한다. 우리는 자동차 세일즈맨을 만나면 내게 차를 팔기 위해 애쓸 것이라고 생각한다. 그런데 "아직 괜찮아 보이니 좀 더 타시고 나중에 구입하세요"라고 말하는 세일즈맨은 그런 생각을 위반한다. 이런 세일즈맨에게서 우리는 의외의 신선함을 느끼고 신뢰감을 갖게 된다. 정반대의 경우도 있다. 성직자가 여신도를 성폭행하는 경우다. 이때는 역할 기대를 벗어남으로써 더 심한 사회적 비난을 받는다. 긍정적인 의미의 역할 기대는 충족시키고, 부정적인 의미의 역할 기대는 뒤엎을 줄 알아야 한다.

현대백화점 영·유아복점에서 근무하는 이 매니저는 전국적으로 매출 상위 1% 안에 드는 판매 실적을 기록하고 있다. 그녀는 임신한 여성이 초기에 충동구매를 하려고 하면 오히려 말린다. "앞으로도 많이 들어올 테니 너무 성급하게 사지 마시고 마지막 달에 다시 오세요"라고 조언한다. 그러면 매니저의 진심을 알아본 고객이 나중에 다시 찾아오고 결국 단골 고객이 된다.

탁월한 세일즈맨의 공통된 특징은 '애써 팔려고 하지 않는다'는 점이다. 대신 자신의 진심을 보여주고 장기적 관점에서 고객과의 관계를 중시한다. 가격으로 주목하게 하면 삼류 장사꾼이고, 가치로 주목하게 하면 이류 장사꾼이며, 가슴으로 주목하게 하는 것이 바로 일류 장사꾼이다. 일류는 역할 기대를 뒤엎는 순간을 만들어 상대방의 공감을 얻어낸다.

이처럼 고객의 공감을 얻어냄으로써 마음을 움직이는 설득 전략이 있는 반면에, 세일즈맨에게 설득당하지 않기 위해 단단히 방어하고 있는 정신적 보호 장치를 순식간에 무력화시키는 설득 방법도 있다. '반전 설득'이다.

뉴욕 지하철에서 구걸하는 두 사람이 있었다. 한 사람은 누더기 차림에 처량한 모습으로 "배고프고 집도 없습니다. 제발 도와주세요"라는 팻말을 들었고, 다른 한 사람은 말쑥한 양복 차림으로 "엄청 부자지만 돈이 더 필요해요"라는 팻말을 들었다. 사람들은 당연히 양복 입은 거지에게는 돈을 주지 않았다. 대신 누더기 차림의 거지에게 돈을 4배나 더 주었다. 그런데 사실 두 거지는 동업관계였다. 평소보다 2배의 소득을 올린 셈이다.

≪극한의 협상, 찰나의 설득≫의 저자인 영국의 심리학자 케빈 더튼은 상대의 정신적 보호 장치를 순식간에 무력화하는 설득 방법으로 '반전 설득'을 소개한다. 이 방법을 사용하면 거지에게 돈을 주려는 생각을 하지 않았던 사람들이 양복 차림의 거지라는 '의외성'에 자신도 모르게 처량한 모습의 거지에게 돈을 주게 된다. 케빈 더튼은 인간의 뇌가 냉정하고 이성적인 판단을 할 것 같지만 사실은 설득력을 발휘하는 5가지 요소에 쉽게 교란당한다고 말한다. 그는 이 같은 초설득력의 비밀을 5가지로 요약했다. 단순성, 자신에게 유리하다는 생각, 의외성, 자신감, 그리고 공감이다. 핵심은 간단하다. 단순하게 어필하되 상대로 하여금 자신이 유리한 입장에 놓였다는 생각이 들게끔 상황을 연출하고, 상상치 못한 의외의 기쁨을 주어야 한다는 것이다.

또 다른 설득 방법으로 대화의 진실성을 객관화시키는 방법이 있다. TV드라마를 보면 유독 화장실 장면이 많이 나오는데, 엿듣기인 경우가 많다. 자신에 대한 이야기를 화장실 안에서 우연히 듣거나 동료들의 통화 내용을 몰래 듣는 것이다. 왜 드라마에서 이런 장면을 많이 연출하는 것일까? 여기에는 '소문(대화)의 진실성'을 객관화시키려는 작가의 의도가 깔려 있다.

커뮤니케이션에서 메시지 전달자가 수용자에게 영향을 미칠 의도가 전혀 없다고 인식하면 메시지의 설득력이 크게 증가한다. 사람은 누군가가 자신에게 영향을 미치려는 의도를 갖고 있지 않다고 인식했을 때 그 사람으로부터 더 크게 영향을 받는다. 메시지 전달을 통해서 개인적 이득을 취하려는 의도가 없기 때문에 그만큼 더 신뢰하게 되는 것이다.

예들 들어 증권회사 직원이 찾아와 수익률이 아주 높고 원금까지 보장되는 좋은 금융상품이 나왔다며 가입을 권유한다면 당신은 우선 그를 의심하게 된다. 당연한 일이다. 통상적으로 수익률과 안전성은 반비례 관계이기 때문이다. 하지만 커피숍에 앉아 있을 때 옆 테이블의 남자가 하는 똑같은 내용의 말을 우연히 엿듣게 되면 귀가 솔깃해진다. 증권회사 직원보다 옆 테이블 남자로부터 이야기를 들었을 때 상품에 가입하고 싶은 욕구가 훨씬 더 커진다.

만약 상사의 눈에 들고 싶다면 이런 연극을 해보면 좋을 것이다. 먼저 상사가 화장실에 주로 가는 시간을 미리 확인해두었다가 먼저 화장실에 가서 빈칸을 하나 차지하고 앉는다. 상사가 들어오는 것을 확인하면 마치 친구와 통화하는 것처럼 수다를 늘어놓으며 상사에 대한 칭찬을 한다. 아마도 상사는 당신이 진심으로 자기를 존경한다고 생각할 것이다.

고객은 세일즈맨이 제시하는 자료를 신뢰하지 않는다. 앞에서 설명한 것처럼 메시지 전달자가 이득을 얻기 위해 진실을 왜곡할 가능성이 크다고 여기기 때문이다. 그에 반해 독립적이고 중립적인 소비자단체에서 나온 자료는 믿고 의지한다.

고객만족에서 고객공감으로

얼마 전 수년 만에 남편과 디즈니랜드에 놀러 갔습니다. 실은 그날이 1년 전에 죽은 저희 딸의 생일이었고, 기일이었습니다.

너무 약했던 저희 딸은 태어나자마자 바로 하늘로 떠나버려 남편과 저는 오랫동안 깊은 슬픔에 싸여 있었습니다. 우리 아이에게 무엇 하나 해줄 수 없었던 것이 너무도 마음이 아팠습니다. 아이가 태어나면 꼭 디즈니랜드에 함께 놀러 가겠다는 다짐을 지키겠다는 생각으로 남편과 의논하여 드디어 그날, 딸을 위해서 디즈니랜드에 갔습니다. 입장권도 어른 2장, 어린이 1장 해서 3장을 샀습니다. 미리 가이드북을 보고 딸에게 먹이고 싶던 귀여운 어린이용 런치가 있는 것을 알아내어 월드바자에 있는 이스트사이드 카페에 들어갔습니다.

우리는 어른용 2인분과 어린이용 런치를 주문했습니다. 직원은 의아해하면서 어린이용은 8살 이하만 가능하다고 말했습니다. 그러면서 "죄송하지만 어느 분이 드시는지 여쭤보아도 되겠습니까?" 하고 물었습니다. 제 딸아이와 함께 먹을 거라며 사정을 이야기하자 그 직원은 기분 좋게 주문을 받아주었습니다. 그리고 근처의 4인용 테이블로 옮겨주고 어린이 의자까지 따로 준비해주면서 "세 분, 이쪽으로" 하며 자리를 바꿔주었습니다. "와주셔서 감사합니다. 그럼 온 가족이 함께 즐겁게 지내세요" 하며 마치 우리 아이가 여기에 있는 것처럼 대접해주어서 남편과 저는 가슴이 벅차올라 눈물을 흘렸습니다. 딸을 잃고 나서 처음으로 '우리 온 가족이 함께하는' 자리를 만들어주어서 얼마나 감사했는지요.

(중략)

그때의 고마움에 인사를 드리고 싶어 이렇게 편지를 썼습니다.

딸의 1주년 기일을 지내러 온 어느 부부가 디즈니랜드에 보낸 편지를 내가 조금 다듬은 것이다. 전에 쓴 책 ≪리마커블 서비스≫에서도 이 편지를 소개한 바 있다.

이 이야기는 결국 고객을 감동시키는 서비스는 어디에서 비롯되는가를 잘 보여준다. 규정과 매뉴얼에만 충실한 직원이었다면 "8살 이하만 어린이용 런치 주문이 가능합니다. 카페 규정상 대단히 죄송합니다"라며 예의 바르게 거절했을 것이다. 그러나 이 직원은 어느 분이 드실 건지 먼저 사정을 알아본 다음 4인용 테이블로 옮겨주고 어린이용 의자를 준비해주었다. 허기를 채워준 것이 아니라 딸을 사랑하는 부모의 마음이 되어 그들에게 잊을 수 없는 추억과 경험을 선물한 것이다. 그러한 공감의 선물에 부부는 편지를 써서 깊은 감사를 표했다.

회사의 매뉴얼과 규정은 불친절한 서비스를 예방하는 역할을 할 뿐이다. 그에 비해 직원의 공감은 다른 사람의 마음을 움직여 추억과 감동을 선물한다. 컴퓨터나 시스템이 절대 대신해줄 수 없는 영역이다. 아웃소싱하거나 자동화하기도 어렵다.

기업은 잘 만들어진 자동화 시스템과 무뚝뚝한 직원 중 하나를 선택하라고 하면 당연히 자동화 시스템을 선택할 것이다. 하지만 고객은 대부분 자동화 시스템보다 명랑하고 유연한 생각을 가진 직원을 선호한다. 컴퓨터는 시간을 절약해줄지 모르지만 고객 스스로 특별한 대접을 받고 있다는 느낌을 주지는 못한다. 컴퓨터는 유연하지도 따뜻하지도 않다. 사람의 마음을 알아주는 공감 능력이 없는 무뚝뚝한 기계다. 사람의 음성에서 분노나 좌절, 걱정을 들을 수도 없고 그것에 반응할 수도 없다.

기계로 사람을 대체하면 기업은 고객과의 접촉 비용을 줄이는 데는 성공하겠지만 그 대신 '이름도 얼굴도 없고 무신경한 기계' 이상의 이미지를 얻지는 못한다. 다른 회사와 서비스를 차별화할 수 있는 가능성도 없어진다. 사람보다 고객의 마음을 더 잘 이해하는 컴퓨터가 아직은 없기 때문이다.

CS라는 말은 지금까지 '고객만족(Customer Satisfaction)'으로 통용되어 왔다. 그러나 이제부터 CS는 '고객공감(Customer Sympathy)이라는 의미로 받아들여져야 한다. 공감력이 CS의 원천이자 유일하게 남아 있는 차별화된 경쟁력이기 때문이다(Sympathy는 타인의 아픔을 머리로 이해하고 Empathy는 마음으로 느낀다는 차이가 있는데, 여기서는 '공감'으로 표현했다).

고객이 지금 무엇을 원하는지, 앞으로 무엇을 해주길 바라는지 찾아내어 좋은 제도와 상품을 만든다면 크게 환영받을 것이다. 고객의 입장과 처지에 공감하며 역지사지의 정신으로 서비스를 제공한다면 고객이 행복해할 것이다. 그렇다고 공감을 이윤 추구를 위한 수단으로만 활용해서는 안 된다. 불순한 의도를 지닌 공감 마케팅은 진정한 마케팅이 아니다. 낡은 마케팅과 아무런 차이가 없다.

현대인의 욕구는 부족한 재화를 채워서 느끼는 본능적인 만족의 수준을 넘어 특별한 배려와 자긍심을 느낄 수 있는 감동의 세계로 진화하고 있다. 우리가 상품을 구매하는 고객과 '공감을 공유'할 수 있는 새로운 영역으로 나아가야 하는 이유다.

그들이 세일즈 경력자를 뽑지 않는 이유

더위가 한창인 2013년 초복, 현대그룹 현정은 회장이 직원 1만여 명에게 삼계탕을 선물하면서 이렇게 말했다.

"여러분과의 만남은 제게 축복이고, 지난 10년은 행복이었습니다. 여러분은 제게 꼭 필요한 사람입니다. 알찬 휴가와 함께 모두 건강한 여름을 보내시기 바랍니다."

요즘 감성 리더십, 유머 경영, 공감 마케팅 등 감성을 중시하는 경영 관련 용어들이 대거 등장하면서 '감성 경영'이 새롭게 부각되고 있다. 감성 경영은 직원들의 마음에 호소함으로써 그들의 감성을 자극하여 의도한 결과를 이루어내는 경영 방식이다. 감성 경영에는 무엇보다 공감력이 뛰어난 인재가 필요하다. 기업은 어떻게 공감력이 뛰어난 인재를 만들 수 있을까? 정답은 '가르쳐서만 되는 것이 아니다'이다.

"내 가게의 직원을 뽑을 때는 얼마나 성실한가보다 얼마나 손님들을 즐겁게 해줄 수 있는가를 더 중시해서 봅니다."

일본 요식업계에서 '장사의 신'으로 불리는 우노 다카시의 말이다. 손님과 공감하고 소통할 줄 아는 직원이라면 다른 능력이 조금 떨어지더라도 얼마든지 훌륭한 직원이 될 수 있다는 얘기다.

세계적인 경영학자 톰 피터스가 "도대체 이렇게 큰 회사에서 어떻게 직원들이 모두 웃을 수 있습니까?"라고 묻자 하워드 슐츠 전 스타벅스 회장은 "첫째, 우리는 웃을 줄 아는 사람을 뽑습니다. 둘째, 정말로 잘 웃는 사람을 승진시킵니다"라고 대답했다.

BMW 대리점인 프랭크 힐슨은 큰 부자들을 상대로 한 공격적 마케팅으로 성공을 거둔 대표적 사례로 꼽힌다. 그들은 세일즈맨에 대해 이렇게 말한다.

"저희는 세일즈맨을 채용할 때 자동차 세일즈 경험이 있는 사람은 뽑지 않습니다. 저희가 가장 먼저 보는 것은 대인관계 능력입니다. 한마디로 인간미가 느껴지는 사람이라고나 할까요? 친근감이 들고, 감수성이 예민하고, 성격이 밝은 사람을 뽑습니다. 그래야 고객의 욕구를 공감할 수 있으니까요. 자동차에 대해서는 가르칠 수 있지만 사람을 대하는 것은 가르칠 수 없습니다."

세계적인 컨설팅업체인 맥킨지는 신입사원 채용에서 MBA 출신을 줄이고 인문학, 예술 전공자 비율을 크게 늘렸다. 그곳에 근무했던 지인에게 "맥킨지는 어떤 사람을 컨설턴트로 채용하느냐?"고 물었더니, "사실 일류 MBA들은 다들 머리가 좋고 스마트합니다. 전문성에서는 차이가 별로 나지 않습니다. 하지만 공감 능력에서 차이가 납니다. 공감대 형성에 실패하면 커뮤니케이션 채널이 막힙니다. 그렇게 되면 문제점이 무엇인지 모르게 됩니다. 당연히 엉뚱한 해법을 내게 됩니다"라는 답을 내놓는다.

"어떻게 하면 공감 능력을 키울 수 있습니까?"라고 묻자 그는 이렇게 답한다.

"사실 뾰족한 해법이 있는 건 아닙니다. 우선 타고난 것이 가장 큽니다. 태생적으로 배려심이 있고 상대를 잘 이해하는 사람이 있습니다. 어렸을 때 부모에게 공감을 배운 사람들입니다. 후천적으로 기르기 위해서는 어려운 사람들을 위해 일하고 봉사해야 합니다. 그런 사람들과 같이 있다

보면 상대에 대한 동정심도 생기고, 자신이 얼마나 복 받은 존재인지 느끼게 됩니다."

피터 드러커는 "기업이 신입사원 한 사람을 채용하는 데 40분밖에 투자하지 않는다면 그 사람의 잘못을 바로잡기 위한 교육을 시키는 데 400시간이 걸린다"고 말했다. 채용의 중요성을 강조한 말이다.

사람의 성격은 타고난다. 어렸을 때 사랑과 공감을 받지 못한 사람은 공감 능력이 떨어진다. 교육을 해도 그 자체를 바꾸기는 어렵다. 그렇기 때문에 공감은 채용되어야 한다.

불만 고객을 충성 고객으로 만드는 방법

서비스를 공부한 사람이라면 'MOT'라는 말을 들어보았을 것이다. 고객과 접촉하는 지극히 짧은 순간이 기업과 직원의 전체 인상을 좌우하는 중요한 순간이라는 의미에서 '결정적 순간(Moment of Truth)'이라고 표현하는 것이다.

항공사 창구에는 항공사 잘못으로 인한 결항, 연착, 수화물 분실 등이 빈번하게 발생한다. 하루에도 수없이 승객의 짐을 분실했다 찾곤 한다. 그런데 승객이 짐을 다시 찾았다고 거기서 끝나는 것이 아니다. 짐을 찾는 과정에서 승객이 겪었을 불안감과 고통에 대해 이해해주고, 짜증났을 그들의 마음에 공감해주고 진심을 다해 사과해야 비로소 끝나는 것이다. 이러한 공감성이 '서비스 회복의 패러독스'를 만들어낸다. 서비스 회복의 패러독스는 서비스 실패를 경험한 고객이 우수한 서비스 회복으로 기쁨을 느끼는 경우를 말하는 것으로, 짐을 잃어버린 고객이 항공사에 고마움을 느껴 충성 고객이 되는 사례가 이에 해당된다. '서비스 패러독스'라는 말도 있는데, 이는 서비스가 좋아지고 다양해졌는데도 오히려 고객만족도가 떨어지고 불만이 많아지는 현상을 일컫는다.

이야기가 나온 김에 불만을 터뜨린 사람을 충성 고객으로 만드는 방법을 알아보자.

첫째는 불만을 말해준 사람을 조언자로 바꾸는 것이다. 요즘에는 고객의 불평을 반품이나 환불로 해결하는 시스템을 갖춘 기업들이 많다. 하지만 고객들은 자신의 문제가 해결된 다음에 그 기업을 다시 찾지 않는다. 설령 보상을 받았다 해도 다시 찾기가 껄끄럽기 때문이다. 잘못을 지적해준 것에 대해 기업이 고마움과 공감을 제대로 표현하지 않은 탓이다. 예를 들어보자. 테이블로 내간 음식에 클레임이 제기된 경우 식당은 "큰 실례를 범했습니다. 지금 바로 다시 만들어드리겠습니다"라고 말하며 신속히 대응한다. 그러나 음식을 다시 만들어 내간다고 해서 손님의 마음이 편해지는 것은 아니다. 속으로 '이렇게 까다롭게 굴었으니 여기에 다시 오긴 힘들겠군' 하며 불편함을 느끼기 때문이다. 여기서 손님을 조언자로 바꾸는 종업원의 대응이 필요하다. "고객님 죄송합니다. 괜찮으시면 다른 음식에 대해서도 조언을 좀 해주실 수 있을까요?" 이렇게 방향을 바꿈으로써 손님을 '클레임을 걸어온 사람'에서 '서비스에 대해 조언을 해준 고마운 사람'으로 입장을 바꾸어놓는 것이다. 그러면 그 손님은 단골손님이 될 가능성이 크다.

둘째는 공감하는 마음을 표현하는 것이다. 예를 들어 어느 호텔에 예약을 하고 갔는데 이중 예약으로 방이 없었다고 하자. 이때 직원이 문제해결 자체에만 초점을 맞추어 논리적으로 설명하게 되면 고객은 순식간에 배신감을 느끼게 된다. 무엇보다 고객의 심정을 이해해주는 감성적 태도가 중요하다. "화가 많이 나셨으리라고 생각합니다. 입장이 바뀌었다면 저 역시 그럴 것입니다"라고 말함으로써 고객의 분노와 당혹감을 내가 충분히 느끼고 있으며, 화를 낼 수밖에 없겠다는 공감 표현을 해주는 자세가 '서비스 회복의 패러독스'를 생기게 한다.

서비스의 미래는 '감성 터치'

컨설팅회사 베인앤드컴퍼니가 2005년 전 세계 362개 기업의 임원들을 대상으로 조사한 결과, 응답자의 95%가 "우리 회사는 고객 지향적인 전략을 사용하고 있다"고 대답했다고 한다. 또 80%의 기업들은 자기 회사가 경쟁사보다 차별화되고 우수한 상품과 서비스를 고객에게 제공한다고 믿고 있는 것으로 나타났다. 하지만 고객들의 인식은 너무나 달랐다. "당신과 거래하는 기업이 경쟁사보다 차별화되고 우수한 상품과 서비스를 제공하고 있느냐?"는 똑같은 질문에 대해 고객들 중 불과 8%만이 '그렇다'고 응답한 것이다.

내가 찾아갔던 대학병원도 분명 수준 높은 서비스를 제공한다며 자부하고 있었을 것이다. 하지만 나는 그때의 그 순간을 지금도 잊을 수가 없다. 동네 깡패에게 얻어맞아 머리에 피를 흘리는 고등학생 아들 녀석을 데리고 인근 대학병원의 응급실로 뛰어갔는데, 간호사로부터 '뭐 이런 일로 한밤에 뛰어왔느냐'는 식의 핀잔을 들었던 것이다. 아들 녀석은 일주일도 안 되어 상처를 치료하고 지금은 의과대학을 졸업해 의사가 되었지만, 내 기억의 보관창고에는 여전히 그때의 좋지 않았던 순간이 저장되어 있다.

의료서비스는 다른 어떤 서비스보다 고객의 심리와 감성에 대한 섬세한 터치가 중요한 서비스다. 고객을 섬세하게 배려하는 것에서 출발해야 하며, 그래서 공감 능력이 가장 중요하다. 하지만 우리나라의 의료 현장을 보면 온통 물리적 치료에만 초점을 맞추고 있는 듯하다. 치과에서는 잇몸병만 없애주면 되고, 성형외과에서는 코를 높여주기만 하면 된다는 식이다. 그런 생각을 하고 있으니 80%가 우수한 상품과 서비스를 고객에게 제공하고 있다고 믿는 것이다. 하지만 이것을 알아야 한다. 의학과 의술이 아무리 발전한다 해도 영원히 바뀌지 않을 사실, 즉 '환자들은 통증이 심하고 몸이 아파서 병원에 온다. 병원과 의사는 환자를 감성으로 보듬고 이성으로 치료해야 한다'는 것이다.

한 어머니는 얼마 전 아이와 함께 병원을 찾았던 기억을 잊을 수가 없다고 했다. 어머니 이야기를 그대로 옮긴다.

"의사 선생님이 우리 아이에게 '아' 하고 입을 벌리라고 했죠. 그리고 입 안을 들여다보더니 다정한 어투로 말하더군요. '어이쿠, 이런! 네 목이 얼마나 아팠을지 알겠다. 많이 아팠지? 쯧쯧. 우리는 이제 어떤 세균이 너를 아프게 하고 있는지 알아낼 거란다. 그리고 나쁜 병균을 모조리 물리칠 수 있는 천하무적 약을 너한테 줄 거야!' 그러고는 저를 보며 말했어요. '아이가 패혈성 인두염인 것 같네요.'"

이전에 찾아갔던 의사는 태도가 달랐다.

"'아 해봐' 하고서는, 아이가 아파하니까 '좀 참아! 이 정도는 아픈 것도 아니야'라고 하더군요."

환자들이 보여주는 의사에 대한 충성도는 과거의 진찰과 치료(내용)에서 친절한 설명과 건강에 대한 조언으로 그 결정 요인이 변화되었다. 그러나 앞으로는 이것으로도 차별점을 만들어낼 수 없을 것이다. 이제는 공감하기, 따뜻한 태도, 유머가 미래 의료서비스의 결정적 차이를 만들어낼 것이다.

고객은 제품과 서비스만으로 구매하는 것이 아니다. 고객이 평가하는 구매 조건에는 제품이나 서비스 외에 경험이라는 무형의 가치가 포함된다. 제품이나 서비스는 반드시 관련된 경험과 함께 판매되기 때문이다. 병원도 마찬가지다. 환자들은 질병 치료에 대해서만 치료비를 지불하는 것이 아니다. 의사와 간호사에게서 받은 느낌과 분위기를 더해 치료비의 적정성을 따진다. 그것이 좋다면 치료비가 조금 비싸도 문제삼지 않는다. 이런 무언의 분위기와 느낌에는 의료 시스템도 일부 포함되겠지만, 감정적으로 취약한 순간의 공감력이 전부라고 해도 과언이 아니다.

캐나다 토론토대의 웬디 레빈슨 박사에 따르면 소송을 당한 적이 없는 의사들은 환자들에게 잘 웃고 그들의 말에 적극적으로 귀를 기울인다고 한다. 또 "우선 이렇게 해보고, 그다음에는 말씀하신 대로 해봅시다"와 같은 말로 환자들의 의견을 반영한다. 환자들은 그런 의사를 좋아하게 되고, 좋아하니 고소하지 않게 된다.

나는 한국공항공사의 고객의 소리(VOC) 평가를 몇 년째 맡고 있다. 고객의 질문이나 불만에 대해 직원들이 답변해준 내용을 검토하고 객관적으로 평가하여 피드백해주는 역할이다. 평가 기준으로는 신뢰성, 적극성, 문제 해결 의지, 신속성 등을 활용하고 있는데, 예전과 비교해서 놀랄 만큼 고객의 마음을 잘 읽어내고 공감의 표현을 잘해주고 있다.

"설레는 여행길에 항공기 결항으로 문제가 생겨 얼마나 속상하셨을지…", "저희로서는 당장이라도 고객님의 물건을 찾아드리고 싶은 마음에 분실된 상황을 역순으로 추적해보았으나…"와 같은 답변 내용에서 고객의 마음과 입장을 이해하는 직원들의 진정성을 느낄 수 있다. 더러 고객의 요구를 해결해주지 못하는 부분도 있지만, 안타까운 마음을 함께하는 모습이 눈에 선할 정도다.

어렸을 때 사랑과 공감을 받지 못하면 어른이 되어서도 공감 능력을 갖기가 어렵다는 말이 꼭 맞는 것은 아니다. 어렸을 때 공감 능력을 키우는 두뇌활동이 집중적으로 이루어지는 것은 맞지만, 어른이 되어서도 공감 능력은 훈련으로 계속 확장될 수 있다. 어렸을 때 외국어를 배우기가 쉽기는 하지만 성인이 되어서도 배울 수 있는 것처럼 말이다.

진정으로 공감 능력을 중시하는 기업이라면 공감의 채용과 더불어 평가 기준을 정확하게 제시하여 감성적 유대를 자극하는 훈련을 지속적으로 권장해나가야 할 것이다.

침 뱉은 거 잘 먹었어?

맥도날드의 한 배달원이 고객에게 "침 뱉은 거 잘 먹었어?"란 막말 문자를 보낸 사실이 알려져 사회적으로 큰 이슈가 된 적이 있다. 한 대학원생이 전화로 햄버거를 주문했는데, 집을 찾지 못해 40분이나 헤맨 배달원이 휴대전화로 이런 문자를 보냈다는 것이다. 폭염 속에서 헤맨 데 대한 분풀이를 한 것이다. 이 사건으로 맥도날드는 부사장까지 나서서 피해자에게 사과했지만 한동안 들끓는 비난 여론에 시달려야 했다.

비슷한 시기에 세계적 특송업체 페덱스도 직원들이 사람들이 보지 않을 때 물건을 마구 집어던지는 동영상이 공개되어 여론의 뭇매를 맞았다. 동영상에는 페덱스 직원 2명이 잡담을 나누면서 쓰레기 버리듯 소포들을 운반 차량 안으로 던져 넣는 모습이 담겨 있었다.

사람들은 이러한 보도를 접하면서 '겉으로는 고객님 말씀이 옳다며 웃지만 속으로는 날 욕하고 있을지도 몰라'라는 생각을 하게 된다. 종업원들의 친절에도 무덤덤한 반응을 보인다. 최근 진정성이 중요한 키워드로 부상한 이유다.

서비스를 제공하거나 제품을 판매하는 현장에서 종업원의 진정성은 고객에게 직간접적으로 영향을 미친다. 그래서 고객과 종업원의 돈독한 관계가 중요한 자산으로 자리 잡고 있다. 이것이 마케팅에서 말하는 '관계자산(Relationship Equity)'이다. 종업원과의 친근한 관계 때문에 그 매장이 더 좋아 보이고, 종업원 덕택에 기분이 좋아져 다시 그 매장을 찾는 것도 소중한 관계자산의 결실이다.

과거에는 기업의 성과가 시스템과 설비에 좌우되었지만 이제는 고객과의 관계자산이 모든 것을 결정한다. 이러한 관계자산을 쌓아가는 과정에서 가장 중요한 요소는 '직원의 감정'이다. 고객들이 활발한 정보력으로 제품은 물론 매장 분위기나 종업원의 태도까지도 평가하는 시대이다 보니 직원 한 명의 잘잘못이 기업 전체에 엄청난 영향을 미치고 있다. 이에 따라 감성 마케팅에 대한 관심이 커지게 되었고, 특히 오감을 통한 감성 마케팅이 진정성을 표현하는 방법으로 큰 주목을 끌게 되었다.

사람들은 2가지 신호로 소통한다. 하나는 의도적으로 내보내는 언어적 신호이고, 다른 하나는 몸에서 나도 모르게 저절로 나가는 비언어적 신호다. 그런데 비언어적 신호가 비즈니스에 미치는 효과는 상상 이상이다. 특히 신체적 접촉이 그렇다. 한 연구에서 은행 직원들에게 거스름돈을 카운터에 올려놓지 말고 고객의 손에 직접 건네주라고 요구했다. 그후 고객만족도를 조사했더니 전과는 비교가 안 될 정도로 급상승했다.

이와 유사한 다른 연구에서도 고객에게 거스름돈이나 영수증을 건네주며 접촉을 시도한 종업원들이 그렇게 하지 않은 종업원들보다 훨씬 더 많은 팁을 받았다는 사실이 밝혀졌다. 사람은 언어보다 서로 피부가 맞닿는 스킨십을 더 강렬하게 기억한다. 그러나 이 모든 것은 고객과 접촉할 때 직원의 '관심'과 '진정성'을 전제로 한다.

이처럼 중요한 직원들의 진정성이 점점 고갈되고 있다. 이를 예방하기 위해서는 종업원들이 진심으로 기업의 정체성과 가치를 이해하고 이에 자부심을 느끼도록 만들어주어야 한다. 그래서 감정노동에 대한 관심이 뜨겁다.

감정노동자의 눈물

사람들은 가마 타는 즐거움만 알고(人知坐輿樂)
가마 메는 고통은 알지 못하네(不識肩輿苦)

이렇게 시작하는 다산 정약용의 '견여탄(肩輿歎)'이라는 시에는 약자의 아픔을 헤아리는 마음이 고스란히 배어 있다. 다 같은 인간으로 평등하게 태어났는데, 누구는 가마 타고 즐기고 누구는 죽을힘을 다해 땀을 뻘뻘 흘리며 가마나 멘단 말인가. 가마 타는 사람은 가마꾼의 고통을 이해하고 마음을 기울일 줄 알아야 한다는 따뜻한 가르침을 담은 시다.

하루 4만 명의 고객이 디즈니랜드에서 웃고 즐기며 하루를 보낼 수 있는 것은 뒤에서 일하는 직원들의 숨은 땀방울 덕이다. 그러나 가마 타고 즐기는 사람이 가마 메는 고통을 헤아리지 못하듯이 디즈니랜드에 와서 즐기는 사람들은 직원들이 밤낮으로 얼마나 수고하는지 잘 알지 못한다. 홀대나 하지 않으면 다행이다.

패스트푸드점에서 바쁜 시간대에 주문한 음료가 조금 늦게 나왔다고 화를 내는 고객이 있다. 함부로 반말을 하는 고객, 음료나 음식이 입맛에 맞지 않는다며 불평하는 고객도 적지 않다. 하지만 점원들은 마냥 상냥하게 굴어야 한다. 자신의 실제 감정을 억누르고 시종 웃는 얼굴로 정중하게 사과해야 한다. 실제 감정과 다른 감정을 표현해야 하는 것이다. 이것이 바로 '감정노동(emotional labor)'이다. 감정노동을 하는 사람, 즉 감정노동자는 비행기 승무원이나 판매원, 외판원, 상담원은 물론 직간접적으로 사람을 대하는 직종에 종사하는 대부분의 직장인을 포함한다.

감정노동은 1983년 미국의 UC버클리대 사회학과 교수인 앨리 러셀 혹실드가 만든 용어로, 델타항공의 여승무원들을 관찰하며 추출한 개념이다. 그가 말하는 감정노동은 '직업적인 특성에 따라서 마치 배우가 연기하듯 자신의 본래 감정을 숨기고 상대방이 원하는 표정과 몸짓을 해야 하는 노동'이다. 배우처럼 주어진 역할에 따라 감정이입을 통해 자신과 상대방의 감정을 일치시켜야 한다. 예전에 〈개그콘서트〉라는 TV프로그램에 '정여사'라는 코너가 있었다. 갑(甲)인 고객이 말도 안 되는 억지를 쓰지만 을(乙)일 수밖에 없는 점원이 눈물을 머금고 요구를 들어줘야만 하는 상황을 잘 묘사해 큰 인기를 끌었는데, 과장된 고객의 요구와 희화화된 점원의 행동이 웃음을 자아내면서도 내심 안타까움을 느끼게 했다.

고객이 원하는 서비스 수준이 점점 높아지면서 전 산업 분야에서 서비스가 필수 경쟁 요소로 자리 잡은 가운데 접점 직원들에게 요구되는 감정노동의 강도 역시 점점 올라가고 있다. 감정노동의 스트레스로 고통받는 직장인도 기하급수적으로 늘고 있다. 고객의 기분에 맞추느라 하루에도 몇 번씩 기분이 나빠도 나쁘지 않은 척, 피곤해도 피곤하지 않은 척, 슬퍼도 슬프지 않은 척 미소를 지어야 한다.

우리나라에서 감정노동이 크게 주목받게 된 것은 국내 한 대기업의 상무가 항공기 내에서 벌인 사건이 세상에 널리 알려지면서부터였다. 미국행 비즈니스 클래스 탑승객이었던 그는 기내에서 제공되는 라면에 대해 갖은 트집을 잡다가 급기야 잡지로 여승무원의 얼굴을 때려 미국 경찰에 신고당하고, 결국 미국에 입국하지도 못하고 돌아와야 했다. 이른바 '라면상무' 사건이다. 비행기에서 라면상무의 난동이 벌어지고 나서 얼마 후 이번에는 한 특급 호텔에서 모 베이커리 회장이 주차장 입구에 세워놓은 차량을 이동할 것을 요구하는 호텔 직원을 폭행해 물의를 빚기도 했다.

대체 수많은 감정노동자들을 울리는 고객은 누구이며, 그들은 도대체 왜 그러는 것일까?

감정노동의 진실은 '쪼는 순위'

나는 국내 은행의 콜센터장으로 일한 적이 있고 지금도 한 대학에서 콜센터 운영관리론을 강의하고 있는데, 칭찬을 해주려고 콜센터에 전화를 하는 고객은 거의 없다. 또한 얼굴을 보고 상담을 하는 게 아니기 때문에 무례하게 막말을 하는 경우도 꽤 있다. 말도 안 되는 억지주장을 하며 욕을 퍼붓거나 화를 풀기 위해 전화를 하기도 한다. 그들은 면전에서는 절대 그럴 엄두조차 내지 못하는 사람들이다. 상담원들은 "그런 사람들 때문에 마음이 상하고 심지어 굴욕감을 느끼지만 내 의사를 표현하기가 굉장히 어렵다. 참고 견디며 고객을 달래고 사과해야 하는 정신적 스트레스가 이만저만이 아니다. 나도 사람인데…"라고 토로한다. 인간의 뇌는 누군가에게 무시당할 때 신체에 상처를 입었을 때와 동일한 화학반응을 일으킨다고 한다. 상담원들은 하루에도 몇 번씩 신체적 상처를 입는 셈이다. 어디 상담원뿐이겠는가. 고객과의 접점에 있는 모든 직원들이 이러한 상처를 입고 무력감에 빠지며 하루 종일 우울한 기분에 젖어든다.

상담원들을 더욱 긴장하게 만드는 이들이 있다. 바로 동종업계 출신들이다. 그들은 다른 사람들보다 더 거칠고 까다롭게 군다. "나도 이런 일을 해본 적이 있는 사람인데…"로 시작해서 더 심하게 따지고 요구 수준도 높다. 상담원들은 그런 고객들에게 배신감을 느낀다고 말한다. 동병상련으로 이해해주지는 못할망정 더 괴롭히기 때문이다. 여기에는 '서열 싸움'이라는 못된 심성이 숨겨져 있다.

얼마 전 서울에서 차량 한 대가 과속을 하다 무리한 차선 변경으로 중앙선을 넘어 마주오던 차량과 정면 충돌하는 바람에 운전자 2명이 그 자리에서 숨지는 사고가 일어났다. 경찰이 CCTV를 분석해보니 차량 2대가 서로 과속으로 추월 경쟁을 벌이다 그중 한 대가 중앙선을 넘어버린 것이었다.

"수많은 차가 도로 위에서 똑같이 운전하고 있지만 나보다 느린 차는 바보요, 나보다 빠른 차는 미친놈이다. 나만 정상이다."

미국의 유명 코미디언이자 영화배우인 조지 칼린의 말이다.

사람들은 추월당했을 때 왜 스트레스를 받으며 참지 못하는 걸까? 진화심리학에서 그 답을 찾을 수 있다. 닭의 세계에서는 일반적으로 서열이 높은 쪽이 낮은 쪽을 쪼아댄다. 이와 같은 '쪼는 순위(pecking order)'를 처음 발견한 사람이 노르웨이의 생물학자 셀데루프 에베다.

어렸을 때부터 닭을 아주 좋아했던 에베는 어머니가 사준 닭들에게 각각 이름을 붙여가며 키웠다. 그러던 중 이상한 현상 하나를 발견한다. A라는 닭이 B를 쪼고, B가 다시 C를 쪼는 행위였다. 특별한 점은 C의 경우 자신을 쪼았던 B가 A에게 마구 쪼이는 것을 보면 A에게 절대 대들지 못한다는 것이었다. 이를 통해 그는 닭들은 쪼는 순위에 따라 서열이 정해진다는 사실을 알게 되었다.

나중에는 이런 실험도 했다. 수탉 100마리를 한 울타리에 넣었더니 3일 밤낮을 가리지 않고 서로 피가 터지도록 싸웠다. 서로 올라타 상대방의 벼슬에서 피가 날 정도로 치열하게 싸우는데, 아무리 물을 끼얹고 제지하려 해도 싸움이 그치지 않았다. 그런데 3일이 지나자 언제 그랬느냐는 듯 싸움이 뚝 그쳤다. 알고 보니 3일 동안의 전투는 100마리의 수탉 사이에 벌어진 서열 전쟁이었다. 전쟁에서 승리한 서열이 높은 수탉은 아래 수탉의 벼슬을 쫄 수 있는 권리를 갖는다. 이런 식으로 1위부터 100위까지의 서열이 정해졌다. 동물들의 서열은 개체 간의 질서 유지를 위해 필요한데, 특히 무리를 지어 사는 포유동물 중에서 카리스마적 권위를 갖는 우두머리가 많다. 맹수의 제왕 사자를 비롯해서 늑대, 하이에나, 바다 코끼리 등이 그런 경우다. 이와 같은 동물 간의 서열을 '쪼는 순위'라고 한 다. 닭에서 이런 현상이 처음으로 발견되었기 때문이다.

동물들이 서열을 정하는 것은 맛있는 먹이를 먼저 차지할 수 있는 이 득이 있을 뿐만 아니라 암컷에 대한 우선권을 갖기 때문이기도 하다. 따 라서 특히 번식기에 수컷들 간의 서열 싸움이 치열하다.

그렇다면 우리 인간의 모습은 어떨까? 진화심리학자에 따르면 인간도 다른 동물들과 마찬가지로 서열 습성이 내재화되어 있다. 다른 점이 있다 면 생존과 종족 보존을 넘어 보상 체계로 진화했다는 것이다. 여기서 보 상 체계란 생존이나 종족 보존과 관계없이 행복감이나 스트레스를 느끼 는 현상을 말한다. 즉, 서열 확인 그 자체만으로도 행복하거나 불행하다 는 느낌을 받는다는 것이다.

≪감정노동의 진실≫을 쓴 김태흥 감정노동연구소 소장은 이러한 서열 습성을 감정노동의 원인으로 분석한다. 그에 따르면 서비스 현장은 강력 한 서열 기제가 작동하는 대표적인 곳이며, '고객은 왕'이라는 말은 서비 스 현장이 곧 왕과 하인들로 나뉘어 있다는 뜻의 표현이다. 그러다 보니 진짜 왕 노릇을 하려 드는 악성 고객을 만나면 스트레스 강도가 한없이 올라갈 수밖에 없다. 멋진 총각들이 접대부로 나온다는 호스트바의 가장 큰 고객은 여성 접대부라고 한다. 그런데 이들 여성 접대부들이 노예 게 임을 비롯하여 상상을 초월하는 벌칙으로 거의 학대하듯 남성 접대부를 대한다는 것이다. 여성 접대부들이 남자 손님들로부터 받은 스트레스를 그대로 남성 접대부에게 앙갚음하는 셈이다.

악성 고객들도 이와 유사한 심리 습성을 갖고 있다. 그들은 자기가 속한 사회나 조직에서 서열이 엄청 낮을 가능성이 높다. 그들이 백화점을 돌아다니며 임산부를 사칭하면서 돈을 뜯어내거나, 함부로 반말을 하거나, 다짜고짜 윗사람을 부르거나, 고래고래 악을 쓰는 것은 서열을 높여 보고 싶은 마음속 깊은 곳의 욕망이 작동한 결과다. 평소 얌전하던 사람이 운전대만 잡으면 폭력적으로 변하는 것 또한 동물적 서열 본능이 표출된 결과로 해석할 수 있다. 다른 차가 나를 추월하는 순간 뇌 깊은 곳의 편도체에서 나의 서열이 뒤로 밀렸다는 본능적 감정이 참지 못하게 만든 것이다. 사실 운전에서 속도 경쟁은 서열과는 아무런 관련이 없는데도 말이다.

사람들은 본능적으로 서열에 목숨을 걸며, 인생은 온갖 서열 싸움으로 점철된다. 이런 시각으로 해석해보면 자식 자랑, 회사 자랑, 사업 자랑, 돈 자랑도 모두 서열 전쟁의 일환이라고 할 수 있다. 라면상무도 진화심리학적으로 해석하면 자신의 서열 확인을 위해 아랫사람을 잡거나 서비스 현장에서 왕 노릇을 하고 싶었을 것이다.

우리의 마음을 어떻게 컨트롤할 것인가

미국의 언어학자이자 인지과학자인 노엄 촘스키는 "인간의 뇌는 현실과 언어를 구별하지 못한다"고 말한다. 우리의 언어가 현실을 창조하기도 한다는 이야기다. 바로 여기에 감정노동으로 인한 마음의 문제를 어떻게 해결할 것인가에 대한 열쇠가 숨어 있다.

선천성 난독증 환자들이 있다. 글을 읽는 데 어려움을 겪는 사람들이다. 유명한 미남 배우 톰 크루즈와 성룡도 난독증 환자였다고 한다. 톰 크루즈는 일곱 살 때 난독증 판정을 받았다. 스스로 글을 읽을 수 없어 다른 사람들이 대본을 읽어주면 이를 암기하는 방법으로 영화 촬영을 해왔다고 한다.

전에는 이와 같은 난독증을 지능이 떨어지는 사람들이 겪는 증세로만 여겼으나 과학의 발달로 읽기를 담당하는 뇌 부위에 생긴 선천적 이상 때문이라는 사실이 밝혀지게 되었다. 그렇다면 난독증 환자들은 죽을 때까지 글을 읽지 못하고 살아야 하는 것일까? 아니다. 우리의 뇌는 아주 신기한 구석이 있다. 난독증이 지능의 문제가 아니라 선천적 이상이라고 뇌에 알려주는 순간 난독증이 치료되기 시작한다는 것이다. '아, 내 지능이 낮은 것이 아니구나'라는 스스로의 깨달음이 이처럼 놀라운 치료 효과를 가져온다고 한다. 톰 크루즈도 이와 같은 치료의 도움을 받아 혼자서도 대본을 읽을 정도가 되었다고 한다. 이것이 바로 우리 뇌가 갖고 있는 깨달음의 비밀이다.

그러면 감정노동 현장에서 우리의 마음을 어떻게 컨트롤할 것인가에 대해 알아보자. 제일 먼저 할 것은 우리 뇌에 지금의 상황을 정확하게 알려주는 것이다. 뇌에 깨달음을 일으키는 것이다. '감정노동은 서열 싸움이며, 나를 괴롭히는 못된 고객의 심리는 서열 회복, 서열 집착에서 비롯된다. 지금 저 사람은 자기 직장에서 받은 상처, 즉 낮은 서열, 고통, 불화 등을 보상받기 위해 나를 대상으로 높은 서열을 확인하고 싶어 하는 것이다'라는 사실을 뇌에 일깨워주면 된다. 악성 고객이 나를 인격적으로 무시하며 욕설을 하고, 높은 사람 나오라며 아수라장으로 만들 때 이렇게 스스로에게 말을 걸어줘야 한다. '저 손님은 여기서 서열을 회복하려 하고 있어', '당신은 서열 콤플렉스를 나한테 풀고 있는 거지?', '당신 서열이 바닥이어서 나한테 왕 노릇 한번 해보고 싶은 거지?'라고 말이다. 아주 간단하지만 이렇게 뇌에 알려주는 것만으로 놀라운 일이 일어난다. 부신피질에서 나오던 스트레스 호르몬인 코르티솔이 확 줄어들면서 스트레스가 50% 이상 감소된다. 실제로 국내의 한 전자회사 직원 300명을 대상으로 실험해본 결과, 75%가 효과를 보았다고 한다.

뇌에 알려주는 깨달음의 비밀은 우리 인간관계에서도 똑같이 적용할 수 있다. 우리는 자신도 모르게 누군가와 서열 싸움을 벌이는 심리에 따라 움직이고 있을지 모르니 말이다.

"타인의 마음을 이해하는 일에는 요령이 있다. 누구를 대하든 자신이 아랫사람이 되는 것이다. 그러면 저절로 자세가 겸손해지고, 이로써 상대에게 좋은 인상을 안겨준다. 그리고 상대는 마음을 연다."

괴테의 말이다. '이해하다'는 뜻의 영어 단어 '언더스탠드(understand)'에도 그런 뜻이 내포되어 있다. 즉, 타인의 밑(under)에 서야(stand) 진정으로 그 사람을 이해(understand)할 수 있다는 것이다.

며느리를 처음부터 꽉 잡아놓지 않으면 나중에 큰일 난다고 생각한 할머니가 있었다. 주변 사람들은 "이제 저 며느리는 죽었다"며 걱정했는데 이상하게 조용했다. 조용한 데는 이유가 있었다. 한번은 시어머니가 느닷없이 "친정에서 그런 것도 안 배워 왔냐?"라고 생트집을 잡자 며느리가 대답했다.

"저도 친정에서 배운다고 배웠는데, 어머니께 배우는 것이 더 많아요. 모르는 것은 자꾸 나무라고 가르쳐주세요."

한번은 시어머니가 "그런 것도 모르면서 대학 나왔다고 하느냐"라고 며느리에게 모욕을 주자 며느리는 웃으며 이렇게 말했다.

"요즘 대학 나왔다고 해봐야 옛날 초등학교 나온 것만도 못해요, 어머니!"

매사 이런 식으로 시어머니 발밑으로 들어가니 싸움이 날 일이 없었던 것이다. 서열 싸움에서 시어머니보다 자기를 아래로 낮춘 현명한 며느리가 아닐 수 없다.

민원 해결 고수의 전략

나는 직장생활 중 22년을 은행원으로 보냈다. 그중 어림잡아 15년 이상은 서비스 관련 업무, 그것도 주로 민원 업무를 처리하는 일을 했다. 임원이 되어서도 고객과 직접 면담하면서 그들의 불만사항을 들어주고, 그들이 호통을 치거나 비난을 하면 사과하고 고개를 숙이는 최전선 업무를 기꺼이 맡았다. 그 덕택인지 나는 민원 해결의 고수로 통했다. 당시 내가 즐겨 사용했던 전략(?)의 비밀은 간단했다.

민원 업무를 맡으며 알아낸 고객들의 공통점이 하나 있는데, 지위가 높고 나이가 든 관리자에게 더 심한 비난을 한다는 것이었다. 나는 무조건 그들에게 안절부절못하며 겁을 내는 표정으로 사과했다. 물론 그들은 속으로 매우 통쾌했을 것이다. 심리적 서열에서 우위를 차지했다는 승리감을 맛보았을 것이다. 나는 민원 업무를 남들이 생각하는 만큼 힘들고 귀찮아하지도 않았다. '민원인들이 좀 속이 풀려서 저 출입문을 나가면서 후련한 마음이었으면…' 하는 마음으로 진심을 다해 사과하고 설명했다. 어떨 때는 고객이 "너무 심하게 말해서 미안하다"고 말하기도 했다. 그때 내 대답은 이랬다.

"속이 좀 풀리셨다니 다행입니다. 저는 괜찮습니다."

알고 보니 나만 이런 노하우를 갖고 있는 것이 아니었다. 악성 고객들로부터 심한 민원을 많이 접해본 산전수전 다 겪은 노련한 전문가들도 그렇게 하고 있었다. 그들은 '지금 고객은 일시적으로 화를 내고 흥분하는 것이며, 나 개인에 대해 화를 내는 게 아니다'라고 자기 뇌에 먼저 알려준다고 했다. 그리고 '업무상의 나'와 '개인적 나'를 구분하는 방법을 적용하여 훨씬 더 안정된 상태를 유지할 수 있었다고 한다. 그리고 나면 더 공감할 수 있는 여유가 생겨 "고객님 입장에서 화가 많이 나실 만한 것 같네요. 그 점은 저희가 잘못했습니다. 진심으로 사과드립니다"라는 말이 술술 나오고, 예상 외로 그 말에 쉽게 화를 푸는 고객들이 많다는 것을 깨달았다고 한다.

고객이 직원에게 뭐라고 하기 전에 자신이 나서서 직원을 혼내는 사람도 있다. 그러면 고객이 민망해서 화를 풀고 그만 하라고 말리기도 한다는 것이다. 물론 꾸지람을 들은 해당 직원에게는 상황상 일부러 그렇게 했다는 사실을 알리고 위로하는 것도 잊지 않는다.

감정노동에 시달리는 접점 직원들에게 팁을 하나 더 주자면 '앵커링 (anchoring) 기법'이라는 게 있다. 앵커(anchor)는 닻이란 뜻으로, 배가 항구에 정박할 때 사용하는 도구다. 배가 항구에 정박해 닻을 내리는 것 처럼, 앵커링 기법은 하나의 심리 상태를 어떤 특정한 심리 상태로 만들어 닻을 내려주는 방법이다. 어느 의사의 경험담이다.

"지난 5년간 행복감을 느껴본 적이 없는 주부에게 앵커링으로 10분 만에 행복감을 상기시켜주기도 했습니다. 늘 의욕이 없고, 아프고, 우울하다는 분이었어요. 정신과에서 약을 복용해도 나아지지 않는다는 분이었죠. 그분의 첫아이 이름을 부르면서 목욕시키는 느낌, 비누 냄새, 아이의 눈빛, 소리 등 오감을 이용해서 그때의 기분을 상기시켜줍니다. 그러면 곧 행복감에 빠진 표정이 나타나요. 그때 손가락이나 손등에 앵커링을 걸어주죠. 이후엔 다른 치료를 받더라도 효과가 좋습니다."

의사의 말에도 나와 있지만 구체적인 앵커링의 방법은 이렇다.

첫째, 인생에서 가장 기뻤던 때, 행복했던 때, 좋은 결과를 낳았던 때를 편안하게 떠올리게 한다. 둘째, 그때 어떤 느낌이 드는지, 무엇이 보이는지, 어떤 소리가 들리는지, 충분히 느껴보게 한다. 예를 들어 사랑하는 사람을 생각하며 기쁘고, 가슴이 따뜻해지고, 입가에 미소가 흐르는 등의 느낌을 가지게 한다. 셋째, 그때 그 느낌을 기억하며 몸에 기억장치를 하나 만든다. 일종의 '행복 단추' 같은 것이다. 예를 들면 손가락으로 OK 모양을 만들어 앵커링 지점을 표시할 수 있다. 이는 몸의 한 부분에 그 좋았던 기억을 저장하는 것으로, 언제든 자신이 원할 때 긍정적인 감정 상태로 만들어주는 방법이다.

고객도 친절해야 하는 까닭은?

프랑스 리비에라 지방의 한 카페가 고객의 친절도에 따라 다르게 가격을 매기는 메뉴판을 트위터에 올려 화제가 된 적이 있다. 카페의 메뉴판에는 "커피 한 잔- 5.9유로(1만 원)", "커피 한 잔 주실래요?- 4.25유로(6,000원)", "안녕하세요? 커피 한 잔만 주실래요?- 1.4유로(2,000원)"라고 쓰여 있다. 그 사진은 금세 인터넷을 뜨겁게 달궜는데, 주인에게 사연을 들어보니 점심 시간에 온 고객들이 무례하게 굴어 이렇게 써 붙였다고 한다.

문구 판매체인인 오피스디포의 CEO 스티브 오들랜드는 아직도 그때의 손님을 잊을 수 없다고 한다. 그는 30년 전 한 프랑스 식당에서 웨이터로 일한 적이 있었다. 그런데 어느 날 큰 실수를 저지르고 말았다. 귀부인의 흰색 가운에 짙은 자줏빛 샤벳(얼음과자의 일종)을 쏟아버린 것이다. 순간 그는 머릿속이 하얘지면서 '난 이제 죽었구나' 하는 생각뿐이었다. 당황한 그를 보고 귀부인이 이렇게 말했다.

"괜찮아요. 당신의 실수가 아니에요."

오들랜드는 지금도 30년 전 그 귀부인의 관대함을 떠올리며 경영의 교훈으로 삼고 있다고 한다.

이렇듯 다른 사람을 대하는 태도를 보면 그 사람의 됨됨이나 수준을 바로 알 수 있다. 직원의 사소한 실수에 "똑바로 못해?"라며 험한 말을 일삼고 신경질을 부리거나 "사장 나오라고 해!"라며 난동을 피우는 사람에게 인격이 있을 리 없다. 이런 사람을 비즈니스 파트너로 삼았다가는 정말 큰일 날 것이다.

방위산업체 레이시언의 CEO인 빌 스완슨은 ≪스완슨의 알려지지 않은 경영의 법칙≫에서 '웨이터의 법칙'을 강조한다. 웨이터를 험하게 다루거나 거칠게 대하는 사람은 절대로 비즈니스 파트너로 삼지 말라는 귀뜀이다. 이런 사람은 웨이터만이 아니라 직원들도 험하게 다루어 인재가 떠나게 만든다. 그래서 그는 중요한 결정을 하기 전에 상대방과 식사를 하면서 웨이터를 어떤 식으로 대하는지를 꼭 살폈다고 한다. 웨이터의 법칙만큼 확실한 사람 감별법도 없다고 그는 장담한다.

인격이 높고 신뢰할 만한 경영자는 자신의 운전기사나 비서, 경비원을 아랫사람이라고 홀대하지 않는다. 다정한 인사말을 건네고, 식사할 때도 그들을 챙기고 배려한다. 이처럼 웨이터의 법칙, 비서의 법칙, 운전기사의 법칙 등을 적용해보면 그 사람의 진면목을 속속들이 알 수 있다.

나와 나의 가족, 친구를 포함해서 우리는 누구나 소비자인 동시에 감정노동자가 될 수 있다. 따라서 고객으로서 자신의 권리와 지위를 누리는 것 못지않게 서비스업의 접점에 종사하는 사람들을 인격적으로 친절하게 대해줄 필요가 있다. 자신의 감정이 소중한 만큼 그들의 감정도 존중할 줄 알아야 한다. 공감력이 뛰어난 대화와 행동을 통해 배려하고 호의를 베풀어야 할 것이다.

내가 자주 만나 뵙고 존경하는 분 중에 조관일 소장님이 있다. 현재 한국강사협회 회장이기도 한데, 그분 주도로 이 협회에서는 '고객도 함께 친절하기' 캠페인을 펼치고 있다. 진짜 왕 노릇을 하려는 고객들로 인해 많은 서비스업 종사자들이 힘들어하는데, 그들을 존중할 때 비로소 고객이 왕으로 대접받을 수 있다는 사실을 깨우치고 있다. 이제는 이 같은 친절 운동뿐만 아니라 선한 소비자 운동도 함께 펼쳐보면 어떨까? 그러면 그들은 분명 더 좋은 서비스로 화답할 것이다.

버큰헤드호를 기억하라!

내가 세월호 참사 뉴스를 접한 건 전라남도 구례구역에서였다. 2014년 4월 16일, 인근의 은행 연수원에서 강의를 마치고 서울로 올라가려던 참이었다. 역 구내에서 사람들이 웅성거리며 TV 앞에서 눈을 떼지 못하고 있었다. '배와 승객을 버리고 도망친 세월호 선장'의 뉴스에 모두가 아연실색했다. 기차를 타고 올라오는 동안 불현듯 몇 십 년 동안 내 머릿속에 묻혀 있던 글귀 하나가 떠올랐다. '버큰헤드호 전통을 기억하라!'

20대 교사 시절, 남자아이들이 여자아이들을 괴롭히거나 짓궂게 굴기라도 하면 나는 어김없이 두 팔 번쩍 들고 꿇어앉아 있게 하는 벌을 세웠다. 벌이 끝난 다음에는 큰소리로 "버큰헤드호 전통!" 하고 세 번씩 소리쳐야 자기 자리로 돌아갈 수 있었다. 그때 어느 책에서 사건의 스토리를 읽고 아이들에게 구호처럼 써먹었던 걸 보면 내가 크게 감명을 받았던 것 같다.

세월호 사건 후 '버큰헤드'를 검색해보니 벌써 누군가가 자료를 인터넷에 올려놓았다. 1852년 2월 27일 영군 해군 수송선 버큰헤드호가 군인과 그 가족들을 태우고 남아프리카를 항해하고 있었다. 배에 타고 있던 사람은 630명으로 그 가운데 130여 명이 여자와 아이들이었다. 항해 도중 아프리카 남단 케이프타운에서 약 65킬로미터 떨어진 해상에서 배가 암초에 부딪히고 거센 파도에 배가 두 동강이 나 침몰하고 있었다. 승객들의 목숨이 경각에 달렸다. 배에는 3척의 구명정이 있었고, 한 척당 60명씩 180명만 탈 수 있었다. 함장인 시드니 세튼 대령은 전 병사들을 갑판 위에 집합시켰다.

"너희들은 여기에 남는다. 너희들이 이곳에 남고 너희 가족을 살릴 텐가, 아니면 구명정에 뛰어들어 모두가 함께 죽을 것인가. 이뿐이다."

배 양쪽으로 구명정을 풀어 아이들과 부녀자들 그리고 어린 사병들을 하선시키고 구명정들이 배를 완전히 떠날 때까지 장교와 병사들은 아무도 그 자리에서 움직이지 않았다. 구명정에 옮겨 타 생명을 건진 부녀자들은 갑판 위에서 의연한 모습으로 죽음을 맞는 병사들을 바라보며 흐느껴 울었다. 배가 침몰하기 직전 세튼 함장이 마지막 명령을 내렸다.

"모두 상의와 구두를 벗고 바다로 뛰어내려라. 그러나 누구든 절대 구명정으로 가서는 안 된다."

그 명령이 곧 죽음을 의미하는 것임을 잘 알면서도 병사들은 이를 철저히 따랐다. 세튼 함장은 배에 남은 사람이 한 명도 없는 것을 확인한 뒤 마지막으로 배에서 뛰어내렸다. 그리고 바다 위에 떠 있는 작은 판자 하나를 발견하고 매달렸다. 체온만 유지한다면 구조선이 올 때까지 충분히 버틸 수 있었다. 그러나 2명의 젊은 선실 웨이터가 물에서 허우적대고 있는 모습을 발견한 그는 작은 판자 하나에 3명이 매달릴 수 없다고 판단하고는 판자를 밀어주고 자신은 물속에 빠져 배와 운명을 함께했다. 생존자들이 전한 세튼 함장의 마지막 모습이다. 이후 구조선이 도착했지만 이미 436명이 희생된 뒤였다.

이 사고 후 영국 국민들은 "버큰헤드호를 기억하라!"는 말과 함께 긍지를 가지고 그 전통을 지켜 내려오고 있다. 해상 사고 시 '여자와 어린이 먼저'라는 전통이 세워진 것도 이때부터라고 한다.

버큰헤드호의 전통은 1912년의 실제 사건을 다룬 영화 '타이타닉'에도 생생하게 그려져 있다. 대서양 횡단 여객선인 타이타닉이 좌초하자 선장 에드워드 존 스미스는 승객 중에서 여성과 어린이부터 구명보트에 태우라고 지시한다. 건장한 남성은 후순위였다. 그래서 케이트 윈슬렛이 살고, 레오나르도 디카프리오는 죽었다. 마지막까지 배를 지킨 선장은 "영국인답게 행동하라(Be British)"며 선원들을 격려했다. 그의 책임감과 직업의식을 기리고자 그의 고향인 리치필드에는 배와 운명을 함께한 그의 동상을 세우고 'Be British'라는 그의 마지막 말을 새겨놓았다.

20세기 초까지 세계 질서를 주도한 영국은 강자가 약자를 배려하는 것이 '문명'이라고 보았다. 배에서의 강자는 사정을 잘 아는 선원이고 약자는 승객이다. 그래서 사고가 나면 여성, 노약자, 남성, 선원으로 정해진 탈출 순위를 준수한다. 따라서 사상자가 한 명이라도 나는 침몰사고에서 선장이 구조되는 것은 극히 드문 일이다. 우리나라의 선원법(10조)에도

"선장은 화물을 싣거나 여객이 타기 시작할 때부터 화물을 모두 부리거나 여객이 다 내릴 때까지 선박을 떠나서는 안 된다"고 명시하고 있다. 국제 공용의 여객선 대피 매뉴얼에도 "선원은 마지막까지 승객을 도우라"고 적혀 있다. 그런데 세월호에서는 순서가 반대였다. '문명'이 아니라 '야만'의 상황이었다. 선장과 일부 선원들은 승객을 구하기는커녕 먼저 배를 빠져나오면서 "제자리를 지키며 움직이지 마라"는 안내방송을 해서 도리어 승객들을 죽음의 길로 내몰았다.

'지켜주지 못해서 미안해'의 심리학

영화는 사람들의 내면에 있는 호모 엠파티쿠스(Homo Empathicus, 공감하는 인간)적 요소에 불을 붙이는 대표적 장르라고 할 수 있다. 사람들은 〈쉰들러리스트〉나 〈도가니〉 같은 작품을 통해 고통받는 약자들의 내면으로 들어가 그들의 아픔과 고통을 실감한다.

〈도가니〉는 공지영의 소설을 영화화한 것으로, 교장을 비롯한 교직원들의 장애 아동 성폭행 사건을 파헤치는 내용이다. 사건의 피해자들이 미성년자인 데다 말을 할 수도, 들을 수도 없는 장애인이라는 점에서 큰 사회적 반향을 일으켰다. 영화를 본 관객들은 재수사를 요구하는 서명운동을 벌였고, 사회적 약자에 대한 성폭력과 학대를 공론화함으로써 성폭행범의 형량을 늘리고 공소시효를 폐지하는, 이른바 '도가니법'을 제정하게 만들었다.

이처럼 '지켜주지 못해서 미안해!'라며 우리를 반성하게 하는 영화들이 한동안 뜨거운 호응을 얻었다. 〈도가니〉가 무자비한 폭력 앞에 방치되어 있는 장애인들을 지켜주지 못해 미안해하는 영화라면, 〈완득이〉는 도시 빈민과 장애인, 불법체류자 같은 약자들이 서로에게 의지하며 살아가는 모습을 보여주는 영화다. 이 영화들은 응당 국가나 사회의 보호를 받아야만 하는 대상들이 제대로 보호를 받지 못하여 벌어지게 되는 비극, 아픔, 슬픔 등을 다루어 연일 관객들을 극장으로 불러 모았다.

　우리 한국인의 정서 밑바닥에는 약자 편을 들고 응원하는 공감 정서가 유별나다. 우리가 어렸을 때 읽었던 고대 소설의 주인공은 대부분 약자였고 불행했다. 우리는 그 주인공들의 고난과 아픔에 같이 아파하고 공감했다. 《흥부전》은 힘 있는 형에게 학대받고 살아가는 흥부의 고단한 삶과 서러움을 묘사했고, 《심청전》과 《춘향전》, 《장화홍련전》 등의 주인공들도 각기 다른 강자들에게 고통받는 약자의 모습을 보여준다. 우리는 이 소설들을 읽으며 심청이를 동정했고, 춘향이 편을 들었으며, 장화와 홍련의 시련에 함께 눈물을 흘렸다. 요즘 텔레비전 드라마들도 예외가 없다. 부자와 가난한 자의 갈등, 재벌가의 횡포와 서민의 애환을 단골 소재로 삼고 있다. 약자에 대한 한국인들의 공감대를 교묘하게 파고든다. 그래야 드라마가 인기를 얻을 수 있다는 사실을 잘 아는 것이다.

　사실 세월호 참사에서 온 국민이 내 아들과 딸을 잃은 것처럼 슬퍼하며 "미안하다. 못난 어른들이 지켜주지 못해서"라며 죄책감을 가졌던 것도 약자에 대한 한국인 고유의 공감 정서가 발현된 것으로 볼 수 있다. 아직 피어보지도 못한 꽃다운 청소년들을 제대로 보호하지 못한 데 대해 모두가 책임감을 느꼈다는 이야기다.

이렇듯 아프고 무거운 분위기 속에서 프란치스코 교황이 방한하여 우리 국민들을 위로해주었다. 온화한 미소와 인자한 손길로 우리의 슬픔을 어루만져주었다. 한 회사가 온라인에서 "프란치스코 교황이 전한 메시지 가운데 당신을 위로한 한마디는?"이라는 설문조사를 했다. 가장 많은 사람들이 "'세월호 희생자들을 기억하고 있다'며 진정 어린 위로를 건넨 말에서 큰 위로를 받았다"고 응답했다. 그다음으로는 아시아 주교단을 상대로 한 연설 가운데 '자신의 정체성을 명확히 인식하고 다른 이와 공감하는 것이야말로 모든 대화의 출발점'임을 역설하며 생각과 마음을 열어 다른 사람을 받아들일 것을 강조한 "상대의 마음을 못 열면 대화 아닌 독백"이 꼽혔다.

나도 아이들과 사회적 약자들에게 보여준 교황의 사랑과 낮은 자세에 깊은 감명을 받았다. 우리가 이토록 교황으로부터 위로와 감명을 받았다는 것은 약자에 대한 정서에 자극을 받았기 때문이라고 할 수도 있지만, 우리 사회가 얼마나 위로와 공감, 배려에 갈증을 느끼고 있는지를 보여주는 또 다른 증거일 수도 있다.

안전이 전부다

세월호 참사 이후 많은 기업들이 '안전을 잃으면 모든 것을 잃는다'는 위기의식을 가지고 사업장의 안전 실태를 점검하고 있다. 그러나 이러한 실태 점검보다 더 중요한 것은 최고경영자를 비롯한 전 직원의 가치관을 다시 확립하는 것이다. 안전이 무너지면 만사가 허사이므로 사업장과 제품의 안전이 기업의 이익보다 우선되어야 한다는 인식을 최고경영자로부터 설계, 제조, 판매와 관계된 모든 직원이 공유해야 한다. 말로만 강조해서도 안 된다. 안전에 대한 관심과 의지를 안전관리에 대한 투자로 연결시켜야 한다. 안전사고의 예방보다 사고 발생 후 경제적 보상이 더 경제적이라는 '비윤리적인 사고'가 싹트게 해서는 안 된다. 눈앞의 경쟁에서 승리하는 것보다 인간 존중에 바탕을 둔 경영 철학이 필요하다. 직원들도 직장을 단순히 돈 버는 곳으로만 생각하지 말고 자신이 하는 일이 고객과 사회에 얼마나 선한 역할을 하고 있는가에 대한 의미와 윤리의식을 가져야 한다.

기업들은 종종 절대 회피해야 하는 리스크와 수용할 수 있는 리스크를 구별하지 못하는 어리석음을 범한다. 세월호 사고는 기업이 어떠한 경우에도 회피해야 할 리스크가 있다는 점을 일깨워주었다. 고객과 직원의 인명이나 안전, 배임·횡령·탈세 등의 범법 행위는 절대 피해야 할 리스크다. 그에 반해 사정상 배를 정시에 운항하지 못하거나 적자가 나는 것은 수용해야 할 리스크다. 평소 기업 내에서 이런 리스크의 구분에 관해 공개적인 합의가 이루어져야 하고, 그러한 합의가 반복해서 학습되어야 한다. 그러지 않으면 2가지 리스크가 서로 상충하는 상황에서 현명한 판단을 내리지 못하게 된다. 매일같이 고객의 안전이 먼저인지 기업의 목표 달성이 먼저인지, 공정한 경쟁이 먼저인지 담합에 의한 이익 극대화가 먼저인지를 선택해야 하는 현장에서 올바른 판단을 내릴 수 있게 해야 한다.

이런 측면에서 세계에서 가장 안전한 직장으로 꼽히는 미국의 화학회사 듀폰의 안전경영은 우리 기업들이 따라야 할 모델로 손색이 없다. 듀폰에서는 안전벨트를 매지 않고 운전한 것이 적발되면 바로 퇴사 조치한다. 계단을 오르내리거나 에스컬레이터로 이동할 때 반드시 손잡이를 잡아야 하고, 모든 문은 충돌 사고가 나지 않게 안쪽으로 잡아당기게 되어 있다. 몇 번의 공장 폭발 사고를 경험한 후 최고경영자의 강력한 의지와 직원들의 안전에 대한 공감대가 맞물려 형성된 듀폰의 핵심 가치이자 기업문화다.

기업의 경쟁력은 거창하거나 독창적인 아이디어에서만 나오는 것이 아니다. 실제로 경쟁력 있는 기업들은 우리가 잘 알면서도 실행에 옮기지 않는 단순한 원칙과 기준을 철저하고 고집스럽게 지킨다. 그것이 성공 비결이다.

고대 로마에서는 새로 다리가 완공되어 다리를 받치기 위해 임시로 설치한 나무 지지대를 제거할 때면 그 다리를 설계한 기술자들을 다리 아래에 서 있도록 했다. 만일 다리가 무너지면 다리를 설계한 기술자는 죽는다. 당연히 기술자는 책임감을 가지고 다리를 만들 수밖에 없다.

한번은 거제도의 한 조선소에 강의를 하러 갔다가 회사에서 보내준 헬리콥터를 탄 적이 있다. 김해공항에서 헬리콥터를 타고 거제도로 가는 도중에 조금 겁이 났던 내가 조종사에게 넌지시 물어보았다.

"이 헬리콥터는 안전하죠?"

"네, 저분이 정비사입니다. 함께 타고 있습니다."

조종사가 옆에 앉아 있는 다른 사람을 가리키며 대답했다. 만약 바다에 추락하는 상황이 벌어진다면 모두가 운명을 같이하게 될 터이니, 정비사는 목숨을 걸고 날마다 자기 책임을 다할 수밖에 없을 것이다.

이 책을 쓰는 동안에 판교 테크노밸리 야외광장에서 수십 명의 인원이 환풍구 위에 올라가 공연을 관람하다 덮개가 무너지는 바람에 사고를 당했다는 뉴스를 접했다. 이러한 사고를 예방하는 데 공감력을 활용하면 어떨까 하는 생각이 들었다. 일상생활에서 사물과 대화를 해보는 것이다. 환풍구는 지하의 더러운 공기를 밖으로 배출하는 시설이다. 그러면 이렇게 질문해보는 것이다.

"너는 용도가 뭐니? 내가 올라가도 안전하니?"

질문하고 판단하는 지혜가 필요한 시대다.

5

내가 뭘
도와주면 될까?

공감하는 리더십 스킬

JB의 생각이 궁금합니다

나는 국내 은행에서 잘 대접받으면서 여유를 부릴 수 있는 임원이 될 만한 나이에 외국계 은행으로 옮겼다. 고객경험관리(Customer Experience Management)를 총괄하는 업무를 맡게 되었는데, 생각하는 방식이 전혀 다른 조직에서 서툰 영어를 하느라고 느지막이 고생을 하기도 했다.

나의 상사는 30대 중반의 아르헨티나 출신이었는데, 나이는 어렸지만 정열적으로 일하는 예의 바른 신사였다. 우리는 그를 이름 대신에 셉이라고 불렀다. 50대 초반의 나에게 젊은 상사가 반가울 리 없었지만, 지금도 그와 함께 보낸 기간이 유익하고 즐거웠다고 회상한다.

외국계 회사는 어지간한 업무나 소통은 대면 결재보다는 대부분 메일로 주고받는다. 덕택에 서로의 의견과 교신 내용이 일목요연하게 기록된다. 한 안건에 대해 서로 주고받은 내용이 10여 페이지를 넘기기가 다반사다. 그런데 셉은 고객서비스나 고객에게 영향을 미치는 주요 결정 사안은 항상 나를 '수신인'으로 지정하고 관련 부서 사람들을 '함께 보는 사람'으로 해서 그간의 내용이 포함된 긴 이메일을 보내곤 했다. 그리곤 한 줄 정도를 덧붙여서 "JB의 생각은 어떻습니까?"라고 묻는 것이었다.

이런 그의 소통과 업무처리 방식이 귀찮을 때가 많았다. 머리를 싸매고 부작용을 검토하고 때로는 대안을 마련해야 했기 때문이다. 그런데 곰곰 생각해보니 그가 그렇게 한 것은 나를 고객서비스나 마케팅 그리고 콜센터에 관한 최고 전문가로 인정한다는 나름대로의 배려였다. 항상 내 의견을 듣기 위해 질문했다는 사실에 내가 존중받고 있다는 자부심과 고객 관점에서 업무를 정렬해나가는 보람을 느꼈다. 회사의 주요 문제를 결정하는 데 참여하고 있다는 소속감과 책임감도 느꼈다. 그는 내가 책을 출간할 때마다 "이게 몇 번째 책이지요?"라고 물어보았다. 나의 열정을 이끌어내는 인정의 표현이자 그의 남다른 리더십이었다. 지금 생각해도 그가 존경스럽고 고맙다.

'팀보다 위대한 선수는 없다'는 말이 있다. 리더가 어떤 질문을 던지느냐에 따라 팀원들의 열정과 몰입, 책임감과 유대감이 달라진다. 직원들의 참여와 헌신을 끌어내는 데 질문만 한 것이 없다.

글로벌 제약회사의 한국 대표인 박 사장은 6년간 영업왕 자리를 놓친 적이 없었다. 그의 성공 비결은 '말하는 영업'이 아닌 '듣는 영업'이었다. 그는 "회사에서 제품에 대해 배웠는데 이해가 안 가니 좀 가르쳐주세요"라고 고객에게 부탁했다.

"주 고객인 의사 선생님에게 우리 제품의 장점을 나열하기보다 오히려 제품에 대해 묻고 배움을 요청했던 게 좋은 인상을 남겼습니다."

날마다 수십 명이 넘는 영업사원들이 쏟아내는 제품 설명에 지친 의사들에게 박 사장의 이런 전략이 적중했다. 가르치는 데 익숙한 의사들의 특성을 간파한 전략이기도 했다. 박 사장은 "내가 이야기하는 게 별로 없었는데도 마음이 편하고 통하는 것 같다는 이야길 많이 들었다"고 회상했다.

경영학의 대가 피터 드러커는 "21세기 리더는 명령하는 자가 아니라 질문하는 자가 될 것"이라고 말했다.

질문이 미래를 만든다

≪질문의 7가지 힘≫의 저자 도로시 리즈는 제목처럼 질문의 힘을 7가지로 정리했다.

첫째, 질문하면 답이 나온다. 질문을 받으면 누구나 반사적으로 답을 해야 한다고 생각하기 때문에 결국 질문을 하는 사람이 막강한 힘을 갖고 있다. 어떻게 질문하느냐에 따라 대답이 달라질 수 있기에 내가 원하는 답을 구할 수 있다.

어떤 마을에 죽을 파는 가게가 좌우에 나란히 붙어 있었다. 두 죽 가게는 손님이 비슷하게 많았는데, 저녁에 마감을 해보면 언제나 왼쪽 집의 매상이 오른쪽 집의 매상보다 더 많았다. 한 고객이 두 가게를 찾아 그 이유를 알아보고자 했다. 오른쪽 가게에 갔더니 종업원이 죽 한 그릇을 내오며 "계란을 넣을까요, 말까요?"라고 물어와 고객은 하나만 넣어달라고 말했다. 다시 왼쪽 가게에 가보았더니 종업원이 "계란을 하나 넣을까요, 2개 넣을까요?"라고 묻더란다. 질문 방법의 차이가 매출액의 차이를 가져온 것이었다. 고객에게 선택의 여지를 주면서도 이윤을 극대화한 조용한 승리였다.

둘째, 질문은 생각을 자극한다. 답을 찾아야 하기에 생각을 하게 되고, 사고와 질문의 순환 속에서 그만큼 성숙하게 된다. 종교나 철학도 정답을 먼저 제시하지 않고 질문부터 던진다. 불교 용어 중에 '화두(話頭)'라는 말이 있는데, 어떤 질문에 대해 답을 고민하는 일을 '화두를 잡는다'고 말한다.

질문은 상대방으로 하여금 자신의 문제를 생각하게 하고, 이를 통해 본인 스스로 해결 방법을 찾게 해줌으로써 문제 해결 능력을 향상시켜준다. 경청이 '마음을 여는' 기술이라고 한다면 질문은 '생각을 여는' 기술이라고 할 수 있다.

셋째, 질문을 하면 다양한 정보를 얻는다. 아는 것이 힘인 요즘 사회에서 최소의 노력으로 최대의 효과를 볼 수 있는 것이 바로 질문이다.

넷째, 질문을 하면 통제가 된다. 효과적인 질문은 감정을 변화시켜 상황을 통제할 수 있게 해준다.

설득의 전문가들은 평범한 사람들에 비해 2.7배나 더 많은 질문을 던진다고 한다. 많은 질문을 던지고 그다음에 상대가 이야기하는 것을 듣기만 한다. 당연히 본인은 말을 적게 한다. 일반적으로 말을 많이 하는 사람보다는 질문을 던지는 사람이 통제력을 갖는다. 질문을 통해 논의를 좌우하고 이끌어갈 수 있기 때문이다.

다섯째, 질문은 마음을 열게 한다. 사람들은 자기 이야기를 하는 것을 좋아한다. 자신에 대한 질문을 들으며 관심을 갖게 되고 질문에 대해 답하며 마음을 여는 것이다.

휴렛팩커드(HP)의 최고경영자였던 칼리 피오리나는 여성 리더의 역할 모델로 자주 언급된다. 어릴 때 헌법학자였던 아버지를 따라 세계 여러 나라를 돌아다녀야 했던 칼리는 빠른 시간 안에 사람을 사귀는 능력을 터득하게 되었다. 그녀는 "사람을 빨리 사귀는 데 필요한 가장 강력한 무기는 '질문과 경청'이었다"고 말했다. 이런 말도 했다.

"나는 상대방을 알기 위해 질문하는 것 자체가 상대를 존중하는 것임을 어릴 적부터 터득했다. 질문은 어떤 답을 구하는 것 이상의 효과를 가진다. 나는 질문을 하고 상대의 이야기를 잘 들음으로써 그와 깊은 유대감을 쌓을 수 있었다."

어린 시절의 풍부한 경험과 학습으로 질문과 경청이 결속력과 공감을 얻는 방법이라는 것을 터득했던 것이다.

여섯째, 질문은 귀를 기울이게 한다. 상대의 대답을 듣기 위해서다. 그러면 상대방은 나를 소중한 사람으로 인정해준다. 경청에 대한 반응이다. 또 창조적인 생각을 자극하기도 한다.

1943년 에드윈 랜드는 어린 딸의 손을 잡고 해변을 거닐며 사진을 찍기 시작했다. 딸은 어서 빨리 사진을 보고 싶다며 아빠를 졸랐다. "아빠, 왜 사진을 금방 볼 수 없는 거예요? 어서 빨리 보고 싶어요"라며 아빠를 채근했다. 딸의 말에 그의 머리가 확 틔었다. "즉석사진이라면 가능할 수도 있지 않을까?" 그로부터 4년 뒤인 1947년 즉석카메라가 세상에 모습을 드려냈다. 무심코 던진 딸의 질문이 오늘날의 폴라로이드카메라를 탄생시킨 것이다. 이렇듯 상대의 질문에 귀를 기울이다 보면 예상치 못한 아이디어가 떠오르기도 한다.

일곱째, 질문에 답하면 스스로 설득이 된다. 세일즈는 한마디로 설득력의 싸움이다. 우리는 과거 어느 때보다 불신의 시대에 살고 있다. 특히 세일즈맨들의 판매 스킬이 상향 평준화됨으로써 강력하고 자극적인 마케팅에 시달리게 된 소비자들의 불신 수위가 한층 높아졌다. 미국인들은 스무 살이 될 때까지 약 100만 개의 TV광고에 노출된다고 한다. 어지간한 자극에는 무덤덤해질 수밖에 없다. 〈뉴욕타임스〉의 소비자 설문에 따르면 응답자의 56%는 "무언가 사고팔 때에는 무조건 조심해야 한다"고 했으며, 34%는 "거의 모든 사람이 기회만 있으면 상대를 이용하려 한다"고 응답했다. 이런 지독한 불신의 시대를 이겨내고 성공하려면 설득력이 단연 중요한 자질로 부각될 수밖에 없다.

세계적인 컨설턴트이자 설득연구소의 설립자인 커트 모텐슨이 쓴 《위대한 잠재력》은 불신의 시대를 이겨내고 성공할 수 있는 방법을 10가지 원리로 설명하고 있다. 그중 하나가 질문 설득법이다. "훌륭한 설득의 핵심 열쇠는 인간의 논리와 감정을 균형 있게 사용하는 것인데, 질문이 바로 그렇게 하는 것이다"라고 그는 강조한다. 질문을 하게 되면 그로 인해 생각이 집중되고 대답을 하면서 스스로를 설득하게 된다는 것이다.

질문은 답을 주기도 하지만 상대방의 생각을 열게 하고 관심을 표현하는 것이며, 상대방에게서 훨씬 많은 정보를 얻을 수 있다. 또한 상대가 스스로 깨닫도록 하는 과정이며, 그의 깊은 생각과 가능성에 노크하는 작업이기도 하다. 이런 의미에서 보면 개인의 잠재력을 일깨워 훌륭한 성과를 내는 코칭 스킬은 곧 질문 스킬이라고 할 수도 있다.

공감 질문의 5단계

앞에서(67쪽 참조) 내가 콜센터장 시절에 있었던 한 상담원과의 이야기를 한 바 있다. 그런데 사실 나는 그때 '공감을 위한 질문법'을 잘 알고 있지 않았다. 바로 야단치거나 훈계하지 않고 "상대방은 어떤 느낌이었을까?", "왜 이런 일이 일어났다고 생각하느냐?", "이번 일에서 무엇을 배웠느냐?"라고 차근차근 질문한 것이 배워서 알고 그런 것이 아니었다. 그냥 그렇게 했던 것인데, 다행히 상담원의 긍정적인 반응을 얻게 되었던 것이다.

설득이나 세일즈, 그리고 코칭의 궁극적인 목표는 결국 상대방의 행동 변화를 이끄는 것이다. 하지만 정작 상대가 무엇을 원하는지 모른다면? 바로 이것이 마음을 움직이는 질문이 필요한 이유다. 그래서 좋은 질문은 자발적 변화를 유도하는 가장 강력한 수단이 된다.

자발적 변화를 유도하는 공감 질문을 하기 위해서는 다음과 같은 5가지 질문 순서를 알아둘 필요가 있다. 앞서 내가 상담원과 나누었던 이야기를 통해 질문 순서를 다시 정리해보자.

• 어젯밤 무슨 일이 있었나요?(상황 파악)

어젯밤에 고객이 어떤 내용으로 전화를 했는지를 객관적으로 파악한다. 자신의 판단을 섣불리 드러내지 않도록 조심해야 한다.

• 그래서 뭐라고 말했나요?(대응 내용)

상담원이 구체적으로 어떤 말을 했는지, 어떻게 통화를 끝냈는지를 구체적으로 파악한다.

• 그때 어떤 느낌이었나요?(느낌 표현)

상담원이 몹시 화가 나고 인간적으로 모욕감을 느꼈다고 말하면 "그런 상황에서는 누구든지 참고 응대하기가 쉽지 않았을 것이다" 또는 "나도 전에 그런 고객을 만나 같은 느낌을 가진 적이 있다"라고 말한다. 상대의 감정에 동조하는 과정이다.

• 만일 상대방의 입장이면 어땠을까요?(관점 전환)

고객의 입장으로 돌아가 관점과 역할을 바꿔보도록 한다. "그에게 당신에 대해 물으면 그 사람은 뭐라고 할 것 같은가요?"와 같은 질문은 문제 해결을 위한 상대방의 생각을 자극한다. "표현 방법이 거친 고객이었지만 '도와줄 방법이 있다'거나 '당장 해결해드리지 못해 죄송하다'는 말을 듣고 싶어 했을 것이다"라는 말을 하게 된다.

- 이번 일에서 무엇을 배웠나요?(교훈 찾기)

돌아봄을 통해 배울 점, 고칠 점을 정리하게 하는 질문이다. 그러면 "앞으로는 고객이 욕을 하더라도 맞대응하지 않고 자제력을 발휘하도록 하겠다"라거나 "'이렇게 욕을 하시면 더 이상 응대해드리기 어렵습니다'라고 전화를 끊어야 했다"는 등의 말이 나온다.

이상의 5가지 질문 순서는 대답하는 사람이 스스로 답을 찾도록 자극함으로써 스스로의 선택에 의해 행동에 옮기려는 의지를 강화한다. 행동 변화를 원하는 리더에게 꼭 필요한 내용이다. 리더의 역할은 직원에게 답을 주는 것이 아니라 직원 스스로 답을 찾고 결정할 수 있도록 이끌어주는 것이다. 이때 중요한 것은 직원의 말을 경청하고 적절한 질문으로 대화를 리드하는 것이다.

상대방과 강한 유대감을 쌓고 상대방이 솔직하게 이야기하도록 하기 위해서는 미리 심판해서는 안 된다. 그가 스스로 대답하도록 질문해야 한다. 이것이 공감형 리더의 지혜다.

행동 변화를 일으키는 대화의 5가지 패턴

중학생들에게 "제일 싫어하는 사람이 누구니?"라고 물었다. 나보다 잘생긴 친구나 공부하라고 간섭하는 선생님이 아니었다. 부모였다. 부모가

싫은 이유는 '공부하라고 잔소리를 너무 많이 해서'가 아니었다. '나를 잘 이해해주지 않아서'와 같은 추상적인 것도 아니었다. "부모님이 하는 말은 다 맞는 얘기인데, 말을 너무 얄밉게 해서"였다고 한다. 하긴 부모가 자녀에게 이치에 맞지 않는 말을 할 리는 없다.

흔히 인간은 이성적 존재라고 하지만, 실은 감정의 지배를 받는 경우가 적지 않다. 왠지 마음에 들지 않아서 또는 어쩐지 끌려서 하게 되는 경우가 참으로 많다. 대화에서도 마찬가지다. 말의 내용보다 그 내용을 어떻게 표현하느냐가 더 중요하다.

상대방의 행동 변화를 이끄는 공감력이 뛰어난 사람은 다음과 같은 대화 패턴을 갖고 있다.

첫째, 명령하지 않고 부탁한다. 이 세상에 명령받기를 좋아하는 사람은 아무도 없을 것이다. "다시 전화해주십시오"라든지 "다혜 씨! 커피 한 잔 갖다 줘요", "김 대리! 한 시간 내에 이 보고서 좀 마무리해주게" 등 명령형의 지시를 받으면 강압적이라고 느끼고 마음이 불편해진다. 그렇다고 상사의 지시나 동료의 말인데 안 할 수도 없는 노릇이다. 내키진 않지만 억지로라도 하게 된다. 반면에 내가 하고 싶은 일은 자발적으로 하게 된다. 그렇다면 명령형 표현을 부탁의 표현으로 바꾸어 자발적으로 하고 싶은 마음이 들게 하면 어떨까?

질문이나 부탁은 누구의 지시에 따른 의무가 아니라 자발적인 결정에 의한 행동으로 바꾸는 표현법이다. 앞서 예로 든 명령을 다음과 같은 부탁형 질문으로 바꾸어보자.

"지금 자리에 안 계십니다. 다시 전화해주시겠습니까, 아니면 메모를 남겨드릴까요?", "다혜 씨, 커피 한잔 부탁해도 될까요?", "김 대리! 한 시간 후에 미팅인데, 이 보고서 마무리해줄 수 있을까?"

위의 부탁형 질문을 잘 살펴보면 질문과 부탁의 표현이 상대에게 선택권을 부여하고 있다는 점이 드러날 것이다. 인간은 스스로 결정했다는 생각이 들어야 자발적 마음을 먹게 된다.

둘째, 긍정형의 미래 질문을 한다. 미국의 시리아 공습이 평화 모드로 바뀌는 데는 기자의 질문 하나가 결정적인 역할을 했다고 한다. 2013년 9월 CBS의 마거릿 브레넌 기자가 기자회견장에서 존 케리 국무장관에게 "지금 이 시점에서 시리아가 군사 공격을 피하려면 무엇을 해야 하는가?"라고 질문했다. "시리아 공습은 언제 할 것이냐?"고 묻던 기자들과는 전혀 다른 관점에서 질문한 것이다. 이에 케리 장관은 "시리아 정부가 다음 주까지 모든 화학무기를 국제사회 앞에 내놓으면 된다"고 대답했다. 결국 러시아가 중재자로 나섰고, 유엔은 시리아의 화학무기를 2014년 6월까지 모두 폐기하기로 결의했다. 짧은 질문과 대답이 군사 공격이 확실시되던 시리아 사태의 물꼬를 외교적 해법으로 돌리는 결정적 계기가 되었던 것이다.

사람은 누구나 자신의 가치와 습관에 따라 생각하는 경향이 있다. 모든 일을 판단하고 행동할 때 정해진 방식대로 생각한다. 새로운 시각으로 바라보거나 전과 다른 대안을 찾기가 쉽지 않다. 하지만 전에 생각하지 못했던 것을 질문하면 상대방은 전혀 다른 관점과 시야를 갖게 된다.

갈등과 오해의 상당 부분도 상대가 왜 그렇게 행동하는지 몰라서 생긴다. 상대의 마음을 모르니 내가 스스로 판단해서 '추리소설'을 쓰는 것이다. 가장 좋은 방법은 직접 물어보는 것이다. "그런 면에서 이렇게 생각하십니까?"라고 질문하는 것이 갈등 해결의 출발점이다.

사장이 회의 도중에 "무엇 때문에 일이 순조롭지 않은가요?" 하고 물었다고 하자. 이런 부정적인 질문을 받으면 상대방은 당장 자신의 업무나 행동을 옹호하기 위한 변론을 시작한다. 생산적인 질문이 아니다. "왜 그걸 안 했니?"라는 질문에는 변명밖에 나올 것이 없다. 하지만 "이 일을 기한 내로 끝내려면 어떻게 해야 하나요?"라는 긍정형 질문에는 대안을 위한 대답이 나온다. 이처럼 많은 대답과 생각의 여지를 주는 것이 긍정형 질문의 힘이다.

셋째, 열린 코칭형 질문을 한다. 중학생 딸아이가 중간고사에서 형편없는 영어 성적을 받았다. 이때 많은 부모들은 이렇게 야단을 친다.

"왜 영어 과외 시켜달라고 왜 하지 않았니?", "너 게임하면서 놀고 있을 때부터 알아봤다!", "도대체 누굴 닮아 이 모양이니?"

현명한 부모는 그렇게 하지 않는다. 아이의 현재에 초점을 맞추지 않고 미래에 초점을 맞추어 해결 방법을 묻는다.

"기말고사 영어 성적을 올리기 위해 어떻게 할 생각이니?"

딸아이가 게임을 한 시간 하고 영어 공부를 하겠다고 대답할 수 있다. 이때 평범한 부모는 "그래도 게임을 하겠다고?"라며 힐난한다. 하지만 현명한 부모는 더 좋은 행동을 제안한다. "오늘부터는 영어 공부를 끝낸 다음에 게임을 한 시간 하면 어떻겠니?"

'어떤 해결책을 지지할 것인지 말 것인지는 그 해결책을 내놓은 사람이 남인지 나 자신인지에 달려 있다'는 말이 있는데, 정말 맞는 말이다. 우리는 남이 내린 결론과 해답에는 선뜻 행동에 옮기거나 협력하려 하지 않는다. 본인 스스로 찾은 것이 아니기 때문이다. 대신 실현 가능한 방안을 본인 스스로 말해보게 하거나 대안을 2가지 정도 제시해주고 본인이 선택하게 하면 별 저항 없이 받아들일 가능성이 크다.

넷째, 스누핑하고 스스로 질문한다. 미국의 심리학자 샘 고슬링은 자신의 저서 ≪스눕≫에서 유의미한 단서를 통해 상대방의 성격과 생각을 파악하는 방법을 소개한다. 스눕(snoop)은 '기웃거리며 돌아다니다', '꼬치꼬치 캐다'라는 뜻의 영어로, 고슬링은 소지품이나 흔적만으로도 한 사람에 대해 많은 것을 파악할 수 있다는 사실을 알려준다. 예를 들어 책상 위에 놓인 커피 찌꺼기나 말라붙은 빈 커피잔은 그 사람이 청소하기 싫어하는 사람이라는 것을 말해준다. 배우자와 포옹하는 사진은 그 사람이 가정적이라는 사실을 말해줄 수 있다.

공감력을 높이려면 상대방의 성격과 특징을 빠르게 읽어내는 것이 중요하다. 단번에 상대방의 취향을 파악하거나 상대방의 마음을 얻는 데 스눕을 요긴하게 사용할 수 있다. 다른 사람과 친해지기 위해서는 먼저 "그 사람은 무슨 생각을 하고 있을까?"라고 스스로에게 질문해야 한다. 그다음에는 상대방에게 "무슨 생각을 하고 있습니까?"라고 직접 질문해야 한다. 공감력을 보다 더 발휘하기 위해서는 상대방의 생각을 스눕해서 생각을 읽어내는 연습을 해야 한다. 가족이나 직장 동료를 떠올리면서 질문해보라. "무슨 생각을 하고 있을까?" 그의 옷, 사무실, 노래, 카톡 사진, 사귀는 친구 등 소지품과 흔적 등을 함께 연상하여 대답해보라.

다섯째, 질문을 포용한다. 즉, 질문을 수용하며 중시하는 태도를 보인다. 그래야 좋은 질문이 나오고, 최선의 방안을 함께 강구하고 실행하는 분위기를 만들 수 있다.

프랑스의 계몽사상가 볼테르는 이렇게 말했다.

"한 사람의 수준은 대답이 아닌 질문 능력으로 판단할 수 있다."

기업도 마찬가지다. 회의 때 "왜 영업 실적이 이것밖에 안 돼?" 같은 질문이 자주 나오면 그 회사는 평범한 회사다. 반면에 "고객에게 어떤 차별화된 가치를 제공해야 할까? 5년 후 우리 회사의 주력 상품은 무엇일까?"라는 질문이 자주 나온다면 일류 기업이다. 이러한 질문이 기업의 지속경영을 촉진하기 때문이다. 기업의 지속경영을 촉진하는 질문이 자주 나오기 위해서는 리더가 먼저 질문을 매우 중요하게 여긴다는 사실을 직원들에게 적극 알려야 한다.

최고의 질문

《질문 리더십》의 저자 마이클 마쿼트 조지워싱턴대 인적자원개발학과 교수는 "성과 평가를 할 때 직원들에게 자신이 던졌던 '최고의 질문'을 제시하게 하라"고 말한다. 여기서 최고의 질문이란 직원의 질문 중에서 '회사를 위한 참신한 아이디어를 제공하거나 해결 방안 도출에 도움이 된 질문'을 말한다. 그는 세계개발훈련센터의 이사로 재직할 당시 직원들에게 다음과 같은 질문을 던진 적이 있다.

"현재 실행하지 않고 있는 아이디어나 전략 중 우리 회사의 성공에 가장 큰 기여를 할 수 있는 걸 하나만 뽑으라면 어떤 것을 뽑겠는가?"

이 질문에 대한 직원들의 응답은 놀라웠다. 그는 질문을 통해 "그전에 생각조차 해보지 않았던 마케팅 전략과 고객을 위한 새로운 서비스를 도입할 수 있었다"고 말한다. 말 그대로 최고의 질문을 한 셈이다.

경영자들은 늘 어떻게 하면 직원들이 자발적으로 움직이는 회사를 만들까를 고민한다. 그 고민에 대한 답은 질문이다. 질문에는 직원들의 열정과 참여를 이끌어내는 힘이 있기 때문이다. 질문하는 리더가 공감하는 조직을 만들고 모든 직원이 주인처럼 생각하고 행동하는 회사를 만든다.

공감형 인재는
어떻게 만들어지는가

내게는 잊을 수 없는 상사 한 분이 있다. 주택은행 시절 상사로 모셨던 김영강 상무님이다. 오늘의 나로 성장하는 데 가장 큰 영향을 준 분이다.

1980년대 말 당시 연수원장이었던 상무님은 나를 친절 담당 교수로 배치하며 "친절은 사람의 마음을 움직이는 분야라서 교사 출신인 장 교수가 최적"이라고 말씀하셨다. 여신이나 외환 담당을 하고 싶었던 나는 내심 실망스러웠다. 그런데 그게 아니었다. 교사로 6년간 아이들을 가르친 경험에다 교육학을 전공한 전문성이 점점 주목을 끌게 되었고, 강의 실력이 다른 은행이나 기업체에까지 알려지면서 꽤 유명해지기 시작했다. 상무님이 아니었으면 불가능했을 일이다.

나의 강의는 금융권이나 콜센터에서 특히 만족도가 높은 편이다. 체험을 통해 그들의 애환이나 속사정을 너무 잘 알아 감정이입이 되기 때문이다. 감정이입은 상대를 이해하는 필수적인 능력으로, 자신이 직접 겪고 느끼는 과정을 통해 얻어질 수 있다.

'공감(empathy)'은 그리스어 'empatheia'에서 유래되었다. 이 단어는 '안(in)' 이라는 의미를 갖는 접두사 'em'과 고통, 열정이라는 의미의 'pathos'가 합쳐서 '그 사람의 고통과 느낌 속으로 들어간다'는 의미를 담고 있다. 교육도 현실을 직접 체험하면서 그 안에서 학습할 때 가장 효과적이다. 우리 자신과 다른 사람에 대해 배우는 방법으로 체험에 견줄 만한 것이 없다. 레오나르도 다빈치는 의학 서적이 아니라 신체를 해부해봄으로써 해부학 지식을 얻었다. 미국의 철학자 존 듀이도 "모든 진정한 교육은 체험을 통해서 온다"고 말했다. 미국의 흑인운동가인 마틴 루터 킹 목사의 연설 '나에게는 꿈이 있습니다'가 링컨기념관 앞에 모인 25만 명의 청중을 움직인 것도 그가 웅변가였기 때문이 아니라 인종차별을 없애기 위해 수십 차례 투옥되면서 흑인들의 고통 속으로 들어갔기 때문이다.

가난하게 살아본 사람이 어려운 사람을 더 잘 돕는다. 어려울 때의 심정을 알기 때문이다. 스포츠 분야에서는 일류 선수 출신보다 이류 선수가 일류 감독이 되는 경우가 더 많다. 자기가 겪어본 터라 벤치를 지키는 후보 선수의 마음 안을 들여다볼 수 있기 때문이다.

좋은 의사가 되려면

가장 오래되고 전통적인 사냥술은 사냥감의 가죽을 덮어쓰고 그 무리에 섞여드는 것이다. 사냥을 잘하려면 동물처럼 생각하고 동물처럼 행동해야 한다. 최고의 낚시꾼은 물고기처럼 생각할 수 있는 사람이다. 마찬가지로, 좋은 의사가 되기 위해서는 고통받는 환자의 입장이 되어보아야한다. 환자의 마음을 잘 공감하려면 직접 환자의 입장을 경험하는 것이가장 좋은 방법이다. 물론 건강한 의사를 일부러 병에 걸리게 해서 환자로 만들 수는 없다. 그래서 일부 병원에서는 아예 환자복을 입혀 병동에입원시키는 대리 체험을 시키기도 한다. 일정 기간 병동에서 숙식하며 입원 환자의 고통과 불편함을 직접 체험하게 하는 것이다. 체험이 뒷받침되지 않은 채 히포크라테스 선서를 외우게 하거나 의료인의 사명감을 강조하는 것은 아무래도 직접 체험만큼 효과적이지 않다.

노인의 삶을 이해하기 위해 3년간 80세의 노파로 살았던 미국의 산업디자이너 페트리샤 무어는 이렇게 말한다.

"당시 건축이나 디자인은 물론이고 사회 전반에 노인은 소비자가 아니라는 잘못된 시각이 있었죠. 근본적으로 노인을 무시하는 경향이 있었습니다. 관찰이나 설문조사 같은 방법도 있지만 그런 방법으로는 충분히소통하기 어렵다고 판단했습니다. 3년간의 경험으로 나는 젊은 사람들을위해 만들어진 세상에서 노인의 삶이 어떤 것인지 알 수 있었습니다."

현재 그는 세계에서 가장 유명한 유니버설디자인의 거장 중 한 명이 되었다. 유니버설디자인이란 건강한 사람뿐 아니라 노인이나 장애인도 쉽게 사용할 수 있는 상품 디자인을 말한다.

'사람은 경험의 동물이다'라는 말처럼 누구나 경험을 토대로 말하고 판단하고 행동하게 된다. 따라서 풍부한 소통을 위한 공감 능력을 기르기 위해서는 다양하고 풍부한 경험을 쌓아야 한다. 더 많은 경험을 공유할수록 공감 능력도 커지기 때문이다.

우리는 나와 사고방식이나 관점이 다르다는 이유로 상대방과 거리감을 느끼고 마음의 문을 쉽게 열지 못한다. 상대방을 내 기분으로 판단하여 갈등을 빚기도 한다. 그러나 곰곰이 생각해보면 이러한 갈등이 생기는 대부분의 원인은 생각의 폭이 좁거나 경험의 양이 충분하지 않은 탓이 크다. 그래서 경험은 개인이 지닌 지식과 역량이 어느 정도 되는지를 잴 수 있는 하나의 잣대가 된다. 많은 기업체에서 사원을 선발할 때 이력서와 자기소개서를 제출하게 하는 것도 면접자의 과거 이력을 살피기 위함이다. 그가 과거에 어떤 경험을 했는지가 면접자 개인의 역량과 품성을 파악하는 중요한 지표가 되기 때문이다.

우리는 언제 어떤 상황과 맞닥뜨릴지 알 수 없다. 특히 기업 경영에서는 수많은 변수와 새로운 도전 과제에 직면하게 되고 구성원들의 갈등을 해결해나가야 한다. 하지만 이러한 문제들도 다양한 경험을 통해 해법을 자신만의 것으로 체화시킨 사람이라면 보다 쉽게 극복할 수 있을 것이다. 여기서 경험이란 꼭 성공한 경험만을 말하는 것이 아니다. 실패한 경험 역시 이롭게 작용하는데, 실패의 근본 원인을 찾고 이를 해결하려고 노력하는 과정을 통해 미래의 실패를 예방할 수 있기 때문이다.

'왕이 된 남자'와 부총리의 차이

어느 날 광해군이 갑자기 의식을 잃고 쓰러지는 사건이 발생하고, 허균은 광해군이 치료를 받는 동안 하선에게 광해군을 대신해서 왕 노릇을 하게 한다. 저잣거리의 한낱 만담꾼에서 하루아침에 조선의 왕이 되어버린 천민 하선은 가슴을 조이며 위험천만한 왕 노릇을 시작한다.

왕이 된 하선은 "내 그들을 살려야겠소! 그대들이 죽고 못 사는 사대의 예보다 내 나라, 내 백성이 열 갑절, 백 갑절은 소중하오!"라며 사대주의를 앞세우던 대신들을 꾸짖는다. 또한 웃음을 잃어버린 중전을 웃기기 위해 노력하고, 아버지가 죽고 어머니가 노예로 팔려갔다는 사월이의 사연을 듣고 진심으로 안타까워하며 어머니를 꼭 만나게 해주겠다고 약속하는 모습에서는 예민하고 난폭했던 진짜 광해와 달리 따뜻함과 인간미가 느껴진다.

달라진 왕의 모습에 궁정이 조금씩 술렁이고, 점점 왕의 대역이 아닌 자신의 목소리를 내기 시작하는 하선의 모습에 모두가 놀란다.

영화 〈광해〉의 줄거리다. 하선은 어떻게 중전이나 사월이의 아픔과 서러움을 같이 느끼는 공감형 인물이 되었을까? 바로 다른 사람을 웃기는 광대로 살아왔기 때문이다. 광대의 삶이란 다른 사람의 관점에서 세상을 보고 다른 사람의 마음에 공감하는 것을 연습하고 몸으로 표현하는 일이다. 광대의 삶을 통해 그는 공감력을 키워왔으며 권력이라는 마약으로부터 인간미와 감성 능력을 지킬 수 있었다. 이것이 1,000만 관객의 마음을 사로잡은 힘이다.

그런데 현실 세계에서는 이와 반대되는 일이 비일비재하게 일어난다. 얼마 전 카드사 정보 유출 사태로 온 나라가 시끌시끌한 판에 부총리가 "정보 제공 동의를 해줬지 않느냐. 소비자들도 잘못이 있다"는 말을 했다. 그걸 보며 은행원 출신으로 카드사 콜센터까지 직접 운영해본 나였지만 "저렇게 말하면 곤란한데…" 하며 탄식했다. 아니나 다를까. 누리꾼들이 들고 일어났다. "개인정보 제공에 강제로 동의하지 않으면 카드 발급이 안 된다는 사실을 모르는 것을 보니 부총리는 자신이 직접 카드를 발급받은 적이 없나 봅니다"와 같은 댓글이 이어졌고, 정치권도 "국민 염장 지르는 망언"이라며 비판에 동참했다.

부총리가 은행에서 한 번이라도 직접 카드발급 신청을 해봤으면 이런 일을 겪지 않았을 것이다. 신용카드를 발급받으려면 이름, 주민번호, 전화번호 등 20여 개에 이르는 신상 정보를 적은 후 개인정보 활용 동의서의 구석구석에 서명해야만 한다. 동의서에 서명하지 않으면 아예 신청조차 할 수 없다. 직접 카드를 발급받은 적이 없거나 높은 지위에 올라 공감 능력이 떨어진 탓에 이런 사태를 불러왔다고 볼 수 있다.

전문가들은 '공감력과 권력은 반비례 관계에 있다'고 진단한다. 사람들이 높은 지위에 올라 권력의 맛을 보게 되면 약자의 처지에 대한 관심도가 뚝 떨어진다는 말이다. 그렇다면 지위가 높거나 힘이 있는 사람은 어떤 노력을 통해 공감 능력을 키울 수 있을까? 간단하다. 현장을 직접 체험해보는 것이다.

미국의 TV프로그램 '언더커버 보스(Undercover Boss)'가 국내에서도 큰 인기를 얻은 적이 있다. 우리말로 옮기면 '사장님의 암행 감찰' 프로그램 정도가 될 것이나. 영국에서 처음 시작해 미국에서도 제작된 프로그램으로, 대기업 CEO들이 직원들 모르게 변장하여 자신이 경영하는 회사에 일용직 사원으로 취업하는 몰래카메라 형식이다. 최고경영자가 현장 직원의 업무적 고충과 개인적 이야기를 진솔하게 들을 수 있다는 점이 가장 큰 매력이다.

월마트에서는 매주 일요일이면 월마트 본사가 있는 미국 아칸소주 벤톤빌에서 임원들이 탄 전용 비행기 5~6대가 미국 전역은 물론 전 세계의 지점들로 날아간다고 한다. 이들은 자신의 방문과 신분을 밝히지 않은 채 화, 수요일을 현장에서 직원들과 함께 보내며 직원들의 이야기를 듣는다. 월마트의 임원들은 업무 시간의 무려 70%를 현장에서 보낸다. 이러한 과정을 통해 직원들의 고충과 생생한 이야기를 듣고 고객의 불편을 체험하게 되는 것이다. 직접 겪어보는 것은 공감 능력을 키우는 대단히 좋은 방법이다.

삼성 에버랜드 직원들은 신입사원 시절에 반드시 에버랜드 곳곳을 누비며 청소하는 과정을 거치는 것으로 유명하다. 또한 신임 간부 임명식에서는 사령장보다도 더 의미 깊은 선물로 솔선수범과 헌신을 의미하는 흰 장갑과 집게를 받게 된다. 간부는 이것을 들고 에버랜드 곳곳을 누비며 고객을 위해 구석진 곳, 눈에 띄지 않는 곳을 청소하고 바닥에 붙어 있는 껌을 제거하는 등의 궂은일을 한다. 청소를 하면서 현장 구석구석을 살펴봄으로써 고객들이 무엇을 원하는지, 무슨 불평을 하는지, 왜 직원들이 힘들어하는지, 그래서 간부들이 무엇을 도와주어야 할 것인지를 체득하게 된다.

서울과학종합대학원의 김종식 교수는 상용차 제조업체 사장 시절에 정비센터 현장을 방문해서 트럭기사로부터 뼈 있는 충고를 들었다고 한다. "트럭회사 사장이면 트럭을 몰 줄 알아야 하는 것 아니냐"는 얘기였다. 김 사장은 두 달 동안 운전학원을 다니며 대형트럭 면허를 땄다. 그후 25톤짜리 덤프트럭을 직접 몰아보고, 뒷좌석에서 쪽잠도 자보았다. 그러면서 임원들도 트럭 면허를 따기 시작했고 일부 여성 직원들까지 동참했다. 신차를 출시할 때 임원들과 군산 공장에서 서울까지 220킬로미터의 트럭 로드쇼를 벌여 언론의 주목을 받기도 했다. 그가 트럭 면허를 딴것은 직원들의 입장과 고객, 그리고 시장을 더 잘 이해하기 위해서였다. 이 정도면 그는 사원들이나 운전자의 마음을 헤아릴 줄 아는 '공감의 사장'이라 할 만하다.

모든 인재는 '경험 학교'를 나온다

　오늘은 모 대부업체에 근무하는 김 본부장과 미팅을 겸한 점심을 함께했다. 대부업체들은 광고문구대로 '전화 한 통으로 돈을 빌릴 수 있게' 하기 때문에 모든 직원이 전화를 통해 일을 한다고 해도 과언이 아니다. 이회사에도 전화 상담만 전문으로 하는 콜센터 직원이 50여 명이다. 김 본부장의 고민은 '다들 콜센터 근무를 기피하는데, 어떤 묘안이 없겠느냐'는 것이었다. 나는 내가 겪은 사례를 곁들여 내 생각을 이야기해주었다.
　외국계 은행에 있을 때다. 입사 지원자들을 면접해보면 모두 글로벌 기업에서 영어를 배우고, 해외 근무 기회를 가지고, 마케팅, 기획, 펀드 운용과 관련된 일을 해보고 싶다고 대답한다. 순진한(?) 바람이다. 경험이 없는 신입사원이 어떻게 기획을 하고 마케팅을 할 수 있으며 고객의 니즈를 찾아낼 수 있겠는가. 설사 한다 해도 고객의 마음을 얼마나 헤아릴 수 있을지 의문이다. 회사의 일은 배우는 순서가 있다. 내 생각에는 처음부터 기획과 마케팅을 하기보다 생산이나 영업 쪽에서 먼저 경험을 쌓는 것이 도움이 된다. 콜센터나 서비스센터에서라면 더 좋을 것이다. 온갖 고객의 욕구가 분출하는 종합상황실이 바로 이곳이기 때문이다.

나는 신입사원 모두를 콜센터 근무부터 시작하게 했다. 그리고 이제까지 강연 등을 통해 다른 경영자들에게도 콜센터라는 고객 접점을 신입사원의 경험 축적과 인력 양성의 장으로 활용할 것을 권해왔다. 신입사원이 나중에 어떤 부서에 배치되든 입사 후 첫 한두 달은 공장, 대리점, A/S센터, 콜센터 등에서 현장 업무와 고객 상담을 경험해보게 하라고 이야기했다. 고객이 무엇을 생각하고 무엇을 기대하는지, 다른 동료들은 무엇을 원하는지를 체험을 통해 느끼고 깨닫는 것이 최고의 교육이라고 믿기 때문이다.

현장을 경험한 신입사원들은 고객서비스와 갖가지 사례들을 배우고 다른 부서로 간 후에도 접점 직원들의 이름과 고통을 이해하고 기꺼이 도우려 할 것이다. 수영하는 방법을 알려주는 교재로만 공부해서는 수영 실력을 향상시킬 수 없다. 악보를 읽을 줄 안다고 피아니스트가 되는 것도 아니다. 연습하고 훈련해야 한다. 외국어를 제대로 배우려면 원어민들과 어울리면서 날마다 그들의 언어로 말해야 한다. 공감의 연습도 이와 다르지 않다.

나는 김 본부장에게 콜센터는 기업 그 자체이며 기업의 종합상황실이
자 '공감의 훈련소'로, 콜센터 근무야말로 세일즈와 서비스를 동시에 경험
할 수 있는 최적의 장이라는 사실을 깨닫게 하여 직원들의 자부심을 높
여주라는 요지의 말을 해주었다.

미국 감리교 목사이자 신학교 교수인 엘스워스 칼라스가 쓴 책 ≪경험
의 학교≫를 보면 이런 내용이 나온다.

"우리는 원하든 원하지 않든 반드시 '경험의 학교'에 입학을 합니다. 그
리고 우리의 선택과는 상관없이 여러 선생님을 만납니다. 그중에는 사랑,
성공, 우정 등 우리가 좋아하는 선생님이 있습니다. 이들 선생님의 과목
을 열심히 배우면 패배와 같은 과목은 공부하지 않을 수 있습니다. 하는
수 없이 만나는 고독, 패배, 이별 등의 과목은 껄끄럽고 부담스럽습니다.
그러므로 이런 과목들은 아침마다 재등록하고 밤마다 복습할 것이 아니
라 부지런히 공부하여 빨리 이수해버려야 합니다."

그런데 우리나라 기업들에서는 체계적인 경험을 쌓게 하는 경우가 많
지 않은 편이다. 신입사원이 간부로 성장하는 과정에서 개인별 능력을 검
증받게 하는 정도다. 능력 있는 직원도 다양한 경험의 기회를 갖지 못하
고 한두 개 부서만 오가는 경우가 많다. 리더로서 갖춰야 할 경험의 폭이
그만큼 제한될 수밖에 없다. 그래선 안 된다. 신입사원은 원칙적으로 현
장에서 출발시켜야 한다. 제품이 판매되고 소비자와 접촉하는 현장 경험
없이 사업의 본질을 꿰뚫고 남과 어울려 공감대를 형성하기는 어렵다.

현장 체험은 특히 영업에서 위력을 발휘한다. 〈아라비아의 로렌스〉라

는 영화를 보면 이집트에 주둔한 영국 병사 로렌스가 아라비아반도에서 반목 중인 부족들을 규합해 터키에 대항하려 한다. 부족민들이 파란 눈의 이방인을 미심쩍어하자 로렌스는 그들의 신뢰를 얻기 위해 사막 생활을 함께한다. 물도 그들이 마실 때만 마시고, 같은 음식을 먹고, 같은 옷을 입고, 그들의 언어로 말한다. 영업도 다르지 않다. '공통 체험을 통해 공감대를 형성하고 섬세한 감수성과 풍부한 상상력을 발휘하여 공통의 이익을 추구하는 과정'에서 우수한 영업인이 육성될 수 있다.

예술작품이 공감 능력을 향상시킨다

경험을 쌓는 가장 효과적인 방법은 직접 경험해보는 것이다. 하지만 세상의 모든 일을 다 경험할 수는 없는 일이다. 직접경험의 한계에 대해 미국의 자동차왕 헨리 포드는 "경험의 학교를 졸업하려면 너무 오래 걸린다. 막상 졸업하고 나면 일하지 못할 정도로 늙어버린다"는 말을 했다. 그렇기에 사람들은 간접경험을 선택한다.

간접경험 중에서 가장 좋은 것은 독서와 영화나 연극 등의 공연 관람이다. 다양한 예술작품들을 보면서 느끼는 희로애락의 감정과 마음의 울림은 사람의 내면을 더 깊고 풍부하게 해준다. 그런 면에서 예술가들은 우리 안의 무엇인가를 이끌어내는 데 선수들이다. 위대한 예술가는 우리도 미처 몰랐던 숨은 감성을 건드려 깊고 진한 공감을 불러일으키는 사람이다. 우리는 이러한 예술가들의 작품을 통해 진짜 내가 그것을 경험한 것 같은 착각에 빠진다. 예술작품이 그 자체로 아주 훌륭한 간접경험이 되는 것이다.

그런데 우리는 이제까지 예술작품을 단지 감상이나 순간의 감동을 위한 대상으로만 생각해왔던 것이 사실이다. 이제부터는 예술작품을 공감력을 향상시키는 도구로 활용할 필요가 있다. 어떻게 하면 될까?

첫째는 문학성이 높은 소설을 읽는 것이다. 얼마 전 학술지 〈사이언스(Science)〉에 소설을 읽으면 타인에게 공감하는 능력이 향상된다는 연구결과가 실렸다. 문학성이 높은 소설을 읽으면 남의 마음을 읽는 능력이 향상된다는 것이다.

미국 뉴스쿨대 심리학과의 데이비드 키드 박사 연구팀이 문학성이 높은 소설과 비소설을 읽고 나서 타인의 감정 상태를 이해하는 '마음 이론'이 얼마나 향상되었는지를 조사했다. 문학성이 있는 소설로는 노벨문학상을 받은 앨리스 먼로의 단편 《코리》와 단편소설의 대가 안톤 체호프의 《카멜레온》 등이 포함되었고, 대중소설로는 아마존의 베스트셀러에 오른 작품들이 선정되었다. 비소설로는 스미소니언박물관에서 발간한 잡지의 기사가 제시되었다.

참가자들에게 각각 한 장르의 책을 읽힌 후 공감 능력을 시험했다. 예를 들어 눈만 나온 사진을 보고 어떤 감성인지 맞추는 것이다. 그 결과 문학성이 높은 소설을 읽은 사람의 인지와 정서 능력이 36점 만점에 25.9점으로 가장 높게 나왔다. 대중소설과 비소설을 읽은 사람은 23점, 22점으로 별 차이가 없었다.

연구팀은 '대중소설은 인물을 평면적이고 예측 가능하게 묘사함으로

써 마음 이론을 향상시키는 데 크게 도움을 주지 못한다'고 분석했다. 반면에 '문학성이 높은 소설에는 현실처럼 속사정을 알기 어려운 복잡한 인물들이 등장하기 때문에 마음 이론이 향상된다'고 설명했다. 문학성이 높은 소설은 문장이나 문법에서 참신함, 은유법 등으로 독창적 장치를 많이 쓴다. 그만큼 독자로 하여금 지적이고 창조적인 사고를 하게한다. 그런 낯선 경험을 하고 나면 무심코 지나쳤던 타인의 감정도 이해할 수 있는 힘이 생긴다는 것이다.

둘째는 공동으로 시를 써보는 것이다. 나의 지인인 황인원 원장은 시를 경영에 접목하여 창조 시대를 열어가는 문학경영연구원을 운영하고 있는데, 공감력을 키우는 효과적인 방법으로 시를 추천한다.

니가 필요해
내가 잘할게

'돈'이라는 시다.

끝이 어딜까
너의 잠재력

'다 쓴 치약'이라는 시다.

둘 다 단숨에 읽히면서도 사물과의 일체감을 느끼게 해줌으로써 많은 사람들에게 공감을 얻고 있는 SNS 시인 하상욱 씨의 작품이다.

시인은 시를 쓸 때 시적 대상의 상황과 하나가 되는 일체화 방법을 동원한다. 그런 면에서 시인은 대상의 감정을 이해하고 자신의 것으로 만드는 공감 능력이 탁월한 사람이다.

시를 써보면 시인처럼은 아니어도 공감 능력을 키울 수 있다. 시를 함께 써보면 전체의 공감 능력을 향상시킬 수 있다. 가족이나 회사 동료들과 함께 모여서 한 편의 시를 써보도록 하라. 방법은 다음과 같다.

먼저 리더가 하나의 문장을 만든다. 그러면 다른 사람이 앞의 문장에 이어질 수 있는 문장을 쓴다. 그리고 또 다른 사람이 그다음을 잇는다. 순서대로 이어서 하나의 시를 만든다.

예를 들어보면 이렇다. 사장이 먼저 '나는 회사에서 행복하다'라는 문장을 썼다고 하자. 사장의 문장에 이어 직급에 따라 문장을 하나씩 만들어간다.

나는 회사에서 행복하다(사장)

리더가 감정을 존중해줄 때(이사)

사장과 이사가 내 말을 관심 있게 들어줄 때(부장)

이사님이 내 이름을 불러줄 때(과장)

실수를 해도 위로하고 격려해줄 때(사원)

'수고 많으십니다'라는 인사말을 들을 때(청소부)

이런 식으로 공동으로 시를 써보면 사장부터 직원들까지 서로 무엇을 중요시하고, 지금 어떤 상태에 있으며, 문제는 무엇이고 어떻게 하면 좋을지 등을 자연스럽게 표현하는 가운데 조직의 소통과 공감 수준을 끌어올리는 계기를 마련할 수 있다.

별것 아닌 것 같지만 이런 간단한 방법이 서로의 감정을 드러내며 반응하고 소통하는 공감 능력을 높이는 통로가 된다. 상대의 감정선과 속마음을 읽고 느낄 수 있게 만든다.

가족사진에
내가 없다면

정부의 위탁을 받아 서비스품질 인증심사를 위해 한 렌터카업체를 방문했다. 사장과의 면담이 끝나고 본격적인 인증심사에 들어가면서 업무를 주관하는 담당자에게 직원 2명만 불러달라고 부탁했다. 방금 사장에게 들었던 회사의 비전, 미션, 경영 방침에 대해 직원들이 어떻게 생각하고 있는지가 궁금해서였다. 리더십 분야의 체크 항목이기도 하다.

"기업의 미션이 '고객과 함께 성장하는 가슴 뛰는 행복 기업'인데, 본인은 어떻게 일하고 있습니까?", "'최고의 서비스를 통해 미래 가치를 창조하는 일류 기업'이 회사의 비전인데, 지금 어디쯤 가고 있다고 봅니까?", "미션과 비전, 경영 목표 달성을 위해 본인은 무엇을 하고 있습니까?"

나의 질문에 직원 2명 모두 묵묵부답이었다. 담당자가 나름대로 똑똑

하고 업무 경험이 많은 직원을 선정해서 데려왔을 텐데 말이다.

많은 기업의 CEO들이 회사의 미션과 비전을 강조하고 있지만, 그것이 직원들 내부에 깊숙이 침투되어 있는 경우는 별로 보지 못했다. 무엇이 문제일까?

여기서 잠시 미션과 비전에 대해 알아보자. 미션은 기업의 존재 이유, 혹은 존재 목적이다. 만약 기업이 이익 추구만을 목적으로 한다면 무엇을 하건 돈만 많이 벌면 그만일 것이다. 그러나 기업은 이익 추구 이외의 존재 이유가 있어야 지속될 수 있다. 예를 들어 아마존닷컴의 미션은 '지구상에서 가장 고객 중심적인 기업이 된다'이고 신한은행의 미션은 '금융의 힘으로 세상을 이롭게 한다'이다. 비전은 10년 혹은 20년 후에 달성하고자 하는 이상적인 목표 또는 꿈이라고 할 수 있다. LG패션의 비전은 '2017 TOP 10 Global Brand Company'이고, 두산인프라코어의 비전은 '2020년까지 기계산업 분야 세계 3위 기업으로 성장'이다.

미션과 비전은 기업의 최고경영자에서부터 중간관리자, 그리고 직원들까지 모두가 공유해야 한다. 영화나 연극이 관객을 감동시키고 사랑받기 위해서는 그 작품에 참여한 주연에서 엑스트라까지 자신이 맡은 배역을 충분히 소화해내야 하듯, 조직이 발전하기 위해서는 모든 구성원들이 미션과 비전을 향해 자신의 역할을 완벽하게 수행하려는 통합된 노력이 있어야 한다.

어떤 이는 회사를 배에 비유하기도 한다. 사장은 선장이고 직원들은 선원이다. 맥도날드에서는 아르바이트 직원을 '크루(crew, 승무원)'라는 명칭으로 부른다. 매장을 한 척의 배라고 생각하여 그렇게 부르는 것이다. 그 밑바탕에는 '배는 절대 한 사람의 힘으로 움직일 수 없다. 한 사람한 사람이 각자의 역량을 제대로 발휘하고, 또한 그 힘이 한데 모아질 때 맥도날드라는 배가 거침없이 순항할 수 있다'는 메시지가 담겨 있다. 일본 맥도날드에서 21년간 일한 가모가시라 요시히토의 ≪인생에서 중요한 건 모두 맥도날드 아르바이트에서 배웠다≫라는 책에 나오는 내용이다

일본의 경우 전국에서 일하는 맥도날드 크루의 수는 약 16만 명에 이른다. 이들 크루들이 뿜어내는 빛이 맥도날드 브랜드 그 자체인 것이다. '맥도날드는 참 괜찮은 곳이구나'라고 느껴지느냐 아니냐는 고객이 매장에서 만난 크루들의 인상에 따라 좌우된다.

놀라운 성과의 오래된 비밀

회사에서 마케팅 전략을 수립하는 사람과 상품을 판매하는 사람이 맡은 업무가 다르다고 해서 각자 다른 방향으로 달린다면 좋은 성과를 거둘 수가 없다. 좋은 성과를 내기 위해서는 각자의 역량을 한 방향으로 정렬시켜야 한다. 여기서 커뮤니케이션을 통해 구성원들의 마음을 움직여 공감대를 형성하고 일관성 있는 목표를 제시해주는 리더의 역할이 필수적이다.

리더십이란 다른 게 아니다. 조직의 비전과 목표를 구성원들과 공유하고 그들로부터 공감을 이끌어내는 능력이다. 가장 위험한 배는 목적지 없이 출항하는 배다. 마찬가지로 구성원들이 조직이 어디를 향해 나아가며

자신과 함께하는 리더가 어떤 기대를 갖고 있는지 알지 못한다면 방향 감각을 잃고 헤매게 될 것이다. 또 선장이 선원들에게 단순히 부여받은 일만 하게 한다면 항해 과정에서 순간순간 발생하는 위기를 헤쳐나가기 힘들 것이다. 함께 나아가고자 하는 방향에 대해서 구성원들과 공유하는 것, 그리고 구성원들이 어떤 상황에서 어떻게 대처해야 할지 명확히 인식하고 협조할 수 있게 이끄는 것이 리더의 본무다.

골프에서 캐디의 역할은 우리가 생각하는 것보다 훨씬 중요하다. 카트를 운전해주고 클럽 선택을 도와주어서가 아니다. '방향과 거리를 안내해주는 일'을 하기 때문이다. 기업에서는 비전이 이 같은 역할을 한다.

1981년 GE의 최연소 최고경영자가 된 잭 웰치는 이후 5년 연속 '성공적인 경영인상'을 받았다. 수상 인터뷰에서 기자가 "어떻게 이런 놀라운 성과를 내게 되었습니까?"라고 물었다. 웰치는 "내가 가고자 하는 방향과 우리 직원들이 가는 방향이 같기 때문입니다"라고 답변했다. 그는 회사에서도 마주치는 직원에게 3가지 질문을 종종 던졌다고 한다. "당신의 목표는 무엇인가?", "지금 그 목표는 어떻게 진행되고 있는가?", "내가 뭘 도와주면 되는가?"

웰치가 이렇게 깜짝 질문을 한 이유는 직원 누구나 본인의 의지를 담은 구체적인 목표를 가져야 한다고 믿었기 때문이다. 그는 훌륭한 목표가 직원 개개인의 마음속에 새겨져 있으면 그것이 매일매일의 업무의 기준이 될 수밖에 없다고 생각했다.

구글의 경영 원칙에는 '악한 일을 하지 말자(Don't be evil)'는 내용이 들어가 있다. 구글이 고객과 인류에게 어떻게 기여할 것인가를 고민한 대목이다. 구글 홈페이지에는 흔하디흔한 광고 한 줄 나오지 않는다. 사람에게 피해를 줄 수 있는 영상이나 내용은 검색하지 못하도록 다양한 제어장치를 운영하고 있다. 이런 경영 철학이 일하는 방식에도 투영되고 의사결정에도 영향을 미친다.

GE나 구글처럼 통일된 비전이나 목표, 원칙을 정해놓은 기업도 있지만 그렇지 않은 기업들이 더 많다. 앞서 렌터카업체처럼 비전은 있는데 직원들이 모르는 경우도 허다하다.

한 방향 정렬을 위해 리더가 할 일

비전과 목표에 대한 공유 없이는 구성원의 참여와 협력을 얻을 수 없다. 아무리 훌륭한 경영 전략이 있다 하더라도 직원들과 강한 공감대를 형성할 구심점이 없기 때문이다. 공감대가 형성되고 구심점이 있어야 직원들은 한마음으로 뭉치고 쉽게 행동으로 옮길 수 있다. 이를 위해 기업이나 리더가 해야 할 일이 있다.

첫째는 구체적인 언어로 직원들과 소통해야 한다는 것이다. 기업의 경영자들은 회사의 비전과 목표를 설정하고 그것을 달성하기 위한 전략들을 만들어내지만, 현장의 직원들은 비전을 달성하기 위해 자기 업무에서 구체적으로 무엇을 해야 할지를 모른다. 또한 내가 하는 일이 회사의 목표와 어떻게 연결되는지도 알지 못한다. 가장 큰 원인은 회사의 비전이나 슬로건이 너무 추상적이기 때문이다. 직원들은 구체적인 언어로만 이해하는 사람들이다. 예를 들어 "불조심하라"는 구체적이지 않다. "난로 3m 이내에 모래주머니를 3개 비치하라"가 구체적이다.

- 공항에 먼저 도착한 사람이 먼저 탑승하십시오.
- 우리는 기내식을 제공하지 않습니다.
- 끝내주게 웃겨줍니다.
- 고속버스보다 더 쌉니다.

이와 같은 서비스 전략으로 지난 30년간 경쟁이 치열한 항공업계에서 가장 높은 평균 수익률을 기록한 항공사가 있다. 바로 사우스웨스트항공이다. 이 회사가 사업을 시작하던 초기의 비전은 '1위의 저가항공사'가 되는 것이었다. 하지만 최고경영자 허브 캘러허는 직원들에게 '업계 1위가 되기 위해 노력하자'라고 말하지 않았다. 지상 운영을 담당하고 있는 직원들에게는 '지상 대기 시간을 20분 미만으로 줄여라'라고 지시했다. 항공사는 비행기가 하늘에 떠 있는 시간을 늘려야 돈을 번다. 그러기 위해서는 지상 대기 시간을 최소한으로 줄여야 한다. 참고로 델타, 유나이티드, 아메리칸 같은 항공사들의 도착 후 이륙 시간은 대체로 1시간 이상이다. 한편 승무원들에게는 '승객들을 재미있게 해주기 위해 최선을 다하라'고 말했다. 아무리 싼 맛에 타는 저가항공이라지만 고객만족을 등한시하면 '사람을 짐짝 취급한다'는 불평이 생길 수 있다. 그렇다고 기내식도 주고 좌석마다 잡지를 비치했다가는 비용이 치솟을 것이다. 그래서 돈 안 들이고 고객이 느끼는 만족도를 높일 수 있는 방법으로 승무원들에게 고객을 재미있게 해주기 위해 최선을 다하라고 지시한 것이다. 예를 들어 금연이라는 표현 대신 "흡연을 원하십니까? 비행기 날개 위에 있는 스카이라운지로 가십시오. 거기에서는 지금 '바람과 함께 사라지다'가 상영되고 있습니다"라는 말로 승객을 웃긴다. 비행 전 구명조끼 착용 시범을 보일 때도 그냥 입었다 벗기보다 유행하는 힙합 댄스 동작을 활용한다.

둘째는 직원들에게 비전의 실천을 요청하고, 동참했을 때 본인에게 어떤 이익이 있는지를 분명하게 제시해야 한다는 것이다. 직원들이 회사에 불만을 갖는 이유 중 하나는 '내가 고생하고 노력한 만큼 인정받지 못한다'는 것이다.

세계적인 리더십 기관인 CCL(Center for Creative Leadership, 창조적 리더십센터)은 "비전은 가족사진과 같다"고 말한다. 가족사진을 찍었는데 그 속에 내가 없다면 온전한 가족사진이라고 할 수 없는 것처럼, 회사의 비전 속에 내가 없다면 그 비전은 나와 아무런 관계가 없는 허망한 문구에 불과할 뿐이다. 비전은 리더의 선포가 아니라 구성원들의 참여로 달성할 수 있는 것이다. 리더는 비전을 위해 직원들이 실천해야 할 부분은 무엇이고 감수해야 할 일은 무엇인지를 정확하게 지시해야 하며, 더불어 비전에 동참했을 때 얻게 되는 이익은 무엇인지도 분명하게 제시할 수 있어야 한다.

직원들의 천국으로 평가받는 한미파슨스라는 회사가 있다. 건축주를 대신해서 건설사업 전반을 관리해주는 일을 하는데, 매일같이 직원들이 회사의 비전과 미션, 핵심 가치를 복창하고 업무를 시작한다고 한다. 미션에는 GWP(Great Work Place), 즉 훌륭한 일터를 만든다는 내용이 포함되어 있다. 그래서 직원들의 만족도를 점수화해서 관리하고 있으며 자녀수에 상관없이 대학까지 학비를 지원한다. 배우자 생일에도 케이크를 보내 축하해준다. 이뿐만 아니라 복지재단을 만들어 장애인을 돌봐주고 각종 단체들의 신축이나 개보수를 도와주기도 한다.

셋째는 목적의식과 이타성을 강조하라는 것이다. 내가 하고 있는 일이 회사의 목표와 어떻게 연결되며 얼마나 가치가 있는지에 대한 목적의식이 구성원들의 공감을 확보하는 데 큰 영향을 미친다. 또 인간은 이기심(자기중심성)보다 숨어 있는 이타심(공감)을 자극해야 더 쉽게 움직인다. 인간의 뇌에는 이기심과 이타심이라는 2가지가 모두 장착되어 있지만, 이타심은 누구에게나 좋고 옳다는 명분을 갖고 있는 것으로 해석하기 때문이다.

미국의 병원에서 의료진이 손을 씻는 빈도는 믿기 힘들 정도로 낮다고 한다. 병원에서 감염을 예방하는 가장 좋은 방법이 의사, 간호사 등 의료진이 손을 규칙적으로 씻는 것인데도 말이다. 조직심리학을 연구하는 노스캐롤라이나대의 데이비드 호프먼 교수와 와튼스쿨의 애덤 그랜트 교수가 한 병원에 찾아가 2주 동안 병원 내 66개소의 비누와 손세정제 용기 옆에 표지판을 붙여놓았다. 표지판 중 3분의 1은 의료진 개개인의 이익에 호소하는 내용이었다.

"청결한 손은 당신의 질병 감염을 예방합니다."

다음 3분의 1은 병원이 하는 일의 목적인 환자에게 돌아갈 결과를 강조했다.

"청결한 손은 환자들의 질병 감염을 예방합니다."

나머지 3분의 1은 짧고 간결한 문구로 대조군 역할을 했다.

"세정제로 손을 씻고 나가세요."

어떤 표지판이 가장 효과적이었을까? 그렇다. 두 번째 표지판이 단연 가장 효과적이라는 사실이 드러났다.

≪파는 것이 인간이다≫의 저자 다니엘 핑크는 목적의 중요성을 부각시키는 것은 다른 사람을 움직일 수 있는 가장 강력하면서도 동시에 가장 간과하기 쉬운 방법 중 하나라고 말한다.

마지막으로는 정보가 활발하게 공유되어야 한다는 것이다. 정보를 공유한다는 것은 조직 내에서 이루어지는 일들과 발생하는 여러 가지 상황이 어떻게, 어떠한 이유로 이루어지고 있는지를 모든 구성원들이 정확히 알게 하는 것이다. 리더는 구성원들에게 좋은 정보건 나쁜 정보건 직접적인 방식으로 충분한 정보를 제공해주어야 하고, 구성원들 역시 교류를 통해 서로의 입장과 상황을 파악할 수 있어야 한다.

피터 드러커는 미래에 살아남을 수 있는 기업의 조직 구조를 오케스트라에 비유한다. 오케스트라는 구성원 모두가 악보라는 공통된 정보를 공유하고 한 사람의 지휘자 밑에서 직접 교신이 가능한 시스템이다. GE가 세계적인 기업으로 성장한 비결의 배경에도 이러한 정보의 공유가 있었다. 세계적인 기업들도 한결같이 구성원들 간의 정보 공유를 중시한다.

탁월한 조직은 미션을 전파한다

미국에서 최고의 에너지 전문가로 불리는 존 고든이 쓴 ≪에너지 버스≫라는 책에 미국의 36대 대통령인 존슨과 청소부에 관한 이야기가 실려 있다. 미국 항공우주국(NASA)을 처음 방문한 존슨 대통령은 너무나 즐겁게 일하고 있는 한 청소부에게 칭찬의 말을 건넸다. 그러자 그 청소부가 이렇게 대답했다.

"각하, 저는 일개 청소부가 아닙니다. 저는 인간을 달에 보내는 일을 돕고 있답니다."

'내가 지금 하고 있는 일이 내가 속한 조직과 다른 사람에게 어떤 가치가 있는가를 여실히 보여주는 일화다.

이런 생각으로 일하는 청소부는 일개 직원이 아니다. NASA를 책임진 당당한 주인이다. 내가 쓴 ≪하루를 일해도 사장처럼≫이라는 책은 주인 정신을 다루고 있는데, 주인은 전체를 보며 모든 책임을 진다. 하지만 일개 직원은 자기 역할만 생각하고 자기 신상에 미치는 부분에만 관심을 가진다. 드라마나 영화에서도 비슷하다. 주연은 드라마 전체를 끌고 가기 때문에 모든 줄거리를 꿰고 있는 데 반해, 단역은 자기 대사만 외우고 촬영이 끝나면 바로 빠져나간다.

대기업에 다니거나 공공기관에 근무하는 사람들 중에도 자기 업무가 회사 전체의 목표와 어떻게 연결되는지 잘 모르고 있는 경우가 많다. 미션이 무엇인지, 왜 일하는지를 알지 못하는 것이다.

그런 차원에서 볼 때 준오헤어라는 회사의 미션은 아주 흥미롭다. 준오

헤어의 직원들은 자신들을 '머리를 자르는 일을 하는 사람'이라고 정의하지 않는다. '고객의 감춰진 아름다움을 일깨워 그들에게 자신감과 행복을 만들어주는 일을 하는 사람'이라고 정의한다. 미션을 확실히 공유하여 전 직원의 마음을 하나로 묶었다고 할 수 있다.

비전과 미션을 통해 조직을 한 방향으로 정렬하는 것이 공감대를 형성하기 위한 첫 번째 조건이라면 두 번째 조건은 구성원들에게 '자기 일의 의미'를 다시 찾아주는 것이다. 똑같은 일을 하더라도 남이 시켜서 하는 것, 돈을 벌기 위해 의무적으로 하는 것은 즐겁지도 않고 오래가지도 않는다. 공부도 일도 운동도 보람 있는 의미를 찾아야 주도적으로 오래 해나갈 수 있다.

축구를 좋아하는데 도대체 공부하기를 싫어하는 아이가 있었다. 특히 영어는 더 질색을 했다. 그래서 "박지성 선수가 축구를 잘해서 영국에 갔지만, 선수들과 팀워크를 살려 훌륭한 축구 스타가 되기 위해서는 영어를 꼭 해야 했다"고 말해주었더니 영어 공부를 열심히 하기 시작했다. 영어를 왜 배워야 하는지에 대한 동기부여가 아이의 마음을 움직인 것이다. 실제로 박지성 선수는 맨체스터유나이티드에 있을 때 통역을 거절하고 스스로 하루 한 시간 이상씩 영어 공부를 했다고 한다.

그렇다면 직원들에게 주인의식과 비전을 공유하게 하는 방법은 무엇일까?

첫 번째는 리더가 일의 의미와 가치를 강조하는 것이다. 사람은 자신이 하는 일의 의미를 알 때 스스로를 존중하게 된다. 자존감은 외부로부터 받는 존중보다 더 강력한 힘을 발휘한다. 인간의 욕구 중에서 식욕, 성욕

만큼이나 강력한 욕구가 사아실현의 욕구, 즉 '존중받고 싶은 욕구'이기 때문이다.

조직에서 자아존중감을 높이는 방법은 리더가 업무 '목표'보다 일의 '의미'를 강조하는 것이다. 당신이 제약회사의 영업사원이라고 하자. "이달의 매출 목표를 달성하기 위해 병원을 자주 방문하라"고 말하는 리더와 "의사들이 좋은 의약품을 선택할 수 있도록 병원을 자주 방문하자"고 말하는 리더 중 누구와 일할 때 존중받는다는 느낌이 들겠는가. 사람은 자아의 경계를 넘어 다른 사람의 삶에 어떤 의미로 다가갈 때 즐거움과 행복을 느낀다.

두 번째는 구성원 스스로의 '역할 인식'이다. 개인이나 조직이나 모두 존재하는 이유가 있다. 회사에 설립 목적이 있는 것처럼 개인 역시 자신이 존재하는 이유를 나타내는 도전 과제가 있어야 한다. 한 제약회사의 판매왕 자리에 오른 영업자는 자신의 역할을 이렇게 이야기한다.

"제약 영업은 사람의 생명을 다루는 의약품을 취급하는 데다 고객 역시 일반 대중이 아닌 의사나 약사입니다. 저는 의사들에게 좋은 의약품을 선택할 권리를 부여하는 사람입니다. 한국에만 600여 개가 넘는 제약회사가 있습니다. 한 해에 새로 개발되는 신약의 수도 엄청납니다. 처방과 활용법도 시시각각 변합니다. 의사들은 환자 치료에 몰두하다 보니 의료계의 최신 정보나 트렌드에 어두운 경우가 있습니다. 저는 이런 전문직 종사자들에게 신뢰할 수 있는 최신 정보나 트렌드를 제공하는 의미 있는 일을 하고 있습니다. 꼭 의사만이 죽어가는 환자를 살리는 것이 아닙니다. 이것이 제가 하는 일에 자부심을 갖는 이유입니다."

미국의 칼럼니스트 필립 델브스 브러턴은 자신의 책 ≪장사의 시대≫의 서두에서 "나는 누가 잘 팔고 어떻게 잘 파는지 알아보고 싶었다"고 쓰고 있다. 이 책에서 그는 유능한 세일즈맨의 조건에 관한 연구 논문을 인용하여 어떤 세일즈맨이 남보다 유능한 이유를 정리하고 있다. 그러면서 판매 실적을 좌우하는 가장 중요한 요인이 '역할 인식'에 있다고 결론짓는다. 세일즈맨이 자기가 하는 일을 어떻게 생각하는지가 실적에 가장 큰 영향을 미친다는 것이다. 스스로 어떤 일을 왜 하는지 인식하고, 감동을 주려는 상대가 누구인지 명확히 파악하는 사람이 크게 성공한다는 것이다.

또한 유능한 세일즈맨은 '회복 탄력성'을 갖고 있다. 거절과 실패를 두려워하지 않고 화를 조절할 줄 아는 능력이 회복 탄력성이다. 모로코에서 갑부로 통하는 상인 마지드는 "장사를 할 때는 거지처럼 온종일 매달리고 또 매달린다. 하지만 그다음 날이면 잊는다"고 말한다. 힘들고 피곤하지만 다음 날이 되면 개의치 않고 다시 고객들을 찾아나선 것이다. 높은 회복 탄력성을 가진 사람이 훌륭한 세일즈맨이 될 수 있다.

세 번째는 직원에게 의사결정권을 넘기는 것이다. 경영자는 직원에게 비전을 제시하고 그 비전을 실현하기 위하여 직원이 필요로 하는 것에 귀를 기울여야 한다. 권한을 부여하여 의욕을 북돋우는 사람이 되어야 한다. 이러한 리더를 '치어 리더'라고 한다.

결정적 순간(MOT)이라는 개념을 제시하며 서비스 품질 경영의 신화를 쓴 얀 칼슨 스칸디나비아항공 전 회장이 바로 그런 사람이다. 그는 서비스업의 특성상 현장 직원의 업무 품질을 중요하게 여겼다. 그는 고객 접점에 있는 직원이 고객의 요구에 대응하는 초기 15초 동안의 반응이 고객만족 여부를 좌우하는 결성석 순간이라고 보고, 그 직원에게 의사결정에 대한 권한과 책임을 넘겨주어야 한다고 주장했다. 접점의 갖가지 상황에서 정보를 가장 많이 가진 사람이 일선 직원이라는 이유에서였다.

그의 주장은 너무나 당연하다. 의사결정 과정에 참여하지 않은 사람은 자신의 일이 아니라고 생각하기 때문에 시키는 대로만 하려는 경향을 보인다. 칼슨의 지적처럼 최일선의 직원들에게 고객 한 사람 한 사람의 요구와 문제에 대응할 수 있는 권한을 주어야 한다. 그것이 주인의식을 고양하고 자기 일에 몰입하게 하는 방법이다.

공감형 리더는 '헐렁'하다?

나는 요즘 대학 교수, 작가, 강사, 그리고 컨설턴트로 바쁘게 일하고 있다. 그러나 내 동료였던 은행원들은 지점장 자리에서 퇴직했고, 임원 자리에 오른 친구들도 모두 물러나 한가롭게 지내는 편이다. 내가 존경했거나 나를 아껴주셨던 선배들 또한 시간적 여유가 많다. 오늘은 은행에 함께 근무했던 선배와 점심을 함께했다.

"장 교수! 그때 자네가 연수원 과장이었고, 내가 기획담당 차장을 했을 때 일인데…"로 시작된 이야기는 옛 추억을 더듬어 20년 전으로 돌아갔다. 지나간 세월은 언제나 그립고 아름답다. 첫사랑 이야기처럼 어느 정도 윤색되거나 기억하고 싶은 부분만 따로 확대되기도 하고 재해석되기도 한다. 그런데 점심이 끝나고도 이야기가 계속 이어지는 바람에 3시간을 함께 있었다. 중간에 대화를 끊기가 죄송했지만 다른 약속 때문에 일어나야겠다며 양해를 구했다. 선배는 못내 아쉬운 눈치였다. 함께한 3시간 동안 내가 이야기한 시간은 채 10분이 안 되었을 것이다.

내가 은행 지점장으로 있을 때도 이런 경우가 많았다. 방배동의 부자 고객들이 많았던 지점인데, 그분들의 성공과 실패에 대한 경험담으로 식사 자리는 서너 시간을 넘기기 일쑤였다. 물론 친밀감을 쌓고 삶의 교훈을 듣는 소중한 기회였지만, 난처한 것은 내가 먼저 일어나자고 말하기가 곤란하다는 점이었다.

이런 현상은 회사의 공식 회의에서 더 심각하게 나타난다. 상사가 말하는데 "이제 그만하시죠"라며 자리를 박차고 나올 수 없기 때문이다. 조직에서는 지위가 올라갈수록 구성원들에게 경영 현안이나 업무에 대해 전달할 일이 많아지고 자연 말수도 늘어나게 마련이다. 어떤 리더는 전체 회의 시간의 7, 80%를 자기 이야기로 채우기도 한다.

지위가 높아지거나 나이가 많아짐에 따라 나타나는 변화 중 하나가 말이 많아지는 것이다. '내 이야기를 다른 사람이 무척 흥미있어 한다'고 착각하는 경우도 흔하다.

미국 하버드대 뇌 과학자인 제이슨 카우프먼 연구팀이 이에 관한 연구를 진행했다. 연구팀은 SNS로 상대방에게 자신에 대한 얘기를 할 때 뇌 세포들의 시냅스에서 쾌감을 느끼게 되고, 따라서 얘기를 쉽게 멈출 수 없게 된다는 사실을 밝혀냈다. 그들은 "나는 야구를 좋아한다"와 같은 자기 이야기를 읽을 때와 다른 사람의 글을 읽을 때 뇌가 어떻게 반응하는지를 관찰했다. 결론은 다른 사람의 글을 읽을 때는 아무 반응이 없었고, 내가 좋아하는 것에 대해 자기 이야기를 할 때 뇌의 쾌감을 느끼는 부위가 활성화된다는 것이었다. 또 다른 연구도 있다.

"당신은 스키 같은 겨울 스포츠를 좋아합니까?"와 같은 '나 자신(self)'에 관한 질문, "오바마 대통령은 스키 같은 겨울 스포츠를 좋아합니까?"와 같은 '다른 사람(other)'과 관련된 질문, "레오나르도 다빈치가 모나리자를 그렸나요?"와 같은 '사실(fact)'과 관련된 질문 중 하나를 선택하게 하고, 이때 '나 자신'에 관한 글을 선택하지 않으면 돈을 더 받을 수 있도록 실험을 조작했다. 그러면 사람들이 다른 질문을 선택할 것이라고 생각했기 때문이다. 그런데 결과는 달랐다. 사람들은 자기와 관련된 질문을 선택하고 그 질문에만 계속 답을 했다. 연구의 결론은 '내가 내 얘기를 하는 것을 가장 즐거워한다'는 것이었다. 약간의 보상을 포기하는 한이 있어도 내 이야기에 관련된 것을 읽는 게 더 즐겁다는 말이다.

우리가 많이 하고 있는 페이스북, 트위터, 카카오톡 등은 대부분 자신의 이야기고 자기 자랑이다. 내가 생각하는 것, 내가 오늘 먹은 것 등 내 이야기를 올려놓고 즐거워하며 쾌감을 만끽하고 있는 것이다.

공감의 시대가 원하는 리더의 자격

미국의 미래학자 제러미 리프킨은 그의 저서 ≪공감의 시대≫에서 인류의 역사는 공감 의식을 확대하는 방향으로 발전해왔다고 주장한다. 그는 인류의 역사가 신앙의 시대와 이성의 시대를 거쳐 공감의 시대로 나아가고 있다고 말한다. 인간은 상대와 싸워서 강한 자만 살아남는 이기적인 본성에서 벗어나 이제는 자기 주변을 돌아보고 그들에게 시선을 주며 더불어 나누며 살고자 하는 이타적인 본성을 향해 나아간다는 것이다. 즉, 생존경쟁의 전투가 사라진 자리에 공감의 영역이 확장되고 있다는 말이다.

리프킨의 통찰처럼 오늘날에는 오랫동안 경제 행위의 근간이 되어왔던 이기심의 추구가 더 이상 효과적이지 않음을 보여주는 사례가 증가하고 있다. IT와 인터넷 혁명, SNS의 영향력을 무시할 수 없는 기업들도 협력적인 네트워크와 소통의 중요성을 절감하고 있다. 이에 따라 소비자는 물론 협력업체와 내부 종업원, 나아가 지역사회에 이르기까지 모든 이해관계자들과 공감하는 능력이 성공하는 기업의 필수 경쟁력이 되고 있다.

세상이 변했다. 디지털 기술을 접목한 자동화 시스템으로 생산성은 높아졌고, 사람이 했던 일을 컴퓨터와 로봇이 대신하는 세상이다. 또한 웬만한 기술과 능력은 평준화된 상태다. 이런 시대에는 대체 불가능한 새로운 경쟁력을 갖춰야 한다. 바로 기계가 대신할 수 없는 부분, 즉 사랑하고, 감탄하고, 공감하고, 위안을 얻는 영역으로 들어가야 한다. 한마디로 공감의 영역이 경쟁력의 핵심이 되는 것이다.

리더의 자격도 공감 능력이 필수적이다. 공감형 리더가 되기 위해서는 주변 사람들의 경험과 욕구를 잘 살펴야 한다. 다른 사람들이 생활하면서 겪게 되는 여러 가지 사건들의 의미와 감정을 이해할 수 있어야 한다. 그러기 위해서는 자기중심적인 생각에서 벗어나 그들에게 관심을 기울이고 질문을 던져야 한다.

당신은 전체 대화 중에서 타인과 관련한 대화를 얼마나 하고 있는가?

그에게 얼마나 많은 질문을 던지고 있는가? 일반적으로 공감 능력이 부족한 리더들은 다른 사람들에게 거의 질문하지 않는다. 타인에 대한 관심이 별로 없기 때문이다.

사람들은 크게 2가지 유형으로 나눌 수 있다. 한 유형은 내가 어떻게 지내는지, 무슨 책을 쓰고 있는지, 그들이 도와줄 일이 무엇인지를 물어오는 사람들이다. 그들은 전화나 문자나 메일로 자주 연락하고 안부를 묻는다. 다른 유형은 자기 용건이나 부탁할 일이 있을 때만 연락하는 사람들이다. 그들은 부탁하고 싶은 일이나 자기 사정에 대해서는 장황하게 이야기하면서도 나의 근황이나 가족의 안부에 대해서는 한마디도 묻지 않는다. 간혹 묻는 경우가 있지만 내가 미처 대답도 하기 전에 자기 주제로 재빨리 옮겨서 시시콜콜한 부분까지 수다를 늘어놓는다. 그리고 용건이 끝나면 다시 용건이 생길 때까지 통 연락이 없다.

권력과 공감은 반비례한다?

사람의 자기중심성은 정도의 차이가 있을 뿐 인간의 본성에 가깝다. 경제심리학자인 카네기멜론대의 조지 뢰벤스타인과 콜로라도대의 리프 반 보벤 교수가 2004년에 실시한 실험에서도 인간의 자기중심적 경향이 아주 잘 드러난다.

실험에서 사람들에게 어떤 사람이 산에서 조난당했다고 상상해보라고 했다. 그리고 잠시 후 '갈증이 더 고통스러울까? 아니면 배고픔이 더 고통스러울까?'를 질문했다. 질문을 받은 사람들은 운동을 하려고 헬스장에 들어가려는 사람과 운동을 한 후 헬스장에서 나오는 사람, 이렇게 두 집단이었다. 결과는 운동을 한 후 헬스장에서 나오는 사람들이 '갈증이 더 고통스러울 것이다'라는 대답을 훨씬 더 많이 선택한 것으로 나타났다. 자신이 처한 조건에 따라 상대의 상태를 인식했다는 뜻이다.

이러한 자기중심성은 높은 지위의 리더들에게서 더 극명하게 나타난다. 모든 일이 자기를 중심으로 돌아가기 때문에 다른 사람의 입장과 감정에 대해 고려하는 일이 거의 없는 탓이다. 문제는 리더 스스로 자신이 얼마나 자기중심적인지를 깨닫고 있지 못하다는 사실이다.

어느 날 친구와 저녁을 먹다가 컨설팅 문제에 대해 궁금한 사항을 물어보았다. 사장인 친구가 자기 회사 직원 중에 그 분야에 정통한 직원이 있다기에 소개 좀 시켜달라고 했더니 당장 그 자리에서 전화를 거는 것이었다. 내가 말리며 이렇게 말했다.

"근무시간 외에 상사에게 오는 전화는 무조건 스트레스라고!"

친구는 이해를 못하는 눈치였지만, 분명 그 직원은 내 말에 공감했을 것이다.

대학 동창이나 직장 동료들을 만나 이야기를 나누다 보면 '참 고약한 상사가 많구나'라는 생각이 들 때가 많다. 급한 일이 아닌데도 꼭 퇴근 무렵 일을 맡기는 팀장, 일부러 새벽 일찍 회의를 소집하는 임원, 직원들이 보는 앞에서 부장에게 면박을 주는 사장, 불합리한 업무 처리에 대한 대안을 제시했는데도 자신의 지시에 토를 단다며 책상을 내려치고 고성을 지르는 상사 이야기가 무수히 쏟아지곤 한다. 이런 상사들의 공통점은 설득보다 "나는 네 상사니까 내 말을 들어"라며 자신의 지위와 권위로 부하를 움직이려 한다는 것이다.

높은 지위에 있는 사람이 사려 깊지 못한 발언이나 이기적인 행동으로 비난받는 일을 두고 심리학자들은 '권력의 역설'이라고 말한다. 처음엔 안 그랬는데, 권력이 생기면 자기 통제가 사라진다. 그래서 충동적으로 행동하며 무례하게 군다. 권력의 가장 큰 문제는 타인의 감정에 무감각하게 만든다는 점이다. 감성지능으로 유명한 미국의 심리학자 대니얼 골먼은 강한 권력을 지닌 리더일수록 '공감 능력 결핍 증후군'에 빠질 위험이 높다고 진단했다. 조직의 사다리 위로 올라갈수록 아랫사람들이 솔직한 피드백을 주지 않기 때문이다. 고위 임원들이 직원들의 감정을 이해 못하게 되고 점점 더 자기중심성으로 빠져들게 되는 이유다.

당신의 조직에 있는 두 사람을 떠올려보라. 한 명은 당신보다 한 직급 위에 있는 사람이고 다른 한 명은 당신보다 아래 직급에 있는 사람이다. 그 두 사람에게서 동시에 이메일을 받았다고 생각해보자. 2건의 이메일에 답하는 데 얼마의 시간이 걸릴지 스스로에게 물어보라. 아마도 대부분 직급이 높은 사람에게서 받은 이메일에는 바로 답장을 할 것이고, 낮은 직급의 사람에게는 나중에 짬이 날 때 답할 가능성이 높을 것이다. 이렇듯 사람들은 자기보다 권력이 강한 사람에게 관심을 더 기울이고 약한 사람에게는 덜 기울인다.

권력과 집중력 간의 관계는 미팅에서 처음으로 만난 두 사람의 모습에서도 쉽게 파악할 수 있다. 첫 5분간의 대화만 살펴보아도 사회적으로 높은 지위에 있는 사람은 낮은 지위에 있는 사람의 눈을 덜 마주치거나 고개를 덜 끄덕이는 모습을 보인다. 직장의 회식 자리에서도 높은 지위에 있는 사람을 중앙에 모시고 대화나 관심을 집중시킨다.

관심의 정도가 권력을 따라가는 것처럼, 공감 능력도 권력에 영향을 받는다. 삶의 시련과 굴곡에 대해서 털어놓을 때 상대적으로 약자의 위치에 있는 사람들이 더 많은 공감을 표현한다. 또 사람의 얼굴 표정에서 감정을 읽어내는 공감 능력도 낮은 지위에 있는 사람들이 높은 지위에 있는 사람보다 더 뛰어나다.

'이마에 E자 쓰기'라는 실험이 있다. 자기 이마에 E자를 쓰는 간단한 실험이다. 이 실험은 일본의 사카이 고우라는 사회심리학자가 인간의 자의식을 연구하면서 시작했다고 알려져 있는데, 결과의 유형은 2가지다. 남들이 봤을 때 정상적인 E가 나타나도록 쓰는 사람과 자기만 알 수 있게 거꾸로 E자를 쓰는 유형이다. 전자는 자기 주관보다 남의 관점을 의식하는 경향이 있는 사람이고, 후자는 타인의 관점이나 시선을 그다지 의식하지 않는 유형이다.

UC버클리대 심리학과 교수인 대처 켈트너의 연구에서도 지위가 낮은 사람일수록 다른 사람의 관점을 잘 받아들인다는 사실이 드러났다. 켈트너 교수는 한 인터뷰에서 이렇게 말했다.

"가진 자원이 적을 때 사람들은 주위 환경에 더 잘 동조하게 됩니다."

바꿔 말하면 약간이라도 힘을 지녔다고 느끼는 사람들은 다른 사람의 시각을 고려하는 능력이 현저히 떨어진다.

공감이 쉽지 않은 이유

훌륭한 부모, 훌륭한 교사, 존경받는 리더에게는 공통점이 있다. 그들은 공감 능력이 뛰어나고, 배려와 역지사지의 자세로 상대를 내 편으로 만든다.

누군가와 점심 약속을 했다. 약속 시간보다 먼저 나와서 기다리고 있는데, 만나기로 한 사람에게서 "지금 가는 길인데, 한 10분 정도 늦을 것 같습니다. 죄송합니다"라는 문자메시지가 왔다. 당신이라면 여기에 어떻게 답할 것 같은가? "천천히 오세요" 정도면 무난하다. 하지만 세상을 자기 편으로 만들 줄 아는 사람들은 이렇게 답한다.

"저도 지금 가는 중입니다."

이미 식당에 도착해서 기다리고 있으면서도 말이다. 늦어서 속을 태우고 있을 상대의 마음속으로 들어가 그를 안심시키려는 배려, 이것은 관점 전환이 탁월한 사람만이 할 수 있는 일이다.

공감을 잘하는 리더는 다른 사람의 이야기를 잘 듣고 사정을 바로 파악한다. 다른 직원들의 입장과 고충을 먼저 생각하고 도와준다. 직원들 중에 자신의 이야기를 잘 듣고 공감해주는 리더를 싫어할 사람이 있을리 없다. 기업 측면에서도 직원 개개인의 감정을 살려주는 기업이 더 좋은 성과를 낸다는 연구 결과도 있다. 직원들은 자신의 삶 속에서 일어나는 고통을 업무에 반영할 수밖에 없기 때문이다. 그래서 성공한 조직일수록 리더와 직원들은 서로 공감을 잘한다. 직원이건 고객이건 상대가 무엇을 느끼는지 모르면 제대로 소통할 수 없다.

만약 당신이 직원, 동료, 상사, 고객, 거래처와 훌륭한 인간관계를 수립하고자 한다면 사람의 감정과 욕구를 이해하는 능력부터 키워야 한다. 비즈니스란 쌍방향 거래다. 판매를 성공시키기 위해서는 고객의 욕구를 반드시 이해해야 한다. 하지만 직원에게 공감하는 리더, 고객에게 공감하는 종업원이 되기는 쉬운 일이 아니다. 심리학자들의 연구 결과에 의하면 최고경영자들은 감성지능이 평균적으로 가장 낮은 그룹에 속한다고 한다. 가장 감성 능력이 필요한 사람들인데도 말이다. 인간관계는 그만큼 노력과 투자, 관리가 필요하다.

인간은 여유가 생기면 꼭 갖고 싶은 것이 3가지 있다고 한다. 요트와 별장, 그리고 애인이다. 그러나 이 3가지는 경제적으로 부담스러워서 관리하기가 쉽지 않다. 공감도 좋은 줄 알지만 관리하기가 생각보다 쉽지 않다. 경제학의 관점에서 풀어봐도 그렇다.

첫째, 공감은 장기간에 걸쳐 많은 자산의 투입이 필요한 데 비해 기대효과는 단기간에 나타나지 않는다. 공감은 마음농사이다. 씨 뿌리고 물주고 열매 맺기를 기다리는 작업이다. 시간이 많이 걸리고 몸과 마음의 에너지를 많이 사용하는 데 비해 경제적 이익이나 실적 향상은 단기간에 나타나지 않을 수 있다. 이렇게 장기간에 걸쳐 성과가 나는 일은 기업이나 개인이나 큰 관심을 갖지 않는다. 공감도 마찬가지여서 흔히 소홀해질 수밖에 없다.

상대의 의견과 감정에 집중하는 일은 힘든 작업이다. 특히 리더에게 남의 마음에 공감하는 일은 내 생각을 주장하는 것보다 몇 배 더 힘들다. 게다가 시간이 많이 걸리는 일이다. 상대방이 요점만 간단히 논리 정연하게 이야기한다면 시간이 덜 걸리겠지만, 그의 이야기를 미주알고주알 모두 들어주고 반응을 보여줘야 한다. 간단하게 요점만 듣고 싶어도 상대방과 공감하기 위해서 인내심이 필요하고 시간을 투자해야 한다. 그래서 리더들은 자기도 모르게 직원들이 하는 설명을 끝까지 듣지 않고 "그래서? 결론이 뭔데?" 하고 반사적으로 다그친다.

둘째, 인지적으로 부하가 많이 걸린다. 우리의 뇌는 인지적 구두쇠이다. 몸무게에서 두뇌가 차지하는 비중은 2%밖에 안 되지만 에너지는 20%나 소비하기 때문에 두뇌는 가능한 한 '에너지 절약 모드'로 가려고 한다. 그런데 공감하기 위해서는 뇌가 일을 많이 해야 한다. 그래서 현대인들은 공감을 감정의 소모라고 생각하는 경향이 있다. 상대방이 겪은 상황을 이해하려면 직접 겪은 것처럼 가정하고 연상 작용을 해야 한다. 상대방의 마음 상태를 같이 느끼려면 즉석에서 상대방과 입장을 바꿔서 생각해야 한다. 인지 기능상의 유연성이 필요할뿐더러 실시간으로 다층적인 사고를 해야 하므로 우리의 뇌는 이때 지근지근 아파진다. 대단히 피곤한 것이다.

셋째, 감정적으로 부하가 걸린다. 남의 이야기를 듣고 감정이입을 깊게 하다 보면 나도 그 감정을 고스란히 느낀다. 이것은 때로는 스트레스가 된다. 이른바 '공감 과로' 현상이다.

LA다저스의 류현진이 승리 투수가 되면 우리는 모두 TV 앞에서 환호한다. 그러나 어린아이를 잔인하게 성폭행한 범인의 소식을 들을 때면 우리는 모두 부모의 심정으로 분노한다. 세월호 여객선과 함께 차가운 바닷물에 갇힌 아이들의 소식을 들을 때는 구조를 간절히 기다리는 엄마가 되어 구조 활동 소식 하나하나에 신경을 곤두세우게 된다.

나 자신이나 내 가족이 아닌 타인의 불행에 힘겨워하며 괴로워하는 사람들에게는 공감 능력이 지독한 스트레스가 된다. 남의 사정에 공감하는 것은 생각보다 힘들고 어려운 스트레스성 일이다. 이렇게 공감 과로 때문에 소진되지 않으려면 한계상황에 도달하기 전에 스스로 멈춰야 한다. 다시 말하면 소방사가 화재 현장에서 다른 사람에게 산소마스크를 씌워주기 전에 자기가 먼저 마스크를 쓰는 식이다. 장시간 고충 상담이나 민원 전화를 받은 후에는 휴식 시간을 가져야 한다.

넷째, 성과주의로 인한 경쟁 체제 안에서는 공감이 활발해질 여건이 안 된다. 지나친 성취 욕구와 단기 실적에 치우치는 기업문화는 공감을 어렵게 만드는 요인이 된다. 리더들은 성과가 나지 않았을 때 직원들을 질책하며 "내가 그렇게 중요하다고 말했는데, 왜 실적이 이 지경입니까? 언제 목표를 달성할 수 있습니까?"라며 몰아세운다.

감성 지능이 부족한 리더는 타인을 이해하고 배려하기보다 자신의 입장과 이익에 몰두하는 성향이 강하다. 그러면 직원은 더욱 방어적이 되고 리더에게 반감을 갖게 되는 악순환의 길로 접어든다.

개인의 생존을 위해 서로 경쟁하는 사회에서는 공감 능력이 제대로 발달할 수 없다. 실제로 높은 지위와 상당한 수준 이상의 경제적 부를 추구하는 사람들은 그렇지 않은 사람에 비해 공감 능력이 떨어진다는 연구 결과도 이를 뒷받침한다. 나의 이익에 더 민감하고 바쁜 사람일수록 지위나 부를 성취할 가능성이 높다는 것이다. 성과주의와 이기적 성향이 강한 사람은 친밀한 인간관계를 맺는 데 아무래도 관심이 적다. 아무튼 성과주의와 치열한 경쟁 체제 안에서는 효율성 추구로 인한 시간의 압박, 여기서 파생되는 스트레스로 사람들끼리 도움을 주고받는 관계가 형성되지 못한다. 하루 종일 진이 빠지게 일하다 보면 남의 고통에 주목할 에너지가 남아 있지 않기 때문이다.

하지만 세상이 바뀌고 있다. 경쟁과 이기심의 추구가 실효적이지 않다는 사례와 연구 결과들이 속속 나오고 있고, 네트워크의 중요성이 부각되면서 소통하고 공감할 줄 아는 능력이 절실히 요구되고 있다. 기업들도 인터넷과 SNS 등 각종 채널을 통해 고객들과 협력적인 네트워크를 형성하는 것이 얼마나 중요한지 절감하고 있다.

더 이상 "이 일은 정말 중요합니다. 지금까지 잘 안 된 요인이 무엇입니까?"라는 식으로 질책할 것이 아니라 원인이 무엇인지 차분히 파악하려고 애써야 한다. 그다음에는 "주어진 목표를 달성하려면 어떻게 해야 할까요? 내가 도와줄 일은 무엇입니까?"라며 함께 일을 해결하는 파트너 입장으로 직원에게 다가가야 한다. 이러한 리더의 태도에 직원들은 공감하며 적극적으로 과제를 풀어내려는 의욕을 느끼게 된다.

이제 내부 종업원은 물론 소비자, 나아가 지역사회에 이르기까지 모든 이해관계자들과 공감하는 능력이야말로 앞서가는 리더, 지속 가능한 기업이 되기 위한 필수 조건이 되고 있다.

리더의 공감법, 헐렁하라!

나는 공식 행사나 강의가 없는 날이면 정장을 하지 않고 편하게 지낸다. 서재에서 양말도 벗고 편한 차림으로 '헐렁'하게 일하는 것이 그렇게 편할 수가 없다. 그야말로 '힐링(healing)'하는 느낌이다.

힐링은 우리말로 '치료' 또는 '치유'라고 번역되지만 '치유'라는 뜻으로 더 많이 쓰인다. 사실 치료와 치유는 조금 다른 개념이다. 치료는 의사의 도움으로 병을 고치는 것이고, 치유는 스스로의 노력으로 병을 낫게 하는 것이다.

요즘 사람들이 심하다 싶을 정도로 힐링을 갈구하는 모습에는 그만한 이유가 있다. 속도 경쟁과 성과주의에 매달려 숨 가쁘게 사느라 삶이 너무 팍팍해졌기 때문이다. 그렇다면 힐링의 방법도 생각보다 간단할 수 있다. 내가 사람들에게 농담조로 하는 말이 있다.

"힐링이 되려면 점 2개만 찍으면 됩니다."

'힐링'에 점 2개를 찍어 넣어 '헐렁'해지라는 말이다. 실은 이것이 농담만은 아니다. 연구를 통해서도 입증된 사실이며, 리더의 공감 능력과 의사소통을 촉진하는 방법이기도 하다. 좀 더 자세히 알아보자.

첫째, 말 그대로 헐렁해지라는 것이다. 불필요한 긴장을 풀어야 한다. 최근 네덜란드에서 한 연구팀이 재미있는 실험을 했다. 연구팀은 실험 참가자들에게 준비된 얼굴 사진을 잠깐 보여준 뒤 사진의 주인공이 긍정적 감정 상태인지 부정적 감정 상태인지를 판단해 버튼을 누르도록 했다. 이때 자연스러운 상황이라면 참가자는 무의식적으로 사진에 나타난 표정을 따라 하게 된다. 이번에는 실험 참가자들이 사진 표정을 따라 하지 못하도록 이를 악물고 어깨에 힘을 주어 자세를 고정하도록 지시했다. 그랬더니 아무 제약 없이 버튼을 누른 참가자들에 비해 사진의 감정 상태를 판단하는 속도가 훨씬 느려졌다. 즉, 자기 몸이 굳어지면 남의 감정을 느끼는 능력도 약해진다. 이와 마찬가지로 너무 잘하려고 이를 악물고 일하는 방식은 감정이입과 감성 리더십에 방해가 된다. 특히 고객에 대한 감정이입이 중요한 서비스 분야나 세일즈 영역에서는 더욱 그렇게 된다. 어금니를 꽉 다물지 말고 편안하게 미소 지을 때 감정이입이 잘 된다. 헐렁한 상태가 좋다는 뜻이다. 1~2 분만 일을 멈추고 편안하게 규칙적으로 호흡하면 자연스럽게 긴장이 풀린다. 어깨에서 힘을 빼고 입을 살짝 벌려서 편안하게 미소를 지으면 공감 능력이 좋아진다.

둘째, 연민의 정을 자주 표현하라는 것이다. 연민은 고통을 느끼는 타인에게 이타적인 관점에서 자발적으로 도움을 주려는 동기 요인을 의미한다. 조직 안에서 한 직원이 개인적 사유로 인해 괴로워할 때 정서적으로 공감을 표현함으로써 이를 해결해주고자 하는 노력이다. 연민은 타인의 가슴을 정서적으로 끌어안는 것으로, 값싼 동정이 아니라 타인의 감정에 대한 진심 어린 어루만짐이다.

미국의 경영학자 제럴드 그린버그는 경제 상황이 어려울 때 연민의 정을 표현하는 것이 수익성을 제고하는 데 도움이 된다는 사실을 증명했다. 항공기와 자동차에 들어가는 작은 부품을 만드는 공장에서였다. 모두 같은 회사에서 운영하는 공장 3곳을 골랐다. 이 회사는 중요한 2건의 부품 계약을 놓친 후 두 공장에서 10주 동안 임금을 15% 삭감하기로 결징했다. 두 공장 중 한 곳의 부사장은 무뚝뚝한 말투로 "앞으로 임금 삭감이 있을 것이다. 그렇게 알아라"라고 소식을 전하며 "회의에 참석하기 위해 비행기를 타야 하므로 한두 가지 질문에만 답해줄 수 있다"고 말했다. 설명 시간은 15분이었다. 또 다른 공장에서도 사장이 그 소식을 전하게 되었다. 사장은 사과의 말과 함께 연민이 섞인 목소리로 고통 분담을 호소하며 왜 비용 절감을 해야만 하는지, 누가 영향을 받게 되는지, 직원들이 자신과 공장을 위해 어떤 조치를 취하는 게 도움이 될지를 90분에 걸쳐 모든 질문에 대답하면서 자세히 설명했다.

그린버그는 임원의 태도가 '직원들의 절도'에 많은 영향을 미친다는 사실을 발견했다. 임원이 무뚝뚝하게 설명한 공장에서는 절도율이 8%로 급상승했다. 삭감된 임금을 무언가를 통해 벌충하려 했던 것이다. 하지만 경영진이 연민의 마음을 표현하며 자세히 설명한 곳에서는 절도율이 4.7% 수준에 머물렀다. 그리고 임금이 원래 수준으로 돌아가자 두 공장 모두 절도율이 애초의 3% 수준으로 떨어졌다.

그린버그는 임금 삭감이 진행된 두 공장에서는 직원들이 경영진에게 '보복'을 하기 위해 전보다 많은 절도를 행하며, 경영진이 연민의 정조차 표현하지 않은 곳에서는 더 큰 보복을 위해 절도가 더욱 심해진다는 사실을 알아냈다. 부당한 대접을 받은 직원들이 회사의 물건을 절도하는 일이 더 많다는 사실을 증명한 것이다. 달리 말하면 연민의 표현이 기업의 가치를 높이는 데 도움을 준다는 이야기다.

연민은 다양한 형태로 표현될 수 있다. 핵심은 상대방의 마음의 상처에 대해 사과하거나 그의 관점을 받아들이고, 상대가 느끼는 불안감을 이해하며, 그 불안감을 낮추어주기 위해 참된 노력을 기울이는 것이다.

셋째, 역할 바꾸기를 해보는 것이다. 사람은 나이를 먹을수록, 지위가 높을수록, 그리고 성공 경험이 쌓일수록 관점 전환 능력이 떨어진다. 고정관념의 지배를 받기 때문이다. 그러므로 의도적으로라도 상대의 관점을 취해보려는 노력을 해나가야 한다. 이때 '역할 바꾸기'가 좋은 방법이 될 수 있다. 서로의 역할을 바꾸어봄으로써 상대방의 입장과 마음을 이해하고 아픔을 치유하는 것이다. 나와 상사의 관계에도 이를 적용해볼 수 있다. 서운한 감정이 들거나 화가 났을 때 '만약 내가 상사라면, 혹은 직원이라면 어떻게 행동했을까?'에 대해 이야기해보면 오해와 갈등을 풀 수 있다.

가정상담 전문가들도 부부갈등 해소 프로그램 중 하나로 '역할 바꾸기'를 해보게 한다. 남편이 아내의 역할을 하고 부인이 남편의 역할을 맡는다. 남편은 아내의 입장이 되어 그간 자신이 아내에게 했던 퉁명스러운 대꾸나 비난을 똑같이 듣고, 아내 역시 자신이 남편에게 퍼부었던 말들을 그대로 듣는다. 이를 통해 상대에게 준 상처를 본인 스스로 느껴보게 한다. 역할 바꾸기의 반응은 놀랍다. "내가 이렇게 심하게 말하는 줄 몰랐다", "미안하다"며 부부들이 눈물을 흘린다.

넷째, 마음의 긴장을 푸는 것이다. 공감 능력이나 의지력은 무한정 발휘될 수 있는 것이 아니다. 심신이 지치면 함께 소진된다. 그래서 재충전이 필요하다. 문학서적을 읽거나 음악을 듣거나 영화를 봐도 좋다. 운동을 하는 것도 좋은 방법이다. 그러면 마음에 여유가 생기고 행복감이 올라가 감정 조절 능력이 생기고 공감 능력이 향상된다.

'내 마음이 얼마나 편안한기? 얼마나 긴장하고 있는가?' 등의 질문을 자신에게 주기적으로 던져보는 것도 방법이다. 컴퓨터 바탕화면이나 책상 위 등 자주 보는 곳에 이 질문을 적어놓고 한 번씩 자문해보기 바란다.